Cyrraedd Bannau

Ffydd, Cenedl a Byd

Rhedeg beth bynnag

Aled Edwards

I'm chwe ŵyr - Diolch hogia

Testun gwreiddiol: Aled Edwards

Golygydd Cyffredinol: Aled Davies
Cynllun y Clawr: Rhys Llwyd

Argraffwyd oddi fewn i'r Undeb Ewropeaidd

Cyhoeddwyd gan
Cyhoeddiadau'r Gair, Cyngor Ysgolion Sul Cymru,
Ael y Bryn, Chwilog, Pwllheli, Gwynedd LL53 6SH.
www.ysgolsul.com

Meiddiwn Heddiw Ddychmygu

Safwn heddiw wrth draed Crist yn ei Fawredd,
cerflun Jacob Epstein – sy'n crynhoi cred
ym mater maen a metel.

Mae Cymru'n gyfoethog o faen a metel.

Weithiau bydd diferion eu lleithder cysefin
yn disgyn fel dagrau ein hanes,
gan sibrwd camweddau a fu.

O'r hen oesoedd, codasom feini
er cof am brofiadau'n pobl –
meini coffáu colledion ein brwydrau.

Ar ein ffordd at heddiw, buom yn anadlu
llwch glas dihidrwydd diwydiant
ac o rwbel ein chwareli
creasom gofgolofnau cadarn i'n haml atgofion.

Meiddiodd Epstein grisialu atgof anghyfiawnder,
Duw ar groes dros ddynoliaeth doredig,
a ffydd ar sail treiglo maen
er diffinio cred drwy fedi dyfodol –
Crist esgynedig mewn gwychder a gobaith.

Meiddiodd fowldio anghyfiawnder
dur toredig seintwar ddistryw
yn angerdd o angylion;
a cherrig chwâl concrid ein hoes
i dywys ein trem uwchlaw'n cynefin.

Trawsnewidir Crist yn ei Fawredd
heb ddagrau yn ei deyrnas.

Sylla drwy ffenest uchel
am eni daear newydd a nef newydd
a deffro gwawrio gwell.

Dadleuol fu cerflunio ffydd Epstein.
Meiddiodd herio cyfyngiadau'n diwylliant
a ffiniau'n dychymyg.

Efallai nad unwn â'i weledigaeth,
ond meiddiwn heddiw ddychmygu
– gasglu meini gwerthfawr a gwahanol ein hanes
– geisio cyfiawnder a chyflawnder
ac yn ennyd prin trawsnewid
adeiladu o'r newydd.

Myfyrdod Aled Edwards a draddodwyd yn Eglwys Gadeiriol Llandaf ar achlysur agor Cynulliad Cenedlaethol Cymru 26 Mai 1999. Addasiad Cymraeg Siôn Aled Owen gyda diolch.

Cynnwys

Rhagair –

Llinell Gychwyn

Cofiaf egluro rhywbeth wrth gyfaill yn ystod fy nyddiau fel Swyddog Cyswllt Cytûn ar Gyfer y Cynulliad Cenedlaethol (1999-2006). Pe byddwn yn canfod rhywbeth negyddol i'w ddweud am Gymru, rhywbeth a oedd heb ei ddweud gan rywun arall a rhywbeth a oedd yn fuddiol i'w ddweud, byddwn yn dwyn y peth hwnnw i sylw. Cofiaf un o ddoethinebau fy mhlentyndod Cymraeg. Os nad oes gen ti rywbeth da i'w ddweud paid â'i ddweud o.

Mae gennyf bethau amgenach i'w gwneud yn y gyfrol hon na hyrwyddo sinigiaeth neu anobaith. Na chodi ofnau. Llyfr yw hwn am y llu o bethau hynny sydd yn amgenach o'n hanes diweddar fel cenedl. Pethau sydd yno i'n hegnïo a'n hysbrydoli. Stori bersonol a chadarnhaol gobeithio a geir yn y llyfr hwn, o ymwneud yn agos ag eglwysi a chymunedau ffydd eraill Cymru, ein gwleidyddiaeth ddatganoledig yn ei holl egni rhyfeddol a fy nghydweithwyr rhyngwladol rhagorol mewn amgylchiadau anodd. Nifer ohonyn nhw. Trafodaf helyntion byd yn aml drwy brofiad ffoaduriaid a llygaid pobl a gafodd eu trin yn annheg. Rhai a gollodd eu hawliau dynol a'u hurddas mewn sefyllfaoedd erchyll.

Gobeithiaf taw llyfr i godi'r galon fydd y gyfrol hon mewn dyddiau heriol. Yn fwyaf arbennig, ymdrechaf i ddweud pethau defnyddiol yn nhermau herio pethau sy'n llethu. Sut i'w goroesi. Arferais ddweud taw pechod yn erbyn gobaith yw sinigiaeth. Âf ymhellach erbyn hyn oherwydd y pethau ffiaidd sy'n llywio grymoedd ein byd ar hyn o bryd. Rhywbeth sy'n caniatáu a hyrwyddo drygioni mawr yw sinigiaeth erbyn hyn. Drwg yn yr ystyr diwinyddol. Nid hwn yw'r amser i ni fod yn ofnus. *Timid* yw'r gair y byddwn yn ei ddefnyddio yn Saesneg. Tybiaf taw dyddiau yw'r rhain sy'n gofyn am ffydd a hyder fel y gallwn gael ein gwared rhag drwg.

Daw'r llyfr hwn o gyfnod arbennig yn fy hanes yn bersonol. Rwyf yn mwynhau haf bach Mihangel yn ymwneud â bywyd cyhoeddus Cymru drwy fy rôl fel Cadeirydd Awdurdod Parc Cenedlaethol Bannau Brycheiniog. Rhywbeth rwyf yn ei fwynhau'n fawr wedi ymddeol o weithio gyda'r eglwysi. Ers 1979, cefais weinidogaethu mewn sawl ardal yng Nghymru. Bûm yn gweithio'n genedlaethol ac yn rhyngwladol gyda Cytûn: Eglwysi Ynghyd yng Nghymru ers 1999. Daeth haf bach i'm rhan wedi gorffen gwneud rhai pethau. Mae'n braf.

Yn llawer mwy arwyddocaol na materion personol, ysgrifennwyd y gwaith hwn i gefndir newid sylweddol yn hanes Cymru a'r byd. Gobeithir datgelu yn y tudalennau hyn agweddau ar ymwneud personol a phroffesiynol ag ugain mlynedd gyntaf y Cynulliad Cenedlaethol a'r Senedd fel y ceir heddiw. Treiddir yn ddofn i ddatblygiadau o bwys nid fel dadansoddiad academaidd nag fel cynnyrch newyddiadurol ond fel profiad beunyddiol o'r broses drwy lygaid unigolyn a gafodd y fraint o wasanaethu eglwysi a chymunedau ffydd yng nghanol y cyfan. Ymdrechaf i ddwyn tystiolaeth. Bûm yno.

Carwn bwysleisio'n gryf un agwedd ar ein bywyd gwleidyddol yng Nghymru a aeth efallai yn angof. Yn 1999, gwnaethom rywbeth llawer mwy na chreu Cynulliad. Cafodd y Senedd bellach ei sefydlu gyda hanfodion cyfansoddiadol arbennig yn llwyfan i gynnal ein democratiaeth ifanc. Yng nghyswllt datblygiadau gwleidyddol byd-eang, yn arbennig o'r Unol Daleithiau, fe all yr hanfodion hyn droi yn allweddol bwysig i ni fel pobl. Yn arbennig y rhai ohonon ni sy'n dewis mwynhau'r rhyddid i ddefnyddio'r Gymraeg.

Ceir agweddau eraill. Yn ein sylfeini democrataidd ceir y gred bod pawb yn gyfartal. Ceir ymrwymiad statudol i hyrwyddo datblygu cynaliadwy ac i barchu hawliau dynol. Ceir y datblygiad pellach erbyn hyn, yn sgil Mesur Iaith 2011, cyfraith sy'n darparu ar ein cyfer agweddau ar y rhyddid i fwynhau iaith ein hunain yng ngwlad ein hunain. Dengys y gyfrol hon sut y bûm yn ymwneud â'r pethau hyn dros y chwarter canrif ddiweddaf. Yn y dyddiau gerwin hyn, credaf y dylem fod yn fwy byw i'r hanfodion hyn. Hebddyn nhw, fe fyddwn yn eithriadol o fregus.

Ysywaeth yn ddiweddar, gwelwyd twf rhyngwladol mewn math o fynegiant hyll i rym sy'n bwydo patrymau a greddfau oligarchaidd ac atgas. Maen nhw yn ffiaidd. Y math o ddylanwadau rhyngwladol gwrth ddemocrataidd a hynod farus sy'n canfod y math o drefniant cyfansoddiadol a gafodd ei greu yng Nghymru, mewn cyfnod hanesyddol arbennig iawn yn 1997, bellach yn annerbyniol ac yn wastraffus yn eu tyb nhw.

O'r newydd, tybiaf yn y gyfrol hon bod gan Gymru fryniau serth i'w dringo. Mynyddoedd. Mae llawer iawn o bethau a ystyrir yn draddodiadol greiddiol i'n bodolaeth fel gwareiddiad Cymreig a Chymraeg yn gorwedd yn y fantol. I ryw raddau, felly y bu ein hanes dros y canrifoedd efallai. Ond, mae heriau'r cyfnod hwn yn wahanol. Gobeithiaf taw llyfr fydd hwn i awgrymu ffyrdd egnïol a chymharol newydd i wynebu rhai o'r heriau sydd ar y gorwel. Llyfr i godi'r galon ac i herio'r grymoedd. Grymoedd tywyll.

Yn fwy na dim ysgrifennaf fel Cristion argyhoeddedig. Ysgrifennaf hefyd fel rhywun sydd wedi ei dreiddio'n llwyr erbyn hyn yn nhraddodiadau ac argyhoeddiadau cymunedau ffydd amrywiol Cymru. Rhywun sy'n gyfarwydd â phrosesau gwladwriaeth gyfoes. Yn gyfochrog â'r pethau hyn, cynigiaf yr hyn sydd gennyf i'w ddweud fel rhedwr ultra eithafol sy'n gyfarwydd iawn â chyrraedd bannau uchel dros bellteroedd maith. Rhywun sy'n gyfarwydd â methu weithiau ond sy'n amlach na pheidio yn goroesi heriau. Ymdrech bersonol yw hon i drafod sut i gyrraedd rhai o'r bannau hynny sy'n bygwth ein llethu weithiau. Ymgymerir â'r her gan fwriadu goroesi a llwyddo. I redeg beth bynnag.

Dechreuir y gyfrol hon yn Washington DC mewn man eglwysig arbennig iawn miloedd o filltiroedd o fy nghartref yng Nghilfynydd yn Rhondda Cynon Taf. Dechreuaf hefyd mewn wythnos dyngedfennol yn hanes ein byd. Wythnos ethol yr Arlywydd Trump am yr ail dro. Digwyddiad a olygai na fyddai ein byd byth yr un fath eto. Cafodd y cyfan ei newid yr wythnos honno yn Nhachwedd 2024. Gwyddom hynny.

Peth gwirioneddol fendithiol y bore Sul hwnnw yn Eglwys Sant Ioan, Sgwâr Lafayette, Washington DC, deuddydd cyn etholiad arlywyddol yr Unol Daleithiau yn 2024, oedd gwrando ar bregeth. Gall hynny ddigwydd weithiau. Caiff yr eglwys arbennig honno, nid nepell o'r Tŷ Gwyn, ei hadnabod fel y *Presidents' Church*. Roedd y bregeth yn arbennig o dda. O'r pulpud, gyda gwên lydan, fe ofynnodd yr offeiriad gwestiwn syml. "Sut ydych chi yn adnabod rhywun sydd newydd redeg Marathon Marine Corps Washington DC?" Roedd ef ei hun ymysg y miloedd o redwyr a oedd wedi cwblhau'r ras heriol ac enwog honno ddiwedd Hydref. "Maen nhw'n sicr o ddweud wrthoch chi" oedd yr ateb a gafwyd o'r pulpud. Fe wnes i wenu. Fe wnaeth nifer yn y gynulleidfa wenu hefyd. Roedd yn ffordd dda i leddfu'r tyndra a oedd yn amlwg yno gyda'r Etholiad Arlywyddol yn digwydd ymhen deuddydd.

Yn ein teulu ni, mae'r rhai ohonon ni sy'n rhedeg yn siarad am y peth hyd syrffed yng ngolwg y rhai nad ydyn nhw'n rhedeg. Ceir tynnu coes iach am y peth. Y bore Sul hwnnw yn Eglwys Sant Ioan, fe wnes i wisgo'r siaced ddu drawiadol a gefais wedi i mi gwblhau'r marathon eiconig hwnnw fy hun yn ôl yn 2017. Mae'n wisg drawiadol ac yn agor llu o ddrysau yn Washington. Yn llythrennol.

Wedi cwblhau Marathon Marine Corps Washington DC, yr arferiad yw derbyn medal gan un o fôr-filwyr lluoedd arfog yr Unol Daleithiau. Fyddwn i ddim yn croesi'r un ohonyn nhw er eu bod nhw'n medru bod yn glên ac yn hawddgar. Am eiliad, mae'r môr-filwr yn sefyll yn syth o flaen y rhedwr llwyddiannus ac yn cynnig saliwt cadarn ac yn trosglwyddo medal y ras. O redeg sawl marathon ar hyd a lled y byd, hwn yw'r dull mwyaf trawiadol i mi ei brofi o ddynodi fy llwyddiant fel rhedwr. Yn rhyfedd braidd, gan nad oeddwn yn ei ddisgwyl, fe wnaeth i mi oedi a rhyfeddu ar y pryd.

Wedi'r Cymun Bendigaid y Sul hwnnw yn Eglwys Sant Ioan, cefais sgwrs hir gyda'r offeiriad. Roedd siaced ddu'r ras o help mawr yn nhermau dechrau sgwrs. Fel rhedwyr, roedd gennym ni'n dau rywbeth yn gyffredin. Ond, yn fwy na hynny, fel offeiriaid, bu'r ddau ohonon ni'n gweinidogaethu yn agos at wleidyddiaeth ein dwy genedl. Y Sul cyn un o etholiadau pwysicaf America, fe gafwyd pryder yn ein sgwrs. Fe aethom ati i sgwrsio ac i weddïo. Aethom i'll dau ati fel offeiriaid Anglicanaidd a rhedwyr marathonau i drafod goroesi, dyfalbarhau, ac er gwaethaf ambell fethiant, llwyddo.

Ar y nos Lun, daeth rhai o eglwysi Washington DC at ei gilydd i gynnal gwylnos ar gyfer yr etholiad. Cafwyd amrywiaeth barn yn eu plith ac ymdrech dda i gynnal math o niwtraliaeth fugeiliol. Ond dinas y Democratiaid yw Washington DC. Ymhen ychydig oriau, byddai naw ym mhob deg o'r pleidleiswyr yno yn bwrw eu pleidlais dros Kamala Harris. Ond, nid felly gweddill America.

Teimlais dros y dyddiau tyngedfennol hynny yng nghwmni offeiriaid Eglwys Sant Ioan yn Washington bod y byd ar fin newid ymhellach a newid yn gyflym. Fel Cymro Cymraeg tybiais fod sawl peth yn mynd i fod dan fygythiad. Yn fwyaf arbennig, cofiais am y gwerthoedd hynny a gafodd eu mynegi mor eglur mewn statud yn Neddf Llywodraeth Cymru 1998 wrth greu'r Cynulliad. Y gwerthoedd hynny y bûm yn byw ynddyn nhw dros ddau ddegawd neu fwy.

Credaf fod pryder cyffelyb ymysg y rhai a oedd o fy nghwmpas yn Sgwâr Lafayette noson cyn yr etholiad. Cafwyd pryder gwirioneddol a fyddai hanfodion Cyfansoddiad yr Unol Daleithiau yn parhau i sefyll. Hanfodion eu gweriniaeth. Cafwyd pryderon cyffelyb ar draws y byd mewn nifer o genhedloedd rwyf yn tybio. Yn ystod yr oriau hynny o gwmpas yr etholiad dychwelodd sawl Americanwr blaengar at Gyfansoddiad eu gwlad ac ystyried sut y byddai hwnnw yn goroesi. Cododd bannau heriol newydd ar draws y cyfandiroedd. Uchelfannau a fyddai yn wirioneddol anodd eu goroesi. Byddem yn canfod hynny yn rhyfeddol o gyflym mewn sawl gwlad. Yn arbennig yn Wcráin, Canada, Grønland a mannau eraill.

Ar y pryd, ymdrechodd yr Eglwys Esgobol yn America i weddïo'n dda ac i siarad yn effeithiol. Dysgais lawer o'r gras a'r pwyll a ddaeth i'r wyneb yn eu plith dros yr oriau a'r dyddiau anodd hynny yn eu gwlad. Dyddiau o lawenydd i rai. Roedd yn wirioneddol anodd iddyn nhw. Y bobl y bûm yn eu plith. I mi, nid rhywbeth annisgwyl oedd yr urddas a ddangosodd y traddodiad Anglicanaidd yng Ngogledd America. Cefais y fraint o gydweithio â nhw dros flynyddoedd lawer.

Yn sgil enw da rhyngwladol Cytûn ynghylch materion rhyng-ffydd, gofynnwyd i mi weithio rhwng 2018 a 2023 gydag Archesgob Dulyn, Y Parchedicaf Michael Jackson, a oedd yn Gadeirydd ar gorff gyda'r llythrenw od NIFENAC (*Network of Inter Faith European and North American Concerns*). Cefais gydweithio'n braf gyda fy nghyd Gristnogion Anglicanaidd yn yr Unol Daleithiau. Gwyddwn eu bod yn eangfrydig parthed materion yn ymwneud â phwy mae unigolion yn dewis bod a phwy maen nhw'n dewis eu caru a'u priodi. Gwyddwn hefyd am eu pryder dros yr amgylchedd a'r greadigaeth. Ond yn fwy na'r pethau hyn, gwyddwn yn bersonol ac y broffesiynol am eu gofal dros y tlawd, y rhai a oedd yn dioddef anghyfiawnder hiliol a'r dieithriaid yn ein plith - beth bynnag yw eu cred.

Sylweddolais y byddai'r alwad i fod yn broffwydol ac i herio'r anghyfiawn yn sicr o godi i'r wyneb rhywbryd yn yr America newydd a gododd i'r wyneb yn Ionawr 2025 gyda'r weinyddiaeth newydd mewn grym. Byddai'r alwad am gyfiawnder a thrugaredd yn mynnu codi i'r wyneb doed a ddêl. Mater o amser yn unig fyddai hyn. Digwyddodd y peth yn gyflym o bulpud Eglwys Gadeiriol Genedlaethol Washington ar 21 Ionawr 2025. Meiddiodd Esgob Eglwys Sant Ioan Sgwâr Lafayette, y Gwir Barchedig Mariann Edgar Budde, lefaru'n eofn dawel gan herio'r Arlywydd Trump a'i weinyddiaeth i ddangos trugaredd. Gwelwyd y lluniau ar draws y byd ac fe gafodd ei nheges ei glywed yn eglur. Nid i ddant pawb.

Mae gwerthoedd cyfansoddiadol Cymru wedi eu datgan yn eglur mewn statud. Dyna oedd ein bwriad yn 1998. Roeddwn yno ar y pryd. Gobeithiaf ddangos yn y gyfrol hon bod gennym ffordd unigryw Gymreig o gyflawni pethau. Cafodd cymunedau ffydd ddylanwad mawr ar sut y cafodd y gwerthoedd hyn eu datblygu'n dawel. Ymhell weithiau o sylw'r cyhoedd.

Ystyrier yma sut y cafodd y gwerthoedd hyn eu hategu a'u cryfhau ar sawl achlysur yn ystod dau ddegawd cyntaf datganoli. Ceisiaf ddangos sut y creuwyd polisïau arbennig gyda'r gwerthoedd sylfaenol hyn mewn golwg. Dewisodd ein Cynulliad a'n Senedd ddeddfu gyda'r bwriad o gynnal rhai o'n gwerthoedd hyn i safonau rhyngwladol a chonfensiynau'r Cenhedloedd Unedig. Trafodir fy ymwneud â'r hanfodion rhyngwladol hyn ymhellach yn y gyfrol hon. Mae'r gwerthoedd yn rhai sy'n croesi canrifoedd a chyfandiroedd. Nid ydym yn eu cynnal a'u hyrwyddo ar ben ein hunain. Fe ddysgodd Esgob Budde hynny i'r byd o'i phulpud yn Washington.

Yn achos Mariann Budde cafwyd gwrthwynebiad ffyrnig a dilorni cyflym yn arbennig ar gyfryngau cymdeithasol. Dyna'r byd rydym i gyd yn byw ynddo lle bynnag rydym yn byw ynddo. O fewn dyddiau traddodi ei phregeth byddai'r Esgob yn cael ei hun yn sgwrsio gyda Rachel Maddow ar MSNBC. Dywedodd un peth cwbl drawiadol *'Well, I've had people wish me dead.'* Mae hynny yn frawychus ond yn nodwedd gynyddol o'n byd cyfoes. Rydym yn dechrau rhedeg o'r newydd y dyddiau brawychus hyn dros linellau cychwyn cwbl frawychus.

Gwiriondeb fe dybiaf fyddai i ni feddwl yng Nghymru nad yw'r ffyrdd hyn o wleidydda a dwyn perswâd ar bobl ddim yn effeithio arnom ni. I'r gwrthwyneb, tybiaf fod actorion rhyngwladol ffiaidd eisoes ar waith yn llygadu ein democratiaeth, ein ffordd o fyw, ein hiaith ac yn fwyaf oll, ein hadnoddau. Ymhelaethaf ar hyn yn y tudalennau sy'n dilyn ond awgrymaf yma, wrth edrych o linell gychwyn y gyfrol hon, bod y dystiolaeth o'r hyn sydd ar waith eisoes yn gwbl amlwg.

Daw un peth trawiadol i'r cof. Fy arferiad yn nhermau addoli erbyn hyn yw pregethu yng Nghapel y Tabernacl Efail Isaf ar yr ail Sul o'r mis. Ceir ambell eithriad ond dyna fy arferiad. Rwyf yn eithriadol o ddiolchgar i'r gynulleidfa Saesneg fechan a geir yno am y croeso sydd yn gyson yn cael ei gynnig i mi. Felly'r gynulleidfa Gymraeg mwy niferus a byrlymus. Byddaf yn dewis addoli gyda chyfeillion o'r un anian mewn sawl ffordd. Cristnogion sy'n defnyddio'r rhyddid i fynegi eu ffydd drwy gyfrwng yr iaith Gymraeg.

Hynny wnes i ddechrau Ionawr 2025 wedi dod yn ôl o'r Unol Daleithiau. Wedi'r gwasanaeth ar 12 Ionawr daeth galwad ffôn gan gyfaill o'r byd mewnfudo Cymreig, Anne Hubbard. Buom yn cydweithio â'n gilydd gyda Chyngor Ffoaduriaid Cymru, ac am nifer o flynyddoedd, gyda Phartneriaeth Mewnfudo Strategol Cymru. Dau gorff y cefais fod yn Gadeirydd arnyn nhw am gyfnod. Datgelodd Anne fod stori yn torri ynghylch Cyngor Ffoaduriaid Cymru. Fe achosodd yr hyn a glywais bryder mawr i mi. Rwyf yn parhau i adnabod staff yr elusen. Mae nifer ohonyn nhw yn ffrindiau i mi. Roeddwn yn bryderus drostyn nhw.

Y bore Llun canlynol, 13 Ionawr 2025, cyhoeddodd y BBC ar-lein bod staff y Cyngor wedi dioddef "bygythiadau i'w bywydau" ar ôl i'r biliwnydd, Elon Musk, rannu post yn awgrymu defnydd o fideo o ferched ifanc o Gymru i "ddenu" ymfudwyr i'r Deyrnas Unedig. I mi ddeall, cafwyd sylwadau gwirioneddol niweidiol ynghylch disgyblion ysgol yn croesawu ffoaduriaid o'r Wcráin rhai misoedd lawer cyn hynny. Tanlinellwyd yn y clip gwreiddiol bod Cymru yn wlad groesawgar. Ond lledaenwyd honiadau hynod o niweidiol ynghylch corff y bûm yn falch o fod yn Gadeirydd arno ddeunaw mlynedd yn ôl, Cyngor Ffoaduriaid Cymru. Disgrifiodd Llywodraeth Cymru yr honiadau a wnaed ynghylch y fideo yn "anghywir ac yn gwbl anghyfrifol". Yn ystod yr wythnos ganlynol deallais i'r sylwadau gael eu gweld o ddeutu pum miliwn o weithiau ar 'X'.

Cafodd y 'don o sylwadau hiliol' effaith enfawr ar staff yr elusen. Yma yng Nghymru, ymddengys i rai dderbyn bygythiadau i'w bywydau. Digwyddodd hyn ychydig ddyddiau cyn i'r Esgob Mariann Budde ddioddef yr un math o driniaeth wedi iddi alw am drugaredd mewn pulpud yn Washington. Dyna'n byd. Mae'n eang ond hefyd yn gynyddol beryglus.

Yn allweddol erbyn hyn, tybiaf fod pobl Cymru, fel pawb arall yng ngwledydd democrataidd y Gorllewin, yn cael eu ffermio drwy algorithmau hynod bwerus ar lwyfannau cymdeithasol. Gwelais hyn ar waith yn y modd mwyaf effeithiol yng nghwmni pobl ifanc Ddu Prifysgol Howard yn Washington yn fuan wedi'r Etholiad Arlywyddol yn 2024. Cafwyd targedu mico llyfn ar lwyfannau cyfryngau cymdeithasol, negeseuon testun ac e-byst yn cyflyru teimladau arbennig o anobaith ac yn llywio daliadau pobl ar sut y mae grymoedd arbennig am iddyn nhw weld y byd a theimlo'n gwbl ddiymadferth. Soniaf am hyn eto. Dros nifer o ddyddiau, anfonwyd negeseuon testun ffiaidd a bygythiol ar draws America i bobl ifanc Ddu ac i'r gymuned LGBTQ+. Roedd y dechnoleg yn gwybod pwy oedden nhw ac yn gwybod sut i gysylltu â nhw.

Tybiaf yn aml taw diben lledaenu anwireddau ar y lefelau hyn yw nid cymaint i gael pobl i gredu ynddyn nhw fel anwireddau ond i greu ansicrwydd ac i ofalu nad ydyn ni yn credu mewn unrhyw sefydliad nag unrhyw wirionedd. Gwneir cenhedloedd yn ddiymadferth. Rhywbeth eithriadol o niweidiol yn gymdeithasol, yn wleidyddol ac yn fugeiliol. Nid wyf yn credu bod ein systemau gwleidyddol na'n gofal bugeiliol fel cymunedau ffydd yn agos at ddal i fyny â'r dechnoleg sy'n cael ei ddefnyddio yn ein plith heddiw.

Fel yr eglurais, ar ddechrau fy ngweinidogaeth genedlaethol gyda Cytûn yn 1999 credais yn hyderus taw pechod yn erbyn gobaith oedd sinigiaeth. Gweithiais mewn diwylliant a chyfnod arbennig a oedd am hyrwyddo pethau da. Yn hynny o beth cafwyd llwyddiannau. Trafodir nifer ohonyn nhw yn y gyfrol hon. Cafwyd methiannau hefyd. Gwyddom hynny. Gadawaf eraill i werthuso perfformiad llywodraethau arbennig. Nid dyna fy mwriad yma. Credaf erbyn hyn bod y sinigiaeth artiffisial, yn arbennig y math a gynhyrchir gan algorithmau ein cyfnod, yn llawer gwaeth na hynny. Mae'n agor drws eang i rymoedd wirioneddol ddrwg.

Nid codi ofn na pharlysu yw fy mwriad yn y llyfr hwn ond codi'r galon drwy gofio a dysgu pethau da. Gobeithiaf alluogi. Dyna fy mwriad. Carwn awgrymu sut y gellir llwyddo ac ategu drwy edrych yn ôl ar lu o lwyddiannau hynod bwysig dros gyfnod a aeth efallai ychydig yn angof erbyn hyn. Felly, nid hunangofiant traddodiadol gweinidog ac offeiriad ar ddiwedd gyrfa yn y byd eglwysig Cymreig a geir yma. Eisoes, ysgrifennwyd hunangofiannau llawer gwell na'r hyn y gallwn i osod ar bapur. Nid dyna fy mwriad.

Ceir rhywfaint o'm hanes personol yma. Wrth edrych yn ôl yn bersonol teg yw dweud y gallaf ddathlu pethau fel magwraeth hapus fel plentyn yn Nhrawsfynydd, addysg wedi hynny mewn llefydd fel Blaenau Ffestiniog, Llanbedr Pont Steffan a Bryste. Fe soniaf rywfaint am y fraint o gael gweinidogaethu mewn cymunedau fel Bethesda, Deiniolen, Dinorwig a Phenisa'r-waun cyn symud ymlaen i hyfrydwch Botwnnog, Sarn Mellteyrn a Llaniestyn heb anghofio Llandegwning. Ac oddi yno i Gaerdydd a Chilfynydd yn Rhondda Cynon Taf.

Yn naturiol, ceir hiraethu weithiau yn y gyfrol hon am lu o gymeriadau a gyfoethogodd fy ngweinidogaeth a'm gyrfa dros gyfnod o bron hanner can mlynedd. Diolchaf iddyn nhw i gyd am gydgerdded gyda mi ar y daith, boed hynny mewn gofalaethau, yn Cytûn, neu yn y llu o gyrff cyhoeddus a'r elusennau a'r ysgolion hynny y cefais y fraint o wasanaethu ynddyn nhw.

Yn fwy diweddar, fel adlewyrchiad personol o brofiad cyhoeddus, cynigiaf ambell sylw ar yr hyn a ddysgais fel unigolyn a gafodd y fraint aruthrol o Gadeirio Awdurdod Parc Cenedlaethol Bannau Brycheiniog yn ystod cyfnod cynhyrchu Cynllun Rheoli heriol yn nhermau'r amgylchedd a gwisgo'r cyfan ar yr un pryd drwy broses o hyrwyddo brand Cymreig a Chymraeg. Dysgais lawer, gyda chefnogaeth tîm eithriadol o alluog, ar sut i ymateb yn effeithiol i storm o sylwadau gan adweithwyr diwylliannol rhannau o'r wasg Brydeinig ac elfennau adweithiol rhyngwladol hefyd. Credaf fy mod yn dirnad llaw'r un criw ar waith yn ein diwylliant gwleidyddol byd-eang heddiw.

Ar lefel personol dysgais lawer o'r profiad. Talodd y profiad o fod yn gwbl benderfynol i gyrraedd bannau profiad arbennig, er gwaethaf y cyfnodau serth a'r tywydd gerwin, i gyrraedd bannau o bwys ar ei ganfed. I eraill y perthyn y clod am yr hyn a gwblhawyd ym Mannau Brycheiniog ond dysgais wersi personol o bwys drwy'r profiad. Soniaf fwy am hynny nes ymlaen.

Yn naturiol efallai, bydd hanes dwyn y Cynulliad Cenedlaethol i fodolaeth a'i aeddfedu i'r Senedd yn gyson yn y cefndir yn yr hyn a drafodir yma. Dro ar ôl tro yn y gyfrol hon, wrth drafod datganoli, datgelaf bersbectif gwahanol iawn os nad unigryw. Bûm yn hynod o ffodus. Cynigiaf bersbectif ymarferwr dinesig. Y profiad sydd gen i yw o eiddo unigolyn a weithiodd o ddydd i ddydd yn y gymuned polisi Gymreig gan ymwneud yn gyson â gweinidogion y Llywodraeth a'r gwasanaeth sifil yng Nghymru yn fwyaf arbennig. Cymuned o bobl a gyflawnodd bethau aruthrol dros gyfnod o ugain mlynedd ar gyfer pobl Cymru. Gobeithiaf danlinellu nifer fawr o'r datblygiadau hynny y cefais i'r fraint o fod ynghlwm â nhw yn uniongyrchol. Datgelaf ambell beth a fydd yn newydd i rai.

Erys fy holl reddfau gobeithiol. Carwn gredu ein bod fel Cymry Cymraeg yn bobl ryngwladol. Yma, ymdrechaf i drafod digwyddiadau rhyngwladol drwy brism Cymreig. Yn arbennig wrth drafod ffoaduriaid a hawliau dynol. Cafodd yr agwedd ehangach hon ei chyfoethogi ymhellach yn fy achos i drwy ymwneud â dilyn timoedd pêl-droed Cymru fel aelod o'r Wal Goch. Mewn materion ffydd a phêl-droed mae Cymru yn sefyll ger bron y byd fel gwlad hyderus ac annibynnol. Ceir manteision mawr i hyn. Yn ddiweddar iawn cefais rôl arbennig yn cynnig cyngor i Gymdeithas Pêl-droed Cymru ar faterion cydraddoldeb. Golyga hyn fy mod wedi ymroi i wylio llawer mwy o bêl-droed. Rhywbeth na fyddaf yn ystyried yn faich.

Yn sgil yr elfen ryngwladol hon, dywedaf lawer am y fraint aruthrol a gefais o weithio yn gyfochrog â chydweithwyr eciwmenaidd Ewrop a'r byd ehangach drwy gyrff fel Cyngor Eglwysi'r Byd. Cefais gydweithio â llu o arwyr tawel o lefydd fel De Corea, y Balcanau, arfordir yr Eidal, Gwlad Groeg, hen Ddwyrain Ewrop, Sgandinafia a thaleithiau De America yn ogystal â'r Unol Daleithiau.

Honnaf hefyd sawl tro yn y gyfrol hon bod Cymru wedi arwain y byd mewn nifer o ddatblygiadau polisi o bwys rhyngwladol wedi ymwneud â chymunedau ffydd. Tanlinellaf bethau ynghylch ein datblygiad dinesig yng Nghymru gyda pheth hyder gan i mi eu trafod gyda llu o arloeswyr eglwysig ar hyd a lled y byd. Bobl wybodus y gallwn gymharu datblygiadau a heriau gyda nhw.

Ceisiaf drafod yr hyn a brofais gan daro golwg cyflym ar rhai datblygiadau academaidd o bwys. Wrth baratoi ar gyfer y gwaith hwn, cefais fy ngwefreiddio gan gyfrol Isabel Wilkerson, *Caste The Origins of Our Discontents* (2020, Penguin, Efrog Newydd.) O'i gwreiddiau fel academydd Du a gafodd ei thrwytho yn helyntion hawliau sifil America, mae hi'n cynnig golwg dreiddgar ar sut y mae pobl yn cael eu trin boed hynny yn yr Unol Daleithiau, Almaen y Natsïaid neu'r Dalits yn India.

Tybiaf, er bod graddfeydd y driniaeth a roddir i ddiwylliannau ac i bobl yn wahanol - wrth gwrs eu bod nhw - grym yr ymdeimlad o *caste*, o'r gair Sbaenaidd *casta,* sy'n llywio sut y mae eraill yn aml iawn yn gweld Cymru. Hynny yn bennaf, fe dybiwn i, sydd hefyd yn gyfrifol am y ffordd sarhaus weithiau y mae siaradwyd Cymraeg yn cael eu portreadu mewn sawl papur newydd a'r cyfryngau cymdeithasol Eingl-ganolog rhyngwladol. Weithiau fer drodd y dirmyg hwn yn bla. Ceir rhesymau o gwmpas y pethau hyn pam y mae dweud stori Cymru yn troi'n gynyddol heriol. Yn llawer mwy heriol yn sgil y tro ar fyd a gafwyd ar ambell lwyfan ar-lein. Trodd ambell lwyfan yn eithriadol wenwynig.

O redeg drwy fy haf bach Mihangel ar y dechrau fel hyn sylweddolaf fy mod innau yn newid. Rwyf yn mwynhau hynny. Fel Cymry, mae gennym ni'r ddawn rhyfeddaf i ail ddiffinio ein hunain o genhedlaeth i genhedlaeth. Hynny hyd yma, yn hytrach nag aros yn llonydd, alluogodd ni i oroesi heriau.

Daeth yr amser i ni ail ddiffinio ein hunain eto.

Erbyn hyn, byddaf yn mwynhau'r cyfoeth profiadau a gynigir mewn llu o addoldai sy'n perthyn i gyfoeth byd rhyng-ffydd Cymru. Mae'r gymuned braf a chyfeillgar a geir ym Mosg Dar-ul-Isra yng Nghaerdydd wedi cyfoethogi fy mywyd. Ceir cyfle yn y llyfr hwn hefyd i ddathlu'r cyfeillion hynny sydd wedi cynnig cymaint i'r Gymru gyfoes ar sail gwerthoedd a daliadau tu allan i gymunedau crefyddol. Fe gyfrannodd ymroddiad o'r fath lawer i fywyd Cymru ac i ystyriaethau'r gwaith hwn.

Felly, ni cheir ymdrech yma i greu catalog o brofiadau a rhestr o enwau. Ymdrechir yn hytrach i greu canllaw cadarn ar gyfer cyfnod eithriadol o heriol i Gymru a'r byd sydd o'n gwmpas. Yn fwy na dim, ymdrechir i gynnig ymarfer â modd i ymateb i'r heriau a'r pwerau eithriadol o rymus hynny sydd weithiau yn ein tristau a'n llethu. Yn llethu eraill hefyd. Trafod cyrraedd bannau bywyd yw amcan y gwaith hwn a llawenhau wrth wneud hynny. Sut i ymdrechu a llwyddo. I fod yn llawn ffydd ac yn llawn llawenydd.

Tanlinellaf cyn mentro i benodau'r gyfrol hon bod gennyf gyffes bwysig. Fel unigolyn, byddaf yn ymestyn tuag at gyrraedd bannau bywyd yn bennaf fel rhedwr eithafol. Credaf taw eithafol yw'r gair cywir. Nid wyf am geisio annog eraill i wneud y pethau rwyf i yn ei gwneud o gwmpas rhedeg. Ni fyddai hynny at ddant pawb. Gobeithiaf y daw rhywbeth buddiol o ddweud y stori hon drwy lygad rhedeg.

O ddydd i ddydd, os daw cyfle, byddaf yn ymarfer drwy redeg milltiroedd lawer. Tair neu bum milltir y dydd weithiau a deg milltir ar benwythnosau arferol. Adroddir llawer mwy am hynny yn y gyfrol hon. Fe ymdrechais ers 2011 i gwblhau sawl ras *ultra* a nifer fawr o farathonau Cymreig a rhyngwladol. Erys Efrog Newydd, Washington DC, Berlin, Dulyn yn ogystal â Llanelli a Chasnewydd yn fyw yn y cof. Cefais bleser enfawr yn rhedeg y rasys lleol Cymreig hynny sy'n bwysig i lawer ohonon ni sy'n byw yn ardaloedd de ddwyrain Cymru. Hanner Marathon Caerdydd a Ras fyd enwog Nos Galan, Guto Nyth Bran. Byddaf weithiau yn cerdded pellteroedd maith hefyd, fel ymdrech Cymorth Cristnogol yn 2016 i gerdded o Fethlehem ger Caerfyrddin i'r Aifft ger Bodfari. Roedd hynny'n waith caled.

Dros y blynyddoedd, clywais sawl pregeth a darllenais nifer o hunan gofiannau ar y modd y gwelodd yr Apostol Paul i ddathlu'r iddo ymladd yn galed a rhedeg y ras i'r pen ac aros yn ffyddlon. Dysgais lawer o'r cyfraniadau gwerthfawr hyn, ond tybiais droeon iddyn nhw gael eu cynnig gan rai sydd ddim yn or gyfarwydd â rhedeg o ddifrif neu hyd yn oed o gwbl.

Cyfrol bersonol yw hon sy'n trafod cyrraedd bannau bywyd a byd drwy lygaid rhywun sy'n rhedeg yn gorfforol, yn emosiynol ac yn ysbrydol. Tua diwedd pob ras hir, pryd mae'r corff yn gwegian a'r milltiroedd yn troi'n hirach ac yn fwy serth ac ansawdd y ffyrdd yn taro'n fwy anghyfforddus dan droed, byddaf yn troi at eiriau proffwydol Eseia a chael nerth rhyfeddol i gwblhau'r hyn sydd gen i mewn golwg *'Gwnaf bob mynydd yn ffordd, a llenwi o dan fy llwybrau'* (Eseia 49:11 BCND). Daeth yr adnod hon yn ffordd o redeg i mi ac yn ffordd o fyw. Mae'n ffordd hefyd o herio'r byd rwyf yn ymwneud ag o.

Bu glynu wrth yr adnod sydd yn fy annog i droi bob mynydd yn ffordd o gymorth mawr i mi yn ddiweddar drwy ymdrin â heriau derbyn diagnosis o'r hyn a elwir yn LADA (*Latent Autoimune Diabetes in Adults*). Cydymaith bywyd nad oeddwn yn ei ddymuno nag yn ei ddisgwyl. Ceir cyflyrau llawer gwaeth. Sylweddolaf hynny. Ond mae'r salwch o hyd yno ac mae fy ymwneud â chyflwr nad oes gwella arno yn llethu ambell ddiwrnod. Hyd yma, llwyddais i beidio bod yn ddibynnol ar inswlin. Mae'r holl redeg o help a cheisio bwyta'n briodol, ond mae stori'r afiechyd yn parhau.

Ar ddechrau'r gyfrol hon safaf ger y llinell gychwyn fel un sy'n gweld y posibiliadau yn fwy na'r heriau. Un sy'n gyson yn ceisio canfod ffyrdd newydd i gwblhau'r gamp. Beth bynnag yw'r ras honno. Llyfr yw hwn ynghylch sut yr aeth un rhedwr *ultra*, dros gyfnod hir, i droi llu o fynyddoedd yn ffyrdd. Efallai taw rhywbeth tebyg i hynny yw un o brif nodweddion ffydd. Safaf ar y llinell gychwyn.

Pennod 1

Wynebu Her - cropian cyn rhedeg

Dechreuaf fy mhenodau nid gyda hafod braf ond gydag oriau isel yn bersonol. Nid uchelfannau llwyddiant bywyd ond un o iseldiroedd heriau gerwin. Diolch i'r drefn ni fyddaf yn cael fy hun ynddyn nhw yn aml a sylweddolaf i eraill wynebu profiadau llawer gwaeth. Fel Cristion, ceisiaf ddiolch i Dduw ym mhob profiad. Weithiau, mae hynny'n frwydr.

Fe fydd y profiad o groesi'r ffordd i Feddygfa Rhydyfelin y bore Llun hwnnw ym mis Mawrth 2023 yn aros yn fyw yn y cof. Ar ôl treulio blynyddoedd yn rhedeg llu o farathonau mewn sawl gwlad ac ambell farathon *ultra* hir dan amgylchiadau caled yn nhermau tywydd a daearyddiaeth, cefais fy hun yn cael trafferth i wneud rhywbeth mor syml â chroesi'r ffordd. Trafferthion annisgwyl a sydyn gyda fy ngolwg barodd i mi bryderu. Roedd gorfod defnyddio fy nwylo rhywfaint i gynorthwyo'r broses o symud mewn ambell fan yn fy nharo braidd fel agosáu at gropian. Yn sicr, fe es i'r afael â cherdded yn llawer mwy gofalus na'r arfer. Roedd gennyf ofn baglu neu fethu sylwi ar rywbeth yn dod i fy nghyfeiriad. Neu rywun.

Rhai dyddiau cyn hynny, ar achlysur gwirioneddol hapus lansio'r ymgyrch hel arian lleol ar gyfer Eisteddfod Genedlaethol Rhondda Cynon Taf yn y *Lion* yn Nhreorci ym Mawrth 2023, sylwais fy mod yn dechrau gweld popeth yn ddwbl. Fe barodd i mi ddychryn braidd ond roedd bod yng nghwmni cymaint o ffrindiau da yn gysur. Byddai'r tîm rhyfeddol o Gymry Cymraeg, a nifer sylweddol o gyfeillion di-Gymraeg y fro a ddaeth at ei gilydd yn Nhreorci'r dydd Sadwrn hwnnw yn cyflawni gwyrthiau ariannol cyn cynnal Eisteddfod ein bro ym Mharc Ynysangharad yn Awst 2024. Yn lleol beth bynnag, erys argyhoeddiad pendant ar ein rhan taw hon oedd yr Eisteddfod Genedlaethol orau a gafwyd. Yn sicr, fe wnaethon ni gyrraedd copa ban eisteddfodol neilltuol. Daeth pobl i Eisteddfod ein bro mewn niferoedd sylweddol.

Gobeithiais dros y Sul taw rhywbeth dros dro fyddai fy nhrafferthion gweld. Byddai'r peth yn mynd i ffwrdd. Llwyddais i bregethu yng nghapel

Bethel, Rhiwbeina gan wneud popeth yn hynod o ofalus. Un o freintiau pennaf fy ngweinidogaeth yw cael pregethu mewn nifer o eglwysi sydd â chynulleidfaoedd sy'n llawn o gyfeillion sy'n hynod o garedig. Un o'r eglwysi hynny yw Bethel, Rhiwbeina. Ceir eraill.

Erbyn hyn, ar ôl gweithio i Cytûn dros ddau ddegawd ac ymddeol o hynny rwyf wedi disgyn i batrwm sefydlog o bregethu ar y Sul i nifer o gynulleidfaoedd sydd yn fy nghynnal yn ysbrydol ac yn emosiynol. Pobl y gallaf ddibynnu arnyn nhw. Cefais fy magu yn Nhrawsfynydd yn eglwyswr. Yn eglwyswr Cymraeg blaengar o ardal amaethyddol ond bro'r chwareli hefyd. Cefais fy magu i synau hyfryd y traddodiad ymneilltuol Cymraeg.

O sylweddoli nad oedd fy ngolwg yn gwella'r Sul hwnnw ym Mawrth 2023 mentrais fanteisio ar fy nhocyn bws yn unionsyth y bore Llun canlynol a chymryd dau fws o Gilfynydd i Rydyfelin. Am unwaith, roedd bod yn un llygadog o gymorth. Dysgais yn reddfol bod cau un llygad yn angenrheidiol i'r broses o weld lle yr oeddwn yn ceisio mynd iddo. Roedd rhaid canolbwyntio'n galed ar lwyddo i symud un droed o flaen y llall. Ar y ffordd, fe wnes i sylweddoli nad peth doeth chwaith oedd sgwrsio ar y ffôn symudol a cheisio cerdded yr un pryd. Roedd yr her honno yn ormod o lawer y bore hwnnw.

Nid wyf yn sicr taw bendith neu felltith ydi'r peth ond hyd heddiw, o deithio o le i le, byddaf yn ceisio cofio dyddiau datblygiadau polisi ein democratiaeth yng Nghymru. Felly mae fy meddwl yn gweithio. Dyna oedd fy ngwaith ar ran yr eglwysi yn ystod y blynyddoedd rhwng 1999 a 2006. Yn ystod y cyfnod hwnnw byddwn yn gwneud rhestrau o bethau a gwblhawyd gan y Cynulliad a'u dosbarthu wedyn i'r eglwysi. Byddwn yn canfod cannoedd o bethau a oedd yn effeithio ar fywydau pobol. Y bore hwnnw, ceisiais gofio ffeithiau a oedd yn berthnasol i'm taith i Feddygfa Rhydyfelin. Ar y pryd, roedd hynny'n well na cheisio gweld.

Daeth ambell beth yn ôl i'r cof. Gallwn gofio Cymru yn arloesi gyda darparu tocynnau bws am ddim i bensiynwyr a phobl anabl yn 2001. Dyna fi wedi fy nghynnwys dwywaith drosodd. Hefyd ar y ffordd i Rydyfelin, gallwn gofio Cymru yn cyflwyno presgripsiwn am ddim yn 2007. Byddaf yn gyson yn mynd i chwilio am rifau'r rhai sy'n mynd yn fethdalwyr yn yr Unol Daleithiau oherwydd biliau meddygol. Ceir cannoedd o filoedd. Mae'n ysgogiad da i fod yn ddiolchgar ac yn wyliadwrus. Diolch i'r drefn, nid ydwyf yn gorfod talu am yr holl dabledi *Metformin* rwyf yn eu llyncu pob dydd ar gyfer fy nghlefyd siwgr od. Nid wyf yn talu ychwaith am y synwyryddion bach sy'n cadw golwg arnaf bedair awr ar hugain y dydd pob dydd. Rwyf yn gorfod eu newid nhw pob pythefnos.

Meddyliais hefyd, pe byddwn yn gorfod mynd a char i'r ysbyty, byddai'r parcio am ddim yno ar fy nghyfer. Cofiaf i Edwina Hart gyhoeddi'r polisi ym Mawrth 2008. Ar y bws, fe wnes gofio mynd i garchar gyda hi, ar ymweliad hynny yw, ond stori arall yw honno ar gyfer tudalennau eraill. Y diwrnod hwnnw, am resymau amlwg, ni allwn fynd yn agos at gar. Meddyliais rywfaint wedyn am gerdded. Ynghylch hynny, ceisiais gofio llwyddiant Cymru wrth lansio llwybr yr arfordir yn Mai 2012. Fe gerddais ran ohono ond mae'r her o gerdded yr holl ffordd yn parhau i fy nisgwyl. Y dydd Llun hwnnw yr her oedd croesi ffordd gwta 12 troedfedd o led.

O feddwl beth a allai fod ar fy nghyfer, ceisiais gofio sut y mae rhestrau aros Cymru yn amrywio o gyfnod i gyfnod. Mynd i lawr fel canran ambell ddegawd ac i fyny yn ystod degawdau eraill. Byddai'n rhaid i mi fynd i chwilio am yr ystadegau ond roedd gennyf fath o gof y diwrnod hwnnw bod nhw'n mynd i lawr pan mae mwy o arian ar gael ac yn mynd i fyny mewn cyfnod o lymder ariannol. Gallai holi am bethau felly ddisgwyl am ddyddiau gwahanol. Dyddiau gwell. Nid oeddwn yn sicr y diwrnod hwnnw.

Weithiau, mae pobl yn gofyn cwestiwn i mi yn arddull Monty Python. Beth wnaeth y Rhufeiniaid drosom ni? Cyn rhestru llu o bethau ynghylch y Senedd byddaf yn gofyn cwestiwn iddyn nhw. Faint o amser sydd ganddo'ch chi heddiw? Y gwirionedd yw, gallwn fod gyda nhw trwy'r dydd. Gallaf restru nifer fawr o bethau fyddwn i ddim yn dymuno eu colli. Yn bwysig i mi, ceir y gwasanaethau hynny am ddim. Ac yn fwy na hynny, mesurau sy'n gwneud pobl yn fwy diogel ac yn mynd ati i arbed bywydau. Ers hynny, os hoffwn y peth neu beidio, gwnaeth ein hannog i yrru ceir yn arafach gan arbed bywydau ac arian. Tybiais ar y ffordd i Feddygfa Rhydyfelin taw pethau da yw'r cyfreithiau sy'n rhwystro dyn sydd â golwg dwbl rhag gyrru car. Yn arbennig gan fod bws am ddim i'm cymryd yno.

Ymhen ychydig oriau byddwn yn profi pa mor gyflym mae'r system iechyd yn gallu gweithio os gwelir yr angen am flaenoriaethu. Nid dyna yw profiad pawb, ond dyna'n sicr oedd fy mhrofiad i y diwrnod hwnnw. Dewis newyddiadurol a gwleidyddol wrth gwrs yw canolbwyntio ar fethu cyrraedd targedau yn y gwasanaeth iechyd. Gan nad wyf o ran anian yn berson negyddol, tybiais, yn gywir yn digwydd bod y bore hwnnw, y byddwn yn cael fy ngweld yn gymharol gyflym os oedd rhaid. Ond, roedd fy analllu i weld pethau yn peri pryder.

Yn y bws ar y ffordd yn ôl, wedi gweld y meddyg, fe grwydrodd fy meddwl at rywbeth gwahanol. Yn rhyfedd braidd, o gerdded yn ofalus o'r safle bws i'r Feddygfa yn Rhydyfelin a chroesi'r groesfan sebra cyfarwydd, daeth atgof o redeg ras *ultra* 100 cilomedr heriol *Race to the Stones* dros ddau ddiwrnod yn 2015. Felly mae fy mhen yn gweithio! Hyd heddiw, honno oedd y ras hiraf i mi ei chwblhau'n llwyddiannus. Gallaf gofio hyfrydwch y diwrnod cyntaf yn casglu gydag athletwyr a cherddwyr hynod o ffit yn Lewknor yn ne Lloegr. Roedd yn ddiwrnod braf a chynnes heb fod yn rhy boeth. Delfrydol i redwyr a oedd am fentro drwy un o lwybrau hiraf a mwyaf hanesyddol Prydain tuag at gerrig hanesyddol Avebury.

Yn ôl fy arfer, fe wnes i ddechrau'r gamp gan redeg yn rhwydd. Term un o'm cyfeillion rhedeg o America yw '*run easy*'. Rhedeg yn gyfforddus a rhwydd ac wedyn gwthio'n galetach os oedd egni ar ôl. Fe wnes i hynny am filltiroedd lawer a mwynhau'r profiad. Cafwyd llun ohonof yn ystod y diwrnod cyntaf hwnnw yn rhedeg dros lwybr syth drwy gae godidog yn llawn gwenith cadarn. Yn wahanol iawn i Theresa May, a gyfaddefodd mewn cyfweliad â Julie Etchingham ym Mehefin 2017, iddi fod yn ddrygionus drwy gerdded drwy gaeau gwenith. Ni chafwyd unrhyw gydwybod ddrwg ar fy rhan. Roedd rhedeg drwy gaeau yn rhan naturiol o fagwraeth plentyn a gafodd ei fagu yn Nhrawsfynydd.

Ystyriais fy sefyllfa am ennyd. Wrth droedio'n ofalus i'r feddygfa ac oddi yno daeth cymhlethdod o deimladau ansicr i'm baglu a llu o atgofion. Rhai i atgyfnerthu ac eraill i beri ansicrwydd. Ar ôl gweinidogaethu am flynyddoedd lawer yn gyfochrog â chyfeillion rhagorol a wynebodd heriau personol aruthrol gyda dewrder rhyfeddol, sylweddolais i mi fyw bywyd eithriadol o ffodus. I mi gofio, heblaw am drafferth gweddol ddiweddar gyda'r fogfa, ni chefais unrhyw salwch difrifol. Prin a byr fu fy mhrofiad o unrhyw boen. Diolch i'r drefn am hynny. Ni threuliais yr un noson mewn ysbyty ychwaith. Heblaw o gwmpas fy ngeni!

Hoeliais fy sylw am ychydig ar y peth a oedd yn achosi fy nhrafferthion. Ynghylch fy nghlefyd siwgr, gwelaf erbyn hyn i mi ddioddef o syched a blinder affwysol cyn y diagnosis ddechrau 2023, a fy mod yn dioddef o'r hyn a elwir yn LADA. Ar brydiau, fe oedd fy ngolwg hefyd yn aneglur braidd. Mynd am brawf iechyd rheolaidd wnes i gan feddwl cymryd gofal cyn ymddeol. Cefais fy holi ynghylch fy nghefndir teuluol. Cafwyd bod ambell un yn y teulu hefyd â chlefyd siwgr. Oherwydd hynny, a'r symptomau a oedd wedi amlygu eu hunain, da o beth oedd cymryd y prawf gwaed angenrheidiol. Ymhen dyddiau, daeth galwad ffôn o'r feddygfa yn gofyn i mi gynnig prawf gwaed pellach. Cafwyd cadarnhad bod lefel fy A1C rwyf yn tybio yn frawychus o uchel. Heb amheuaeth, roeddwn yn dioddef o glefyd siwgr.

Wrth ddisgwyl am fy nghanlyniadau meddygol, da oedd derbyn gwybodaeth gan gyfaill, Sally Davies, sy'n feddyg, bod mwy na dau fath o glefyd siwgr i'w gael. Nid oeddwn yn gwybod hynny. Mwy na Math 1 a Math 2. Diolch iddi am ei hamser a'i hamynedd. Ar y pryd roedd y ddau ohonon ni yn ymddiriedolwyr gyda DPIA (Displaced People in Action). Mae rhai yn galw'r hyn sydd gen i yn fath 1.5. I mi ddeall y salwch, nid oes modd i mi atal y cyflwr, i ennill gwellhad, ond fe allaf arafu ei rediad gan osgoi dibyniaeth ar inswlin. Hwnnw, ar hyn o bryd, yw fy mwgan pennaf. Gallaf wneud hynny am gyfnod efallai. Ond, rwyf yn sylweddoli bod y cloc yn tician.

Oherwydd fy mod wedi derbyn y diagnosis gwreiddiol yn Chwefror 2023, mewn cyfnod lle yr oeddwn yn ymarfer ac yn rhedeg yn gyson ac yn byw yn gymharol iach, cefais fy anfon yn syth i dderbyn sgan. Fe wnaeth y broses o gael fy sganio i mi feddwl yn ddwys iawn ar yr hyn a oedd efallai ar fy nghyfer. Efallai bod anlwc yn fy nisgwyl o gwmpas y gornel fel yr awgrymodd fy meddyg. Troediodd llawer y llwybr pryderus hwnnw o'm blaen i.

Mae gennyf ryw fath o gof sgwrsio am bêl-droed gyda'r ddau a gymerodd y sgan. Roedden nhw'n hogiau clên. Fel cefnogwr brwd *Manchester United* ers 1968, rwyf wrth fy modd yn dweud hanes offeiriad o Lerpwl yn brolio wedi iddo symud i ogledd Cymru. Eglurodd yn gyhoeddus sut yr oedd yn arfer byw mor agos at *Goodison Park* gallai glywed y dorf yn bloeddio pob tro y byddai *Everton* yn sgorio. Mentrais awgrymu wrth yr offeiriad hwnnw, mae'n rhaid iddo fwynhau bywyd tawel. Fe bwdodd braidd. Meddyliais ar y pryd, fel yr oeddwn yn mynd i mewn i'r sgan, nad dyna'r amser gorau efallai i ddweud y jôc honno wrth rywun a allai fod yn gefnogwr *Everton*. Mae'n rhaid i mi ddysgu peidio dweud y peth cyntaf a ddaw i fy mhen i.

Cofiaf adael yr ysbyty'r prynhawn Sul hwnnw ddiwedd Chwefror 2023 yn teimlo'n ansicr a phryderus. Cysur y noson honno oedd cael addoli gyda chyfeillion cyfarwydd yng Nghapel Minny Street, Caerdydd. Fe dawelodd hynny ychydig ar fy meddwl. Mae gennyf lawer o le i ddiolch i gapeli Cymraeg y fro rwyf yn byw ynddi nid yn unig am fy ngwahodd i bregethu ynddyn nhw ond am fod mor garedig dros y blynyddoedd.

O gymryd y bws yn ôl o'r feddygfa yn Rhydyfelin i Bontypridd, gyda gorchymyn fy meddyg i fynd i weld optegydd yn syth, eisteddais am ennyd yn hel meddyliau ymhellach. Eto, yn nryswch profiad anghyfforddus, daeth ambell her yn ôl i'r cof. Rhai o'm plentyndod yn Nhrawsfynydd.

Cofio tristwch colli fy nhad yn blentyn bach. Cofio'r galar, y golled a'r ymdeimlad o ansicrwydd weithiau o fod ar aelwyd un rhiant. Cofio cael cymorth aruthrol a gofalus drwy'r cyfnod heriol hwnnw gan deulu arbennig, cymdogion hael a chymuned Gristnogol cwbl ryfeddol yn Nhrawsfynydd a Blaenau Ffestiniog. Tybiaf i mi gael fy magu i ran helaeth iawn gan bentref cyfan. Atgofion hyfrytaf sydd gen i hyd heddiw o offeiriaid a gweinidogion y fro a ddarparodd weinidogaeth mor annwyl i ni fel plant. Fe gawsant nhw i gyd ddylanwad aruthrol arnaf. Er i mi ynganu enw y *Band of Hope* yn anffodus rhyw dro fel *Abandon Hope*, credaf i mi beidio colli gobaith na ffydd. Efallai, fel y dywed yr Apostol Paul, y mwyaf o'r pethau hyn yw cariad. Cofiais gariad a gofal y cyfnod. Roedd hyn yn galondid ar y pryd ac ar y siwrnai ar y bws i Bontypridd.

Her arall i mi fel plentyn oedd i mi brofi anawsterau dysgu. Yn rhyfedd, fe ddaeth yr ansicrwydd ynghylch hynny hefyd yn ôl i'r cof. Efallai taw un o'r geiriau Saesneg cyntaf o bwys personol i mi orfod ymrafael ag o fel plentyn Cymraeg ei iaith oedd y gair *remedial*. Dyna oeddwn i meddai nhw yn fy ysgol. Pethau dieithr braidd oedd geiriau Saesneg o'r fath. Bellach, tybiaf fod trigo ar yr agwedd addysgiadol hon o'm hanes braidd yn hunan feddiannol i oedolyn mewn oedran sylweddol. Ond, fe ddaeth yn ôl i'r cof y diwrnod ansicr hwnnw ar y ffordd o Rydyfelin. Yn y modd mwyaf rhyfedd fe ddaeth y gair *remedial* i lenwi'r un gofod â *remission*. Nid oedd cysylltiad rhwng y ddau wrth gwrs.

O ganlyniad i'r peth *remedial* hwnnw cefais fy anfon ar ddechrau fy nghyfnod yn Ysgol Sir Ffestiniog i berfeddion y ffrwd isaf o bedair. Yn draddodiadol bryd hynny, cafodd y ffrydiau hyn ei dynodi fel A,B,C a D. Yn drawiadol, ac yn nodweddiadol o'r cyfnod mewn ardal Gymraeg, fe gefais fy lleoli yn 1D yn hytrach nag yn 1Ch. Pwy oedd yn analluog tybed? Er hynny, mae gen i rhyw gof i'r ffrydiau yn ein blwyddyn ni gael eu hail-frandio fel L.O.S.T. Yn gymdeithasol ac yn addysgiadol, cefais lond bol ar fod yn golledig yn 1T. *Remedial* neu beidio, penderfynais nad oeddwn am aros yno. Byddwn yn gweithio ar y peth. Cefais fy nyrchafu i'r ffrwd nesaf ymhen ychydig wythnosau.

Mae'n peri i mi wenu erbyn hyn, o ddeall fy mod yn gwbl anobeithiol yn gerddorol ac yn arbennig wrth ganu, taw'r athro cerddoriaeth ddywedodd rhyw ddiwrnod bod gwell ar fy nghyfer na bod yn 1C. Roeddwn wedi cael llond bol o fod yn fanno hefyd. Wedi cyrraedd ffrwd B a chael amser i gartrefu yno, bûm yn ffodus rhyw brynhawn i'r athrawes hanes ofyn am wybodaeth a dyddiadau ynghylch teyrnasiad brenhinoedd a breninesau Lloegr. Trwy gyd-ddigwyddiad llwyr yr wythnos honno, fe wnes ddifyrru fy hun rhyw noson yn ei gosod nhw i gyd ar gof o 1066 ymlaen. Roedd gennyf ryw fath o gof i fab William Goncwerwr, William Rufus bengoch, geisio concro pobol Trawsfynydd drwy adeiladu castell lle y mae Tomen y Mur heddiw. Mae'r *motte* dal yno. Buodd farw yn 1100 o dan amgylchiadau amheus heb lwyddo i'n concro. Ni enillodd. Beth bynnag, er syndod i mi braidd, synnais fy athrawes wrth gofio dyddiadau. Cymharol fyr wedi hynny bu fy nghyfnod ymysg yr ail reng, yn y B. *'Mashallah'* fel y bydd fy nghyfeillion Mwslimaidd yn ei ddweud. Fe gymerodd cyrraedd y nod o gael eistedd 'Lefel O' bryd hynny bedair blynedd neu fwy i mi. Er gwaethaf fy holl ymdrechion, roedd y profiad yn un anodd.

Erbyn hyn, gallaf ddiolch i'r athrawon hynny a ddysgodd i mi sut i ddysgu. Yn rhyfedd wrth edrych yn ôl gallaf ddiolch yn arbennig i'r athro a ddywedodd tra roeddwn yn blentyn oed cynradd, pe byddwn yn datblygu'n addysgiadol, fe fyddwn yn gwneud hynny o fan pell. Dysgais fel oedolyn, yn arbennig drwy rym iachusol rhedeg rasys hir, am fendithion a chryfderau cyrraedd llefydd arbennig o fannau pell. Her gefais fel plentyn, nid condemniad. Ond, fe gymerodd amser i mi ddeall hynny. Fe barhaodd yr her honno i mi gydol fy oes. Diolchais am hynny sawl tro wrth ddringo gwahanol fathau o fannau heriol.

Fel pawb arall am wn i, profiad cymysg weithiau i mi oedd bod yn yr ysgol uwchradd. Cyfaddefaf nad oeddwn yn ddisgybl perffaith. Ond fe gafwyd ambell gymeriad heriol yno heblaw fi. I ddweud y peth yn garedig, y math o gymeriadau nad oeddent yn buddsoddi rhyw lawer mewn diogelwch a llesiant eu cyd ddisgyblion. Beth bynnag mae rhywun yn dymuno ei galw nhw. Byddaf yn meddwl weithiau wedi i'r holl flynyddoedd fynd heibio tybed beth ddigwyddodd i rai ohonyn nhw?

Efallai i mi ddysgu rhywbeth drwy geisio osgoi pobol sy'n llai na chadarnhaol gydag eraill. Pobl sy'n mynnu cael eu ffordd eu hunain, gan beri niwed i eraill. Gydol fy ngyrfa, yn arbennig wrth ddefnyddio pwerau statudol cydraddoldeb a hawliau dynol, ceisiais beidio camddefnyddio grym. Credaf hyd heddiw taw ond pobl sy'n medru defnyddio perswâd a phwerau ysgafn ddylid derbyn grymoedd y wladwriaeth. Mae'r gweddill yn rhy beryg o lawer. Ond os oes raid, gwell o lawer yw herio'r rhai sy'n gwneud niwed i eraill drwy gamddefnyddio grym a gwneud hynny'n gadarn. Dysgais fel oedolyn taw gwell peidio gwneud hynny'r un ffordd â'r rhai sy'n mynnu gosod eu trefn ar eraill. Rhaid wrth ffordd amgen o'u rhwystro. Ffordd annisgwyl gan amlaf. Gwnes hynny droeon yn ystod fy ngyrfa ac yn arbennig ym maes cydraddoldeb a hawliau dynol wrth eiriol dros eraill nad oedd mewn sefyllfa i ddadlau â neb.

Fe'i gwnes hefyd yng nghyswllt eraill wrth iddyn nhw ymdrin yn wael â Chymru. Dylwn i ddim, ond fe gofiaf â phleser yr un digwyddiad doniol hwnnw yn 10 Downing Street o gwmpas Gŵyl Dewi yn 2020. Ymysg y gwesteion, daeth gŵr tal ag acen Eingl-ganolog arbennig ataf. O edrych i lawr arnaf mewn mwy nag un ffodd, fe ofynnodd mewn modd crand iawn "*How are things in the principality?*" "*I'm not sure*" meddwn i "*but I'm confident they can offer you some excellent mortgages if you need one*." Fe drodd i ffwrdd yn gyflym. Cefais broblem gydol oes gyda *hubris* rhai pobol. Yr ateb gorau i *hubris* ydi hiwmor. Hiwmor y chwarel yn achos fy nghefndir i.

Yr un profiad arall a ddaeth i'r cof o fy nghyfnod yn yr ysgol uwchradd oedd dianc rhyw amser cinio i'r dref. Cafodd y profiad hwnnw ddylanwad oes arnaf. Fe gymerais fy amser i fynd yn ôl i'r ysgol gan gerdded dros bont droed fechan ger ardal y Sgwâr ym Mlaenau Ffestiniog. Clywais lais wedi croesi'r bont droed honno. Gwreigan garedig Gymraeg ei hiaith yn eistedd gan orffwys ar ei ffon gerdded. Gofynnodd i mi beth oeddwn yn meddwl ei wneud gyda fy mywyd. Dywedais yn onest fy mod yn meddwl mynd i mewn i'r weinidogaeth. Fe wenodd arnaf a dweud "Da iawn, dyna beth mae Duw am i ti ei wneud. Paid â newid dy feddwl." Rwyf yn credu mewn angylion ond dwi hefyd yn gyfforddus i eraill gredu mewn cyd-ddigwyddiadau neu *serendipity* hyd yn oed. I mi, hyfrydwch ffydd yw bodloni peidio gwybod pob peth. Ceir tueddiad ar fy rhan i fod ychydig yn anghyfforddus braidd gyda phobol sy'n gwybod pethau o sicrwydd.

Ar y bws o Rydyfelin y dydd Llun hwnnw fe ddois yn raddol yn ôl i'm coed. Caeais fy llygaid dryslyd a meddwl am rywbeth newydd. Rhywbeth cadarnhaol. Sut y gallwn ddechrau herio fy amgylchiadau gyda rhywbeth adeiladol. Ymroddais i droi eto at fyd rhedeg heriol a cheisio canfod ffordd i roi un droed o flaen y llall a chamu ymlaen rhywfaint. Dychwelais at oriau olaf diwrnod cyntaf y ras *Race to the Stones* honno wyth mlynedd cyn hynny. Weithiau gallwn fentro i ddyfalbarhau ond nid yw hynny o hyd yn ddigon. Rhaid wrth gymorth.

Ychydig filltiroedd cyn dirwyn y diwrnod cyntaf i ben ar hyd y *Ridgeway* hanesyddol yn ne Lloegr, fe'm gorfodwyd i ofyn am gymorth meddygol. Yn anarferol i mi, fe gododd sawl swigen neu bothell waedlyd ar fy nhraed. Pump neu chwech ohonyn nhw ar y ddwy droed. Rhedeg yr holl filltiroedd oedd yn gyfrifol am hynny. Sylweddolais, oni bai i mi geisio cymorth a derbyn triniaeth y prynhawn hwnnw, byddai cwblhau'r ail ddiwrnod yn amhosibl. Rhywsut neu'i gilydd, fe wnes lwyddo hefyd i ddinistrio fy ffôn symudol bach. Fe wnaeth foddi mewn chwys. Diwrnod felly oedd hi. Mae'r dechnoleg syml honno o gadw mewn cysylltiad yn angenrheidiol i'r rhai a all gael eu hunain yn rhedeg ar ben eu hunain ar hyd bannau *ultra* hir a heriol. Sylweddolais ar y bws y byddwn bellach fel unigolyn yn gorfod dibynnu llawer ar eraill a'u technoleg feddygol.

Ar y *Ridgeway*, rhywle ger lle o'r enw *Yew Down*, cefais orffwys braf dros nos mewn pabell fechan gyfforddus cyn deffro'n blygeiniol, cael brecwast maethlon, a gweld os gallwn roi un droed o flaen y llall cyn mentro ymlaen i redeg. Nid oeddwn yn sylweddoli bryd hynny y byddai ail ddiwrnod *Race to the Stones 2015* yn fwy heriol o lawer. Rhaid i mi gyfaddef fy mod wedi blino'n llwyr ar ôl y diwrnod cyntaf. Roeddwn hefyd ychydig yn gloff ar ôl trin y pothelli. Tybiais y byddai rhagor o waed yn difetha par arall o sanau. Dim ots am hynny. Yn raddol, fe drodd yr ail ddiwrnod yn erchyll yn nhermau'r tywydd.

Cyn iddi droi yn lawiog ac oer y diwrnod hwnnw, cefais gysur tawel gan un o'r trefnwyr. O gyrraedd un o'r mannau gorffwys a mwynhau ysbaid fe ddywedwyd wrthyf bod y tîm wedi bod yn cadw golwg arna i. Er gwaethaf yr her amlwg, roedden nhw yn hyderus fy mod yn deall ffiniau fy nghorff a fy mod yn abl i addasu fel bo'r angen. Yn medru rhedeg yn rhwydd ond yn cerdded lle a phryd roedd angen. Cefais nerth aruthrol o'r anogaeth garedig honno. Erys argyhoeddiad ar fy rhan, wrth gwblhau unrhyw her neu weinidogaeth, mae'n angenrheidiol amgylchynu ein hunain gydag unigolion sy'n dweud pethau da wrthon ni ac yn ein hannog ymlaen. Toes gen i ddim llawer o amser nag amynedd ar gyfer negyddiaeth.

Wrth agosáu at hanner can milltir o'r *Race to the Stones*, gyda'r tywydd yn troi yn wirioneddol oer, gwlyb ac yn greulon wyntog, dechreuais deimlo'n ddryslyd a gorfod gweithio'n galed i siarad yn glir - hyd yn oed wrthyf fi fy hun. I roi un droed o flaen y llall eto. Wedi cyrraedd un o'r mannau ysbaid olaf gofynnodd un o'r stiwardiaid os oeddwn am gwblhau'r un filltir ar ddeg a oedd yn weddill cyn cyrraedd cerrig cadarn Avebury!

Erys argyhoeddiad cyson ar fy rhan taw delio gyda'r problemau a chanfod atebion yw'r unig beth mae ambell sefyllfa yn ei hawlio. Dyna'r unig beth sy'n angenrheidiol. Cefais ddiodydd cynnes gan y gwirfoddolwyr, a fy lapio mewn blancedi am gyfnod digonol. Er mawr ryfeddod iddyn nhw, gofynnais yn gwrtais am fagiau bin du i fy nghadw'n sych. Tric a ddysgais gan fy mab hynaf, sy'n dysgu ymarfer corff o ran ei fywoliaeth. Ymlaen â fi felly am o ddeutu un filltir ar ddeg arall, a chwblhau'r her. Rwyf yn ddiolchgar hyd heddiw na lwyddodd ffotograffydd y ras i dynnu fy llun. Byddai gwisgo bagiau biniau yn gofiadwy mewn ffordd anffafriol braidd. Ond, fe lwyddais. Jyst!

Y diwrnod cofiadwy hwnnw ym Meddygfa Rhydyfelin dysgais bethau newydd amdanaf fi fy hun. Rhoi un droed o flaen y llall amdani felly. Dim arall. Cefais gyfarwyddyd gan y meddyg i fynd yn syth at fy optegydd lleol. Yno, yn *Specsavers* Pontypridd, o dan ofal eithriadol dda a chyflym, cefais ddiagnosis cynnar bod y cwymp yn lefel y siwgr yn fy nghorff wedi cael effaith ar y cyhyrau sy'n llywio'r llygaid. Rhoddwyd awgrym caredig y byddwn yn gwella, ond fe allai gymryd amser. Fe'm hanfonwyd hefyd yn eithriadol o brydlon at y tîm offthalmolegwyr yn Ysbyty Brenhinol Morgannwg ger Llantrisant. Am wythnosau lawer, gan golli'r hawl i yrru car am gyfnod, llwyddais i weld y byd gan ddefnyddio prism dros un llygad.

Yn raddol, fe gafwyd adferiad o fath. Wedi treulio oes bron yn gwbl iach ac wedi ymroi yn ddiweddar i gadw'n eithriadol ffit, roedd y cyfan yn anodd. Cefais ambell ddiwrnod isel fy ysbryd. Sylweddolais yn gynnar yn y profiad y byddai'n rhaid i mi ddysgu sut i gymryd camau newydd. I ddefnyddio fy nwylo os oedd rhaid. Bod yn fodlon cael fy lapio'n gynnes mewn ffordd newydd o fyw, dioddef dechrau gwisgo bagiau, ymddiheurio i eraill am fethiannau, a derbyn bod rhai pethau yn mynd i newid.

Diolchaf yn arbennig i'r cyfeillion rhagorol hynny a ofalodd fy mod yn cyrraedd addoldai yn ddiogel ar y Sul i gynnal gwasanaethau. Er mawr ryfeddod, gallaf gofio pregethau, ond roedd cael eraill i ddarllen y llithoedd i mi o gymorth mawr. Yn nhermau drysu Suliau yn fy nyddiadur, a gorfod torri ambell gyhoeddiad, dwi'n parhau i wisgo'r bagiau biniau edifeirwch yna. Felly hefyd gyda fy methiant i adnabod ambell un wrth gerdded heibio.

Yn fy achos i, daeth gwellhad yn gymharol fuan ond nid yn llwyr. Yn fwy na dim, peth diflas am gyfnod, fel aelod ffyddlon o Wal Goch cefnogwyr tîm pêl droed Cymru, oedd dilyn gemau yn gweld o leiaf pedwar deg pedwar chwaraewr ar y cau. I mi, roedd hwnna'n niwsans gwirioneddol.

Yn reddfol wrth redeg i fyny bryniau neu fynyddoedd fy arferiad yw newid gêr yn feddyliol ac edrych dim mwy na llathen neu ddwy o'm blaen. Diwedd Mawrth 2023, profiad cwbl wych oedd teithio i Split yng Nghroatia yn dilyn tîm pêl-droed Cymru. Mae'r gymuned o ddilynwyr sy'n cefnogi Cymru dramor yn gasgliad mor ffantastig o bobol. Mae'n fraint cael bod yn eu cwmni. Gan barhau i wisgo prism dros un llygad, fe wnes i benderfynu mynd i redeg ar hyd gwastadedd yr arfordir. Nid oes raid poeni am fynd ar goll wrth redeg ar hyd arfordir. Hyd yn oed gydag un llygad clir. Ond roedd rhaid cymryd gofal gyda stepiau hynafol dinas Split.

Gan deimlo'n hyderus dda a rhedeg sawl milltir yn rhwydd ar hyd arfordir Split, fe wnes redeg y filltir olaf yn gyfforddus gyflym. Mae gwneud hynny yn dda ar gyfer ychwanegu nerth. Fe gododd fy nghalon yn fawr yn hiwmor y peth wrth i ddilynwr o Gasnewydd ofyn yn ddoniol "wnest ti golli dy fws?". Na. Fedrwn i erbyn hynny gerdded heb ddefnyddio dwylo a rhedeg yn gyflym braf. Y diwrnod hwnnw, nid oedd angen bws arnaf. Fe drodd y bws hwnnw o Rydyfelin yn hanes. Roedd pethau eraill o'm blaen. Pethau gwell.

Pennod 2

Mynd am Dro – cerdded cyn rhedeg

Cyn rhedeg unrhyw ras y mae'r doeth yn ymarfer ac yn ymestyn y cyhyrau. Cyn ymgymryd â'r gamp o redeg o'r newydd mae'r doeth hefyd yn llwyddo i gerdded yn rhwydd. Mae'r peth yn syml, un droed o flaen y llall pia hi eto. Ac wedyn, un droed o flaen y llall yn amlach ac yn gyflymach.

Y dyddiau hyn, bydd llawer yn elwa o gynlluniau ymarfer o'r Soffa i Bum Cilomedr. Da o beth hefyd wrth ddarparu ar gyfer unrhyw her rhedeg yw ystyried ansawdd y dirwedd a tharo golwg ar weddlun yr hyn sydd mewn golwg. Dysgais wrth ddechrau rhedeg o ddifrif i ragweld lle y gellir arbed egni, lle y gellir symud yn rhwydd a lle ar hyd y ras bydd amgylchiadau yn heriol. Dysgais hefyd sut i gael fy sbarduno a fy egnio gan yr hyn sydd o'm cwmpas a'r hyn sydd yn llythrennol o dan fy nhraed. I'r diben hwn, y mae mynd am dro ar hyd unrhyw gwrs yn medru bod o gymorth mawr.

Yn annisgwyl braidd, gan fod fy noniau coginio yn ddiarhebol wael, fe wnes i wirioneddol fwynhau bod yn rhan o'r tîm a gynhyrchodd y rhaglen *Mynd am Dro* o eiddo S4C ar gyfer Eisteddfod Genedlaethol Rhondda Cynon Taf. Credaf i'n rhaglen ni dderbyn gwerthfawrogiad cyfeillion o sawl ardal yng Nghymru nad oedd yn gyfarwydd efallai â phrydferthwch naturiol ein bro. Daeth hanes ein pobl hefyd i'r amlwg drwy'r rhaglen, er nad oedd modd cynnwys pob peth yn y rhaglen. Gwnes i fwynhau cwmni fy nghyd gystadleuwyr Owen, Tegan a Seren yn fawr. Cafwyd llawer iawn o hwyl. Diolch hefyd am ofal da'r tîm cynhyrchu a weithiodd yn dawel yn y cefndir i sicrhau nad oedd fy nghlefyd siwgr yn peri gormod o drafferth wrth dreulio trwy'r dydd ar fy nhraed a bwyta ar amseroedd anarferol.

Fe brofodd gorfod bwyta ar amseroedd gwahanol i'r arfer ychydig yn anhwylus i mi yn ystod y ffilmio. Mae gennyf sensor neu synhwyrydd bach crwn gwyn sydd wedi ei suddo rhyw ychydig i mewn i fy mraich chwith. Mae'n dweud wrthyf os ydyw lefel y siwgr yn mynd yn rhy uchel neu yn rhy isel. Byddaf yn casáu pan fyddaf yn dioddef '*hypo*' isel. Yr hyn a elwir yn *hypoglycemia*. Gallaf gymryd rhyw ddiwrnod neu ddau i ddod ataf fy hun pryd bynnag y byddaf yn dioddef *'hypo'* drwg. Mae'r sensor bach ynghyd â'r *Ap* sy'n dod gydag o yn fy ngalluogi i gadw trefn ar fy lefelau siwgr. Mae hefyd yn galluogi'r ysbyty i gadw golwg arnaf '24:7' fel y bydd rhai yn ei ddweud. O'u safbwynt nhw, cael gwybod pa bryd y byddaf yn troi yn inswlin ddibynnol sy'n allweddol. Nid oes gwella ar fy nghyflwr, ond fel mae'r tîm rhagorol sydd yn edrych ar fy ôl yng Nghanolfan Aderyn y Si yn Llantrisant yn ei ddweud yn gyson erbyn hyn, rwyf yn gwneud yn rhyfeddol. Rhedeg yn gyson sy'n gwneud y gwahaniaeth.

Diolch yn arbennig i Owen Williams o'r criw *Mynd am Dro* am fy arbed ar ddiwedd y diwrnod cyntaf o ffilmio wedi i mi faglu rhywfaint a mynd ychydig yn benwan tu allan i Neuadd Llechwen ger Cilfynydd. Rhywbeth felly yw cyfeillgarwch. Yn anffodus, tua diwedd y trydydd llwybr fe ddisgynnodd Owen druan ger ffos yn agos i fro Blaenrhondda. Roedd yn ddiogel wedi'r gwymp ac mewn hwyliau da. Cafwyd llawer o hwyl a chwerthin ond nid oedd neb i arbed Owen rhag ei gwymp. Rhywsut, fe barodd y gwymp i'n dwyn yn agosach at ein gilydd fel criw.

Hyd heddiw, teimlaf fel bachgen o Drawsfynydd, taw dyn dŵad ydw i yn ardal Cilfynydd. Fe wnes i ryfeddu'n ddiweddar wrth ddeall i neb llai na Hedd Wyn ei hun, bardd enwocaf Trawsfynydd, dreulio cyfnod yn Abercynon fel glöwr. Byddwn yn rhyfeddu os na chafodd gyfle i gerdded rhywfaint o'n llwybr ni ar y rhaglen *Mynd am Dro*. Fe ddysgais i lawer wrth ddarparu ar gyfer y rhaglen, yn arbennig yn nhermau hanes, tirwedd a straeon yr ardal a fu bellach yn adref i mi ers dros ugain mlynedd. Bûm yn byw yma yn hirach nag unrhyw fro arall.

Er mwyn cadw'n iach gyda'r hwyr a chael fy ysbrydoli gan fy nghynefin newydd, byddaf yn mynd am dro nepell o'm cartref yng Nghilfynydd heibio tŷ arbennig yn *Wood Street*. Yno ym Mehefin 1916 bu farw Sarah Jane Rees neu Cranogwen. Dyna ysbrydoliaeth! Fe fynnodd ddilyn ei thad a mynd i forio yn hytrach na gwneud yr hyn a ddisgwylid gan ferch yn y cyfnod hwnnw yn Llangrannog. Carwn wybod sut y cafodd unigolyn mor rhyfeddol y cryfder cymeriad ar ddawn i arloesi mewn cymaint o feysydd a hynny i gefndir diwylliannol a chrefyddol allai fod yn hynod angharedig wrthi. Fe deithiodd Cymru a'r byd fel darlithydd, arweinydd crefyddol a llenor gan wefreiddio cynulleidfaoedd enfawr. Teithiodd yr Unol Daleithiau. Fe gwblhaodd waith aruthrol yn nhermau hyrwyddo ymneilltuaeth, cefnogi'r mudiad dirwest a diogelu gwragedd a oedd o dan fygythiad domestig.

Credir iddi wneud y cyfan fel gwraig hoyw. Fe brofodd wrthwynebiad ond fe lwyddodd i gyflawni gwaith aruthrol.

Erys ymroddiad llwyr ar fy rhan i hawliau dynol a hanfodion cydraddoldeb yn ein byd cyfoes. Daw ysgogiad i'r perwyl hwnnw pryd bynnag y byddaf yn cerdded heibio'r fan lle y bu Cranogwen farw. Yn ddiweddar, cafwyd ymosod ar yr hyn mae Americanwyr yn ei alw yn D.E.I. neu *diversity, equality and inclusion.* Dros y blynyddoedd, rwyf wedi gorfod ymwneud llawer gormod ag achosion gwirioneddol o sarhau, cam-drin a chamwahaniaethu unigolion oherwydd eu nodweddion personol. Nid yw'r brwydrau hyn drosodd i wragedd nag i eraill. Nid yw ein brwydrau dros y rhyddid i ddefnyddio'r Gymraeg drosodd ychwaith.

Yn fwyaf arbennig, gwisgaf â balchder y disgrifiad hwnnw a roddwyd i mi a fy nhebyg gan *The Sun* wedi i enw Cymraeg y Bannau Brycheiniog gael ei danlinellu yn Ebrill 2023 gan yr Awdurdod y Parc Cenedlaethol rwyf yn digwydd bod yn Gadeirydd arno fo fel *Peak Woke.* Y mae'r atgof o Cranogwen a'i thebyg yn golygu llawer mwy i mi na ffroth y dynion tra gyfoethog hynny sydd bellach yn perchenogi'r newyddion a glywir o ddydd i ddydd a'n gwleidyddiaeth ryngwladol ni. Fe wnaeth Cranogwen fyw ei bywyd yn eofn iach gan frwydro dros bwy roedd hi'n dymuno bod, a'r bregus yn ein plith. Yn arbennig gwragedd a oedd yn cael eu curo. Ysywaeth, rydym yn dychwelyd efallai at y dyddiau tywyll hynny lle mae'n rhaid i ni lenwi ei hesgidiau yn y cymoedd hyn. Wrth gerdded heibio'r tŷ lle y bu Cranogwen farw, byddaf weithiau yn troi at Ddiarhebion 4:26 '*Rho sylw i lwybr dy droed, i'th holl ffyrdd fod yn ddiogel.*' (BCND)

O droedio ymhellach i waelod y pentref, ceir cofeb erbyn hyn i ddigwyddiad trychinebus ym Mehefin 1894. Nid oedd y gofeb yno adeg ffilmio *Mynd am Dro*. Ym Mhwll yr Albion, fe gafwyd ffrwydrad enfawr. Dywedir i 290 o ddynion a bechgyn golli eu bywydau yn y ffrwydrad hwnnw. Mae'n anodd dychmygu effaith y fath drychineb ar gymuned glos Cilfynydd. Yn sicr, fe fyddai Cranogwen yn gyfarwydd â'r digwyddiad a'i effaith ar ei theulu.

O waelod y pentref, byddaf yn troi at yr ucheldir sy'n amgylchynu cefn y pentref. I'r fan honno y byddaf yn aml yn mynd i redeg gan anelu at Eglwys Llanfabon gan amlaf. Da o beth hefyd wrth redeg yw sylwi ar y byd naturiol sydd o'n cwmpas. Yn aml iawn ceir cyfarwyddyd cadarn yn y tir. Gan ddringo o bentref Cilfynydd i ben yr hyn sy'n weddill o'r hen domen lo, mae fy llygaid y dyddiau hyn yn sylwi ar bethau nad oeddwn y dwyn sylw iddyn nhw cyn cael fy mhenodi i Awdurdod Parc Cenedlaethol Bannau Brycheiniog.

Ar un garreg arbennig, cyn cyrraedd yr hyn a elwir yn *Graig Evan Leyshon*, ceir crystyn y mynydd yn tyfu. Peth rhyfeddol yw cen neu *lichen*. Daw dwy rywogaeth at ei gilydd i greu bywyd: algae a ffwng. Gall cen gynnig cyfarwyddyd i'r rhedwr bod yr awyr yn iach yn y man lle y mae'n tyfu. Gall llygredd aer beri niwed hir dymor i'r rhedwr. Fe fyddai'n dda gen i pe byddwn wedi dysgu'r wers honno yn gynharach.

Erbyn hyn, gwelir bywyd newydd yn tyfu ar ysbwriel diwydiannol hen domennydd glo. Ceir cen ym mhobman ac yn arbennig lle mae'r awyr yn lân. Sylwais hefyd, o blymio'n ddofn i hanes y fro, sut roedd ein 'gwrol ryfelwyr' o'r gorffennol yn brwydro mewn mannau lle yr oedd cen yn tyfu. Roedd modd iddyn nhw guddio yn y mannau hynny ac i ymosod yn strategol ar luoedd brenhinoedd Lloegr. Cysylltir cen hefyd â thrin clwyfau.

Carwn wybod llawer mwy am fuddugoliaeth Owain Gwynedd dros Harri II ym Mrwydr Ewloe yn 1157 a'i wleidydda cadarn wedi hynny. Brwydr a gafodd ei hennill ger Coedwig Cennadlog. Credir efallai i'r Arglwydd Rhys adeiladu amddiffynfa gadarn yn y man lle y ceir Castell Carreg Cennen heddiw.

Ychydig ymhellach i fyny *Craig Evan Leyshon* ceir llecyn uchel ac agored tu cefn i'r domen lo, Garth Fawr. Mae'n sefyll ar y ffin rhwng y Gymru ddiwydiannol a'r Gymru naturiol ac amaethyddol. Mae'n cynnig panorama rhyfeddol o brydferth. Caf fy ysbrydoli o'r fan hon gan lu o hen hanesion Cymry arwrol o oes y Brenin Brychan a'i lu o blant i gyfnod fy hoff arwyr o'r fro a'r genedl.

Wrth baratoi ar gyfer Eisteddfod Genedlaethol Rhondda Cynon Taf, ymroddais i drwytho fy hun yn hanesion y fro. Mae'r ardal hon yn gwbl ryfeddol. Tybir bod bron pob modfedd o Gymru'r un fath. Y tristwch mawr yw, na chafodd ein hanes ei drosglwyddo inni fel Cymry. Ceir nerth ac ysbrydoliaeth aruthrol yn llythrennol wrth ein traed. Gwersi a geir yn y llefydd hyn i lu o'n llwyddiannau fel pobol. Oherwydd hynny, mae'r straeon yn medru bod yn eithriadol o beryglus a bygythiol i'r rhai sydd am ein hargyhoeddi taw eu sytemau *caste* nhw sy'n rhagori ar ein bywyd cenedlaethol ni fel Cymry.

Ynghylch y rhaglen *Mynd Am Dro*, o'r llecyn uchel hwn gellir gweld y Bannau. Yno, o gerdded neu redeg, mae fy nghalon yn codi. Gellir dirnad Lloegr yn y pellter. Fe garwn wybod llawer mwy am gyndadau hen deyrnas Glywysing wedi cyfnod y Rhufeiniaid ond fe ddaw hynny eto gobeithio. Oddi yma datblygodd y bwrlwm rhyfeddol hwnnw a greodd siroedd Morgannwg a Gwent.

Y cyfnod sydd yn fy ngwirioneddol wefreiddio yng Nghymru yw troeon gwleidyddol a milwrol y ddeuddegfed ganrif. Byddaf yn meddwl am fy holl arwyr o'r cyfnod hwn pryd bynnag y byddaf yn hyfforddi ac yn rhedeg ar hyd llecynnau cymharol uchel *Craig Evan Leyshon*. Y mae eu cofio yn atgyfnerthu pob gweithred o ymestyn a brasgamu ac yn cynnig anadl i'r ysgyfaint.

Y flwyddyn allweddol i mi yn hanes Cymru yw 1136. Yn hytrach na thrigo'n siomedig byth a beunydd ar hanes llofruddio Llywelyn ein Llyw Olaf yng Nghilmeri yn 1282, gwell o lawer gen i fyddai gwybod llawer mwy am ddeffroad aruthrol 1136. Deffroad a ddechreuodd yn yr ardaloedd o gwmpas hen fröydd Glywysing. Yr ardal sydd bellach o dan fy nhraed. Daeth Cymru gyfan o'r bron yn un i herio byddinoedd Normanaidd yn y cyfnod hwnnw a llwyddo.

Fel man cychwyn mae'n werth cofio ymgyrch rhyfeddol Hywel ap Maredudd, Arglwydd Brycheiniog. Fo sbardunodd y cyfan. Ar Ddydd Calan 1136 ymdeithiodd gyda'i filwyr o Frycheiniog i Fro Gŵyr. O frig Garth Fawr sy'n sefyll yn gyfochrog â'r A470 uwch Cilfynydd gellir gweld ardal eang o bwys strategol enfawr i'n cyndadau o'r ddeuddegfed ganrif. Tybiaf taw drwy'r ardaloedd i'r Gorllewin o Garth Fawr y teithiodd Hywel a'i lu gan gysgodi efallai dan y bryniau a drwy'r coedwigoedd. Mewn camgymeriad dybryd, tybiodd y lluoedd Normanaidd taw cylch bychan o Gymry oedd am ymosod arnyn nhw. Rhywle rhwng Llwchwr ac Abertawe collodd o ddeutu 500 o Normaniaid a Saeson eu bywydau. Bu'r Cymry'n fuddugol.

Y tristwch yw, fe gafwyd colledion enfawr yn ystod y brwydro a ganlyn. Yr amlycaf ohonyn nhw byddwn yn tybio, y Dywysoges Gwenllïan. Dylid cofio ac ail gofio ei haberth. Tra yr oedd ei gŵr Gruffydd ap Rhys yn ceisio cymorth meibion Gruffudd ap Cynan yng Ngwynedd, ymosododd Gwenllïan gyda'i byddin ar dref a chastell Cydweli. Trechwyd lluoedd Gwenllïan gan Maurice de Londres. Credir i Gwenllïan gael ei lladd ar y maes sydd yn dwyn ei henw. Un arall o wragedd arwrol y genedl Gymreig, yn fam i'r Arglwydd Rhys ac yn chwaer i Owain Gwynedd.

Fe ddaeth materion i ben yn Hydref 1136. Mae'r haness yn werth eu nodi. Gellir tybio i'r Normaniaid gasglu lluoedd sylweddol ar fryn tu allan i Aberteifi. Gallai ei harweinydd Robert fitz Martin fod yn hyderus o fuddugoliaeth yn erbyn y Cymry'r bore hwnnw. Credir i'r Cymry, dan arweinyddiaeth Owain Gwynedd a'i deulu gasglu o ddeutu 6,000 o ddynion. Roedd lluoedd y Normaniaid yn fwy sylweddol. Yn fwy arwyddocaol na hynny efallai, cafodd lluoedd fitz Martin eu lleoli yn strategol gadarn. Credir i o ddeutu 1,000 o filwyr troed proffesiynol o Fflandrys gael eu gosod ar y blaen. Tu ôl iddyn nhw wedyn, cafwyd o ddeutu 7,000 o filwyr traed arferol. Gellir eu defnyddio nhw os oedd rhaid. Tu cefn iddyn nhw wedyn, cafwyd marchoglu trwm a fyddai ar ddiwedd dydd yn cael eu defnyddio i orffen y brwydro yn erbyn y Cymry. O leiaf, dyna'r bwriad.

Erbyn hyn, credaf taw'r athrylith milwrol pennaf o'n holl 'wrol ryfelwyr' oedd Owain Gwynedd. Gallaf ei ddychmygu'r bore hwnnw yn Hydref 1136 yn edrych ar fyddin y Normaniaid wedi ei lleoli yn gadarn ar y bryn hwnnw tu allan i Aberteifi. Rwyf yn fodlon i eraill anghytuno parthed ein harwyr ond roedd yr hyn a wnaeth Owain ym Mrwydr Crug Mawr yn arloesol ac yn eithriadol o ddewr. Er gwaethaf yr hyn a oedd yn ei wynebu fe redodd i'w cyfeiriad beth bynnag. Nid yn fyrbwyll ond mewn strategaeth filwrol a oedd efallai yn gwbl arloesol ar y pryd.

Aeth y canrifoedd heibio a prin yw'r manylion sydd wedi goroesi ynghylch yr hyn a ddigwyddodd yn ystod Brwydr Crug Mawr. Wedi dweud hyn, caf fy hun yng nghwmni'r rhai sy'n credu i Owain Gwynedd a'i gyd 'wrol ryfelwyr' ddefnyddio tactegau milwrol dewr ac arloesol yn erbyn lluoedd mwy niferus Robert fitz Martin. Tybiaf taw rhesymol fyddai credu i'r Cymry ddefnyddio'r bwa hir i bwrpas a oedd yn gyfarwydd yn arbennig yn y parthau hyn gan greu difrod enfawr ymhlith troed filwyr a marchogion trwm y Normaniaid.

Gallaf ddychmygu lluoedd y Cymry yn troedio'n agos at rengoedd blaen byddin y Normaniaid. Cafwyd strategaeth a fyddai y tybir, tua diwedd y frwydr, yn gorfodi marchogion y Normaniaid i droi yn ôl wedi eu gwanhau gan saethwyr y Cymry a'u milwyr traed mwyaf profiadol. Peri dryswch yn eu plith drwy ddefnydd annisgwyl o saethwyr bwa hir. Dychmygaf farchogion y Cymry yn erlyn y gelyn ar ddiwedd y frwydr gan eu lladd mewn niferoedd mawr. Wedi'r frwydr hon fe aeth Owain Gwynedd ymlaen i amlygu ei sgiliau milwrol sylweddol yn arbennig yn erbyn lluoedd Harri II. Beth bynnag am y manylion, fe lwyddodd y Cymry. Cafwyd buddugoliaeth sylweddol.

Gydag amser, wedi'r brwydro hwn a sawl brwydr arall, cafwyd teyrnasoedd Cymreig cryfion o dan ofal Owain Gwynedd yn y gogledd a Rhys ap Gruffydd yn y Deheubarth. Yng nghyswllt trafod eisteddfodau, a dyna bwrpas ein rhaglen *Mynd Am Dro*, rhoddwyd rhywfaint o sefydlogrwydd ar gyfer y Cymry i ddathlu'r ŵyl ryngwladol honno a gafwyd o dan nawdd yr Arglwydd Rhys yn Aberteifi yn 1176. Byddwn erbyn hyn yn ei lled hadnabod fel yr eisteddfod gyntaf.

Mae'r pethau hyn i gyd dan ein traed ond i ni fynd i chwilio ac i'w canfod nhw. Addas oedd cofio hanes yr arwyr hyn cyn Eisteddfod Parc Ynysangharad. Er nad oedd modd cynnwys pob peth yn ein rhaglen. Yn yr hanesion hyn, cafwyd undod ymysg y Cymry ar gyfnod allweddol. Ceir darlun o fath o Gymru a fyddai efallai wedi ffynnu fel gwladwriaeth lawn pe bydda hi wedi cael llonydd.

Ceir un arwr o'r fro yn weddill o fy ymchwil ar gyfer taith *Mynd am Dro*. Rhywun er gwaethaf ei hanes ysbrydoledig a aeth bron yn angof, Llywelyn Bren. Gall ei gofio ac adeiladu ar ei hanes fod yn eithriadol o beryglus i'r rhai sydd am hyrwyddo'r myth ein bod fel cenedl yn analluog rhywsut i gyflawni pethau sylweddol yn wleidyddol. Fel y dywedais wrth griw *Mynd Am Dro*'r diwrnod hwnnw o ffilmio, arwr sydd yn gwneud cymeriadau fel Robin Hood a William Tell i edrych yn '*boring iawn*'.

Fel Cadeirydd Awdurdod Parc Cenedlaethol Bannau Brycheiniog rwyf yn gyson ymwybodol bod y tîm sydd gennym ni yn gwybod llawer mwy na fi am yr ardal rwyf yn byw ac yn gweithio ynddi. Cyn Nadolig, 2024 gofynnwyd i mi annerch y staff mewn cyfarfod tîm yn Aberhonddu. Penderfynais fod yn ddewr a chrybwyll hanes Llywelyn Bren ac yn fwyaf arbennig ei wraig, Lleucu. Ar gyfer y rhai sy'n ymwneud â'r amgylchedd mae'r hanes yn eithriadol o ddiddorol fe dybiwn gan ei fod yn ymwneud â newid hinsawdd naturiol. Roedd newid hinsawdd yn ffactor pwysig yn hanes yr hyn a ddigwyddodd i Llywelyn Bren.

Roedd ein cyfarfod fel staff y Parc yn digwydd bod ar yr un diwrnod â'r gêm pêl-droed dyngedfennol honno rhwng merched Cymru a'r Iwerddon yng nghystadleuaeth Ewrop. Os llwyddo'r noson honno, roedd trip i'r Swistir ar gyfer y gemau terfynol yn ein disgwyl. Fe wnaethon ni lwyddo er bod y munudau olaf o'r gêm yn teimlo fel tragwyddoldeb.

Adroddais ychydig o'r hanes wrth y tîm. Dywedir i Lleucu, gweddw Llywelyn Bren, dderbyn lwfans gan Iarll Henffordd am y tro olaf yn Aberhonddu 12 Ebrill, 1349. Rhywle o gwmpas y man lle roeddem ni i gyd yn cyfarfod fe dybiwn i.

Mae hanes Llywelyn Bren yn dechrau o ddifrif gyda'r cyfnod trychinebus hwnnw ar hyd a lled Ewrop, gan gynnwys Cymru, pan ddaeth cyfnod hafaidd y cyfandir i ben. Ymddengys i newid hinsawdd naturiol a'r newid tywydd a ddaeth yn sgil hynny beri i'r cnydau fethu gan achosi newyn mawr. Credir, fel un o uchelwyr Senghenydd roedd gan Llywelyn berthynas dda gyda'r Normaniaid ond fe newidiodd hynny wedi lladd Gilbert de Clare ym Mrwydr Bannockburn yn 1314. Yn eithriadol annoeth, dewisodd Iorwerth II, Payn de Turberville yn ei le. Gyda gorthrwm a newyn o'i gwmpas, apeliodd Llywelyn i'r Brenin. Fe'i gosodwyd dan gyhuddiad o frad gyda gorchymyn i roi cyfrif o'i hun yn y Senedd yn Lincoln. Gan sylweddoli ei dynged yng ngolwg y Brenin, gwrthryfelodd Llywelyn gan ymosod yn rhannol lwyddiannus ar Gastell Caerffili. Fe aeth rhannau helaeth o'r hen ardal Glywysing yn wenfflam gydag o ddeutu 10,000 o ddynion yn gwrthryfela meddai rhai.

Gyda'i elynion yn gwasgu o gyfeiriad Castell Morgraig i'r de ac o Aberhonddu yn y gogledd, gan weld fod y cyfan ar ben, fe drosglwyddodd Llywelyn ei hun mewn gweithred hynod ddewr i'r Normaniaid. Fe wnaeth hynny 18 Mawrth 1316 ger Ystradfellte. Mewn modd trawiadol, gofynnodd am drugaredd ar ran ei ddynion.

O ddirnad a gweld ei ddewrder, apeliodd y rhai a'i daliodd am drugaredd gan y Brenin. Ysywaeth, fe gafodd Llywelyn ei hun yn nwylo Hugh Despenser. Tybir, yn groes i'r gyfraith, i Llywelyn Bren gael ei grogi, ei lusgo a'i chwarteru yng Nghaerdydd. Ar ôl ymrafael hir rhwng y Barwniaid a'r Brenin, pryd y cafodd Lleucu ei hun ei rhoi yng Ngharchar Bryste am gyfnod, daeth newid ar fyd yn Hydref 1326 gyda llwyddiant Roger Mortimer yn erbyn Iorweth II. Dienyddiwyd Hugh Despenser yn yr un modd erchyll â Llywelyn Bren. Yn sgil hynny, adferwyd meibion Llywelyn i'w tiroedd yn Senghenydd ac fe gafodd Lleucu ei lwfans.

Bore canlyniad Refferendwm Datganoli yn Medi 1997, gofynnwyd i mi gan fy nghyfeillion yn yr ymgyrch Ie Dros Gymru, i roi cyfweliad teledu ar y canlyniad o adeilad uchel amlwg Capital Tower yng nghanol Caerdydd. Ychydig y gwyddwn y bore cynnar hwnnw fy mod yn cynnig cyfweliad uwch weddillion Llywelyn Bren druan a gafodd ei gladdu yno gan y Brodyr Llwydion.

Byddaf yn ei gofio erbyn hyn wrth ddechrau pob ras Hanner Marathon Caerdydd. Cofiaf hefyd beth ddywedodd un ysgolhaig arbennig wrth adrodd beth wnaeth Owain Glyndŵr i Gaerdydd yn 1404, oherwydd yr hyn a wnaed yno i Llywelyn Bren. "Fe losgodd yr holl blydi lot i lawr. Heblaw am le'r Brodyr Llwydion."

Wedi dychwelyd adref o Aberhonddu gyda'm cyfeillion yn y Parc y noson honno, rhaid oedd gwylio'r gêm rhwng merched Cymru a'r Iwerddon. Fe wnaethon ni lwyddo, ond roedd y gêm yn eithriadol o agos tan yr eiliad olaf. Fe wnaeth Cymru redeg pob modfedd o'r cau ac ymdrechu hyd yr eithaf. Wedi'r chwiban olaf yn Nulyn cefais syniad cynnes braf bod merch eithriadol ddewr o ddyfnderoedd ein hanes o'r enw Lleucu, yn gwenu yn y nefoedd. Carwn feddwl iddi wneud hynny gyda Gwenllian a Cranogwen a'i thebyg. Pawb yn hanes ein tir sy'n cynnig ysbrydoliaeth inni ond inni gael gwybod amdanyn nhw. Yn arbennig y gwragedd.

Fe adroddais hanes yr hyn a ddysgais am Llywelyn Bren wrth gynulleidfa braf Capel Bedyddwyr Tonyfelin yng Nghaerffili wedi'r sgwrsio hwnnw yn Aberhonddu gyda chriw'r Parc. Byddaf yn mwynhau mynd i Donyfelin. Tynnu sylw wnes i at y ffaith bod y dref gyda cherflun anrhydeddus i Tommy Cooper, ond i mi wybod, does dim i gofio Llywelyn Bren. O gofio i awdur Hen Wlad fy nhadau, Evan James, gael ei eni yng Nghaerffili gofynnais gwestiwn ychydig yn rhethregol efallai o'r gynulleidfa. Wrth ysgrifennu am ein 'gwrol ryfelwyr gwladgarwyr tra mad' a oedd Evan James yn gwybod am hanes Llywelyn Bren? Yn ffodus iawn y bore hwnnw, roedd Dr Elin Jones yn y gynulleidfa ac fe gawsom sgwrs hynod o ddifyr ynghylch y peth. Credaf i'r ddau ohonon ni gytuno y byddai Evan James yn gwybod am hanes Llywelyn yn y fro. Un o'n 'gwrol ryfelwyr' pennaf. Efallai heb yn ymwybod i ni'n hunain byddwn yn cofio amdano pob tro y byddwn yn canu ein hanthem genedlaethol.

Mae'n dda cerdded drwy'r pethau hyn a chanfod beth sydd dan ein traed cyn mentro rhedeg. Cael egni o'r hyn sydd o'n cwmpas cyn ymgymryd â her sydd efallai yn sylweddol. Edrych ar fryniau a bannau a rhedeg beth bynnag. Ymgymryd â'r cam cyntaf er mwyn sicrhau llwyddiant a chanfod nad beichiau yw ein bryniau a'n bannau ond ffynonellau ysbrydoliaeth ryfeddol mewn dyddiau heriol.

Nid ydym yn rhedeg ar ben ein hunain. Ceir cwmwl tystion i'n hannog.

Pennod 3

Addoli – rhedeg yn rhwydd

Yr athletwr Olympaidd, Eric Liddell, a gafodd ei anfarwoli yn y ffilm *Chariots of Fire*, ddywedodd ei fod yn credu i Dduw ei greu i bwrpas. Fe'i gwnaeth hefyd yn gyflym a pham roedd yn rhedeg, gallai deimlo pleser Duw. Nid wyf yn gyflym. Nid felly y cefais fy nghreu gan Dduw, ond fe allaf ddyfalbarhau a llwyddo i gyflawni pethau. Fel pob person â ffydd bersonol, gallaf gredu bod gan Dduw bwrpas ar fy nghyfer. Pryd bynnag y byddaf yn cyflawni'r pwrpas hwnnw, credaf fy mod yn ei blesio. O leiaf, carwn feddwl hynny.

Cefais y fraint dros y blynyddoedd o gydweithio â chyfeillion rhagorol o argyhoeddiad mawr sy'n cyflawni gwaith aruthrol. Pobol sy'n meddu ar werthoedd arbennig sydd wedi llenwi eu bywydau â theimladau o bwrpas. Pobl nad ydyn nhw o hyd yn credu yn Nuw. Gallaf eu caru a'u parchu am hynny. Fe ddysgais lawer ganddyn nhw hefyd.

Fy arfer ar ddechrau pob ras yw rhedeg yn ofalus gan ganiatáu i'r corff ymgynefino â'r hyn sydd gennyf ar ei gyfer. Gan gynyddu fy nghyflymder yn raddol dros gyfnod, rhedaf wedyn i'r lefel honno sy'n rhwydd. Ymdrechaf i sylwi ar yr hyn sydd o fy nghwmpas. O fynd i'r drafferth o deithio i lefydd ar draws y byd, braint yw cael mwynhau eu rhyfeddodau a'u prydferthwch a chefnogaeth eu pobloedd. Yn arbennig wrth redeg darnau caled. Mae gan dorfeydd rôl bwysig i'w chwarae wrth annog athletwyr. Teimlaf weithiau bod torfeydd y rasys mawr rhyngwladol rhywbeth yn debyg i'r cwmwl tystion y ceir cymaint sôn amdanyn nhw yn y Testament Newydd. Maen nhw'n help aruthrol i'r sawl sy'n rhedeg.

Fel plentyn, cefais y fraint o gael fy magu mewn ardal eithriadol o brydferth ym Mharc Cenedlaethol Eryri. Ym mannau niferus bro fy mebyd, o gwmpas Llyn Trawsfynydd a Chwm Prysor yn bennaf, ni chefais drafferth credu mewn creawdwr. Mae'r un greddfau ysbrydol yn cydio ynddo i heddiw wrth grwydro Bannau Brycheiniog a'r Parc Cenedlaethol sydd yn disgyn i ryw raddau dan fy ngofal. I mi y mae addoliad yn allweddol i'n nheimlad o ystyr a phwrpas i fywyd. Beth bynnag y byddaf yn ei wneud, i mi, nid yw Duw byth yn bell oddi wrthyf.

Bu fy ngafael ar addoliad ffurfiol yn llawer mwy cymhleth. Cyfaddefaf fy mod yn canfod Duw yn llawer mwy naturiol ym mhethau'r awyr agored, yn llawer mwy nag mewn addoliad ffurfiol. I fod yn onest, byddai'n cymryd blynyddoedd lawer i mi beidio teimlo allan o le neu hyd yn oed yn wirioneddol anghyfforddus mewn eglwysi cadeiriol Anglicanaidd a'u defodau ffurfiol. Yn y cyfnod cynnar hwnnw byddwn hefyd yn eu canfod yn Seisnig iawn. Yn annhebyg i Eglwys Sant Madryn Trawsfynydd a chapeli bro fy mebyd a'u gweinidogion clên Cymraeg. Gydol fy oes, cefais *'Annibynia'* yn demtasiwn ond nid cweit yn ddigon - hyd yma!

Ar ben hynny, o gwmpas fy ordeinio ar ddiwedd saithdegau'r ganrif ddiwethaf cefais bethau fel encilion tawel yn straen aruthrol. Mae'n rhaid i mi wenu. Ceisiais fy ngorau gyda'r encil gyntaf a gafwyd cyn fy ngwneud yn ddiacon yn 1979 ond fe gymerodd y tawelwch gofynnol ddyddiau lawer i mi ddod at fy hun wedi mynd adref. I fod yn onest fe'i cefais yn artaith pur, ac erbyn fy ordeinio'n offeiriad y flwyddyn ganlynol penderfynais y byddwn yn parchu hawl eraill i fwynhau'r distawrwydd, ond y byddwn yn dianc pan ddaeth y cyfle, a chanfod pethau amgen i'w gwneud mewn mannau cyhoeddus yn y gymuned leol. Ni chawsom ein creu gan Dduw i fod yr un fath.

Yr un darn o hen *Lyfr Gweddi Gyffredin* fy mhlentyndod a oedd yn apelio'n fawr i mi oedd yr ysgogiad cyn y gyffes ar ddechrau'r Foreol a'r Hwyrol Weddi *'Os dywedwn nad oes ynom bechod, yr ydym yn ein twyllo ein hunain, a'r gwirionedd nid yw ynom. Os cyfaddefwn ein pechodau, ffyddlon yw efe a chyfiawn, fel y maddeuo i ni ein pechodau, ac y'n glanhao oddi wrth bob anghyfiawnder*, (1 Ioan 1: 8 a 9). Tybiais o'r dyddiau cynnar hynny y byddwn i a Duw yn deall ein gilydd i'r dim. Roedd y Duw ffyddlon hwnnw felly yn haeddu ei addoli. Efallai nad oeddwn yn dda ar gyffesu pechodau yn ystod y dyddiau cynnar hynny ond fe allwn gofio'r pethau wnes i.

Dyfnhaodd yr ymdeimlad hwnnw o gariad Duw drwy genhadaeth ar ran Eglwys Sant Philip a Sant Jacob i Drawsfynydd pan oeddwn yn fy arddegau. Am y tro cyntaf, byddwn yn mwynhau cysylltiad â'r byd efengylaidd a charismataidd. Gŵr o'r enw Malcolm Widdecombe oedd yn Ficer ar yr eglwys honno. Roedd yn un o gymeriadau amlycaf y diwygiad carismataidd yn Eglwys Loegr ar y pryd. Fe'm dysgwyd o'r newydd i garu fy Meibl ac i geisio profiad angerddol a dwys o Dduw. Roedd addoli yng ngrym yr Ysbryd

Glân yn hynod bwysig i mi bryd hynny ac fe gafodd llyfrau David Watson o Efrog gryn ddylanwad arnaf.

Byddwn yn cymryd y traddodiad hwnnw gyda mi i fy nyddiau yng Ngholeg Prifysgol Dewi Sant, Llanbedr Pont Steffan a rôl fel Llywydd yr Undeb Gristnogol yno. Ar gyfer fy hyfforddiant fel ymgeisydd i'r offeiriadaeth braf oedd cael crwydro i Goleg y Drindod, Bryste. Roedden nhw'n hynod o garedig gyda Chymro o Gristion nad oedd yn arbennig o hoff o encilion tawel nag addoliad eglwysi cadeiriol. Yno, roedd y pêl-droed hefyd yn atyniad arall. Cyfaddefaf taw yn ystod fy nghyfnod o chwarae i'r Coleg y dechreuais haeddu'r llys enw y byddai fy nghyfeillion yng Nghlwb Cicio'r Cymry yn y Cymoedd yma yn ei roi i mi flynyddoedd yn ddiweddarach, "Chopper." Roeddwn ychydig yn gystadleuol. Bellach, bu farw Malcolm Widdecombe a David Watson. Byddai'n cymryd blynyddoedd i mi sylweddoli taw chwaer Malcolm oedd y cyn aelod seneddol Ann Widdecombe.

Wedi'r encil ar gyfer fy urddo'n ddiacon yn 1979 fe gawsom ein cyfarch gan un o arwyr pennaf fy mhlentyndod fel eglwyswr. Cefais fy nghonffyrmio gan yr Archesgob Gwilym Owen Williams. Wedi hynny, byddai yn fy nerbyn fel ymgeisydd ar gyfer fy ordeinio. Mae'n rhyfedd meddwl y dyddiau hyn, ond cefais fy nerbyn ar ôl un cyfweliad byr yn Swyddfa'r Esgobaeth ym Mangor. Mae'r broses yn llawer mwy cymhleth y dyddiau hyn. Gallai'r Archesgob gofio bod fy nhad wedi bod yn warden yn Eglwys Sant Madryn. Roedd ganddo fwy o gof o bethau felly na fi. Gwnes gadarnhau fy mod yn darllen *Y Llan* a'r *Haul a'r Gangell*. Gofynnodd rhywun arall os oedd tebygrwydd rhwng y ffordd yr oeddwn yn chwarae rygbi a'r ffordd roeddwn yn gweld fy ngweinidogaeth. Ar y pryd, gallwn ddim meddwl am unrhyw beth penodol. Cofiais i mi faglu rhywun yn anghyfreithlon a rhoi cic gosb i ffwrdd wrth chwarae yn erbyn Dolgellau ond tybiais nad doeth oedd crybwyll hynny. Fe ddylwn wedi cael fy anfon oddi ar y cae ond fe gymerodd y dyfarnwr drugaredd. Cefais anogaeth garedig i feddwl am weithio mewn tîm. Beth bynnag, cefais fy nerbyn. Diolchaf am garedigrwydd ac arweiniad fy Ficer lleol, y diweddar Haydn Rowlands. Bu'n eithriadol o amyneddgar gyda mi ynghylch sawl peth.

Cyflawnodd Gwilym Owen Williams bethau mawr ym mywyd cyhoeddus Cymru. Roedd yn aruthrol alluog ond hefyd yn ddewr. Nid oeddwn yn ei ofni ond roedd ei bresenoldeb yn haeddu parch. Roedd yn eciwmenydd brwd a oedd y awyddus i weld eglwysi Cymru yn dod at ei gilydd. Cofiaf ofyn iddo egluro pam dewis gair mor gryf â 'chyfamod' i drafod yr eglwysi yn dod at ei gilydd? "Oherwydd ein bod yn meddwl y peth" oedd ei ateb. Dyna fi yn fy lle. Yn hynny o beth safaf yn blentyn ei etifeddiaeth. Gwnes ddilyn ei arweiniad hefyd drwy fod yn ddatganolwr brwd. Hyd heddiw, gallwn ddiolch iddo am fod yn un o'r tri gŵr amlwg a aeth i weld William Whitelaw, yr Ysgrifennydd Cartref yn llywodraeth Margaret Thatcher er mwyn dwyn perswâd i greu S4C. Roedd hyn i gefndir ymrwymiad Gwynfor Evans i ymprydio os na ddaeth tro ym mwriad llywodraeth Thatcher.

Cafodd yr hyn a ddywedodd 'G.O.' y noson honno yn Eglwys Gadeiriol Bangor ddylanwad aruthrol arnaf. Soniodd am beth roedd yn ei olygu i urddo rhywun yn ddiacon. Roedd yn ein cyfarch y noson honno fel Archesgob ond y byddai'n atgoffa ei hun yn ddyddiol ei fod yn parhau yn ddiacon. Hynny yw, yn was. Trawodd hynny fi'r noson honno. Ymhen blwyddyn, byddwn yn cael fy ordeinio yn offeiriad ond cefais deimlad ym mêr fy esgyrn taw i wasanaethu'r 'tlawd a'r claf a'r sawl sydd mewn angen ac adfyd' y byddai Duw yn fy ngalw fel diacon gydol oes. Dyna'r geiriad yn y gwasanaeth ordeinio cyfoes. I rywun a oedd yn dechrau canfod ei ffordd mewn gweinidogaeth gyhoeddus roedd ei ysgogiad i gamu ymlaen yn golygu llawer.

Peth personol ydi'r arferiad ond fe fyddaf yn gweddïo ychydig funudau cyn rhedeg pob ras. Gwnaf hynny yn achos marathonau o unrhyw fath. Byddaf hefyd weithiau yn gofyn i mi fy hun pam ymroi i herio fy nghorff i'r fath raddau? Weithiau, ceir rasys byr. Erbyn hyn, rwyf wedi rhedeg sawl ras Nos Galan yn Aberpennar. Sylweddolaf nad rasys ar gyfer amseroedd cyflym ydyn nhw ac fe ddylai'r cyfan fod drosodd ymhen hanner awr. Caf gysur wrth feddwl y byddaf wrth redeg i fyny'r bryniau hynny yn teimlo bod Duw gyda fi. Yn anorfod, fe fyddaf yn cyfarfod â chyfeillion cyfarwydd ac yn dymuno'n dda iddyn nhw. Hyd yma, nid wyf wedi rhedeg ras rhyngwladol heb gael fy annog gan redwyr eraill. Y mae'r rasys hyn o hyd yn gystadleuol. Ond bron yn ddieithriad, ceir còd iach a chalonogol rhwng y rhedwyr. Bron y gellir dweud y daw cynulleidfa i addoli.

Tra'n gweithio i Cytûn, cefais y fraint o gynorthwyo sawl corff cyhoeddus wrth gynllunio defodau a gwasanaethau cenedlaethol. Llywodraeth Cymru yn bennaf. Ymdrechais i wneud hynny gan gofio fy mod yn parhau yn ddiacon a'm gwaith oedd gwasanaethu eraill. Yn aml, teimlais ysgogiad yr Archesgob Gwilym Owen Williams ar fy ysgwydd. Profais fendith ym mhob un o'r gwasanaethau hynny er eu bod nhw'n medru bod yn waith caled weithiau. Mae dod i gysylltiad â phobol yn fy ngwefreiddio. Cael cydweithio â phobl amrywiol a gwahanol. Fe wnes i elwa llawer dros y blynyddoedd drwy gydweithio ar lefel cenedlaethol a rhyngwladol gyda beirdd, cerddorion, llenorion, cynllunwyr a gweision sifil eithriadol o ymroddedig a thalentog, ac ambell i ddiwinydd hefyd. Gwelaf Dduw ar waith ym mhrydferthwch a dawn pobl eraill. Y rhai sydd yr un fath â fi a'r rhai sy'n wahanol iawn i mi. Yn ddieithriad bu'r dasg o gynllunio rhai o wasanaethau mwyaf cyhoeddus y genedl Gymreig dros y blynyddoedd diwethaf hyn yn ymdrechion a lwyddodd drwy weithio ar y cyd a chynnwys argyhoeddiadau a daliadau eraill.

Fe ddechreuais gynllunio gwasanaethau a defodau yn gynnar. Fel offeiriad plwyf mewn sawl ardal a gweinidog bro yn ardal Botwnnog cefais brofiad cynnar a helaeth o ddarparu addoliad a fyddai yn fy mharatoi ar gyfer rôl genedlaethol. Mewn cymunedau rhagorol a charedig cefais y fraint o fedyddio a gweinyddu'r sagrafennau a chyffwrdd â bywydau lu o bobl drwy weithredoedd o addoliad. Tra'n offeiriad plwyf dysgais lawer drwy fod yn aelod ac yn Is-gadeirydd o Gomisiwn Sefydlog Litwrgaidd yr Eglwys yng Nghymru.

Hyd yn oed yng nghyswllt achlysuron trist, cafwyd cyfle i wenu. Cofiaf yn dda yn ystod fy nyddiau cynnar iawn fel Curad Cynorthwyol yn ardal Bethesda ymweld ag un tŷ arbennig a chydymdeimlo'n ddwys â'r sawl a ddaeth i'r drws i'n nghyfarch. Fe wenodd gan egluro taw fo oedd yr ymgymerwr. Ym Mhen Llŷn, wrth briodi aelodau Clwb Ffermwyr Ifanc y Rhiw byddwn yn gyson yn dweud wrth y cwpwl wrth eu paratoi y byddwn yno trwy'r dydd ar eu cyfer. Yn ddieithriad bydden nhw'n datgan eu bwriad o fod ar amser. Ysywaeth, byddai eu cyfeillion, y coblynnod direidus, yn gofalu na fyddai hynny yn digwydd. Roedd y triciau yn lleng. Gwell peidio manylu. Fe wnes hefyd sawl camgymeriad dros y blynyddoedd wrth addoli a phregethu. Byddai hynny yn fy nghynorthwyo wrth ofalu am achlysuron mawr cenedlaethol. Bu dysgu peidio cymryd fy hun ormod o ddifrif yn help mawr.

O'r holl wasanaethau a chyfarfodydd y bûm ynghlwm â nhw ar lefel cenedlaethol, yr un y byddaf yn ei drysori fwyaf, am resymau cwbl bersonol, oedd y gwasanaeth a gafwyd i agor y Cynulliad Cenedlaethol yn Eglwys Gadeiriol Llandaf yn 1999. Daeth y rhai a gafodd eu hethol o'r newydd ynghyd ag ystod eang y gymdeithas ddinesig Gymreig. Roedd aelodau o'r teulu brenhinol yno hefyd gan gynnwys y Frenhines. Y diweddar Barchedig

Gethin Abraham-Williams lywiodd y cyfan ar ran Cytûn gydag awdurdodau'r Eglwys Gadeiriol a'r Swyddfa Gymreig.

Wedi gadael fy swydd y flwyddyn honno fel Ficer Eglwys Dewi Sant, Caerdydd cefais fy mhenodi yn Is Gaplan yn yr Eglwys Gadeiriol fel rôl seremonïol o'r bron. Rhaid i mi gyfaddef, fe wnes i fawr o ddim byd arall yno. Bu'r Deon ar y pryd yn hynod o garedig wrthyf. Ar y Sul, roeddwn yn addoli ar hyd y lle ac yn mwynhau hynny. O ddydd i ddydd, fi fyddai wedi hynny yn Swyddog Cyswllt Cytûn ar gyfer y Cynulliad. Yn sgil y penodiad hwnnw, fe ofynnodd Gethin Abraham-Williams i mi ddarparu myfyrdod dwy funud ar gyfer achlysur agor y Cynulliad. Roedd cael gwneud hynny yn golygu llawer i mi ac yn datgelu llawer am haelioni Gethin. I mi gofio, cafwyd dau fyfyrdod arall yn y Gwasanaeth.

Fe ddaeth y myfyrdod i mi mewn ychydig funudau. Mae hynny yn digwydd weithiau. Efallai oherwydd i mi fod ynghlwm â'r ymgyrch *Ie Dros Gymru* roedd yr ymrwymiad emosiynol eisoes yno a'r meddwl am bethau. Gan hoelio sylw gweladwy ar y *'Majestas'* o eiddo Jacob Epstein yn yr Eglwys Gadeiriol, meiddiais ddychmygu Cymru wahanol y diwrnod arbennig hwnnw. Ceir yr hyn a ddywedais y diwrnod hwnnw ar dudalen gyntaf y gyfrol hon.

Ychydig y gwyddwn i y byddai'r blynyddoedd a fyddai'n dilyn hyn yn fy nhywys i bethau a mannau y gallwn i mo'i dychmygu bryd hynny. Mynegaf un barn penodol. Fe lwyddodd y broses ddatganoli llawer mwy na'r hyn a gafwyd fel gobaith personol ar fy rhan yn Eglwys Gadeiriol Llandaf y diwrnod hwnnw. Dyna fy mhersbectif personol yn seiliedig ar weithio yng ngwleidyddiaeth Cymru am dros ugain mlynedd a phrofi llu o lwyddiannau ar ran ein cymdeithas ddinesig Gymreig wrth ymwneud â'n gwleidyddiaeth ddatganoledig.

Yn un peth cwbl arwyddocaol, dygwyd cymunedau ffydd Cymru yn agosach at ei gilydd mewn modd arloesol. Mae'n werth nodi, i mi gofio, taw cyfanrwydd ein hymrwymiad i gymunedau ffydd eraill Cymru yn Mai 1999 oedd gofyn i un Iddewes ifanc ddarllen darn yn y gwasanaeth. Ond, diolch i gyfraniad bonheddig ac arloesol Gethin Abraham-Williams, fy nghydweithiwr a'm rhagflaenydd yn Cytûn, rhoddwyd blociau crefyddol a diwylliannol mewn lle yn y tir datganoledig a fyddai'n adeiladu ar hynny. Cafwyd newid graddol ond cwbl arloesol. Dros y blynyddoedd canlynol byddai cynrychiolwyr o Gyngor Eglwysi'r Byd, swyddogion eciwmenaidd

Ewrop ac arbenigwyr ym maes materion rhyng-ffydd y teulu Anglicanaidd yn cynnal cynadleddau yng Nghymru i ddynodi a dathlu'r profiad arloesol Cymreig, ac hefyd i ddysgu gennym ni.

Dyna gyferbyniad cryf sy'n werth i'w nodi. Bu'r newid yn nhermau cynnal gwasanaethau cenedlaethol erbyn ymweliad y Brenin ag Eglwys Gadeiriol Llandaf yn Medi 2022 wedi marwolaeth ei fam, y Frenhines Elizabeth, yn aruthrol. Hwnnw oedd fy ngwasanaeth mawr olaf gyda Cytûn. Rhaid i mi gyfaddef, wrth gydweithio â'r Eglwys Gadeiriol, Llywodraeth Cymru a Chyngor Rhyng-ffydd Cymru ar gyfer yr ymweliad hwnnw ar ran y Brenin, fe ofynnais yn aml beth fyddai Gethin Abraham-Williams wedi ei wneud. Bu farw yn 2016. Mae fy nyled iddo yn fawr. Roedd gwasanaeth 2022 yn gyfle i mi edrych yn ôl mewn modd buddiol.

Ceir gwersi gwerthfawr i'w dysgu wrth edrych yn ôl. O ddyddiau cynnar y Cyngor Rhyng-ffydd yn 2002, yn dilyn anogaeth Rhodri Morgan ac arweinyddion y pleidiau eraill i ni ddod at ein gilydd, cafwyd rhywfaint o drefn allweddol ar sut y byddai cymunedau ffydd Cymru yn cael eu cynrychioli mewn digwyddiadau cenedlaethol a phrosesau gwleidyddol.

Yn wreiddiol, arferai eglwysi Cytûn gael eu cynrychioli gan yr Archesgob Anglicanaidd, Archesgob Catholig Caerdydd a Llywydd Cyngor Eglwysi Rhyddion Cymru. Rhoddwyd lle hefyd i Cytûn a'r Gynghrair Efengylaidd i gydweithio â'i gilydd o gwmpas y cyfan. Darparwyd dau le'r un ar gyfer cymunedau ffydd sylweddol eraill Cymru. Roedd hynny yn ddoeth yn arbennig yn achos y cymunedau hynny a oedd yn meddu ar ddwy adain sylweddol. Yr uniongred a'r diwygiedig er enghraifft. Fel pob trefn resymol a chymesur roedd y ddealltwriaeth yma yn ymarferol ond nid yn berffaith. Addas erbyn 2022 oedd cydnabod cymunedau ffydd eraill fel yr Undodiaid, eglwysi arweinyddiaeth Ddu Cymru a'r Ahmadiyya sydd â'i gwreiddiau yn India. Penderfynwyd o'r dechrau nad buddiol fyddai i ni ddiffinio ein gilydd. Fel mynegiant o barch, gwelwyd yn ddoeth i ganiatáu i'r cymunedau ffydd unigol i ddiffinio eu hunain yn Gristnogion, yn Fwslimiaid neu'n Iddewon. Neu unrhyw gred arall.

Fel y lledaenodd cynrychiolaeth y gwasanaethau mawr hyn yn ein defodau, cymerwyd gofal y bydden nhw hefyd yn dyfnhau yn nhermau eu Cymreictod. Erbyn hyn, mae sawl cymuned ffydd yng Nghymru wedi ffurfio cyrff penodol Cymreig, gyda'r Sikhiaid Cymreig ymysg y diweddaraf.

Yn drawiadol iawn yn y gwasanaeth i goffau'r Frenhines yn Llandaf, dygwyd Beibl William Morgan a'i osod ar y brif allor. Cafodd ei fenthyg gan y Llyfrgell Genedlaethol ar gyfer yr achlysur. Yn y gweddïau, daeth cynrychiolwyr Cristnogol, Mwslimaidd, Iddewig a Rhyng-ffydd i weddïo yn gyfochrog â'i gilydd. Cefais y fraint o weddïo un o'r ymbiliau hynny.

Yn y pethau hyn, gwelwyd newid aruthrol ers 1999, a diolch byth am hynny. Y diwrnod hwnnw yn 2022, cafwyd addoliad Cristnogol ar ei orau fel sy'n addas i genedl y Cymry. Y darn a wnaeth fy ngwefreiddio a'm bendithio yn y modd mwyaf rhyfeddol yr achlysur hwnnw oedd yr Anthem *'A Welsh Prayer'* i eiriau Grahame Davies a cherddoriaeth Paul Mealor. Cwbl wefreiddiol! Fe ganiataodd i mi ymlacio rhywfaint ac addoli ychydig, er fy mod yn cadw llygad ar yr hyn a oedd yn digwydd o'm cwmpas. Dysgais hefyd i mi symud rhywfaint o'r teimlad cynnar hwnnw nad oeddwn yn gyfforddus mewn eglwysi cadeiriol.

Mater o ryddhad enfawr i bob un ohonon ni a oedd ynghlwm â'r gwasanaeth hwnnw i gynnig gweddi a myfyrdod er cof am y diweddar Frenhines Elizabeth yn Eglwys Gadeiriol Llandaf ddod i ben yn llwyddiannus. Diolch i gynllunio eithriadol o fanwl fe redodd y cyfan yn eithriadol o lyfn. Buom yn meddwl am y gwasanaeth am beth amser. Gorwedd cyfrifoldeb arnom ni i gyd i gofio rhywun nad oedd gyda ni bellach ac i wneud hynny gydag urddas gan barchu'r amrywiaeth a chyfoeth barn a gafwyd yng nghyfanrwydd y genedl.

Ond, fe ddigwyddodd rhywbeth gwirioneddol ddoniol wedi i'r gwasanaeth ddarfod. Fel yr oedd y diolchiadau yn llithro i mewn cefais alwad ffôn gan aelod o'r teulu.

Y noson cynt, fe wnaethon ni ddefnyddio brenin ffug er mwyn amseru a rhedeg pethau yn well. Roedd yn dalach na'r brenin go iawn os rwyf yn cofio. Roedd yn glên a hwyliog hefyd. Dyna'r arferiad mewn digwyddiadau mawr. Fe sylwodd un o dîm sylwebu BBC Cymru fy mod wedi llwyddo i gael y brenin cogio bach yma i wenu. Dygwyd sylw at y peth wedi'r ymarfer. Ar y diwrnod ei hun sylwodd BBC Cymru, wrth i'r brenin ein cyfarch, fy mod yn sefyll drws nesaf i'r Dr Abdul-Azim Ahmed o Gyngor Mwslimiaid Cymru. Rydym yn ffrindiau clos. Dygwyd sylw at y ffaith hefyd i mi, fel cynrychiolydd Cytûn, groesawu'r brenin â gwên. Rhagorol iawn ar BBC Cymru. Ysywaeth, heb feddwl yn rhy fanwl am sut i ynganu geiriau Cymraeg fe ddywedodd darlledwr rhyngwladol arbennig fy mod yn gweithio i Cytûn, rhywbeth a oedd yn swnio'n debyg yn ei sylwebaeth nhw fel *"Satan"* Saesneg. Awgrymodd yr aelod o'r teulu a welodd yn dda i fy ffonio wedi'r gwasanaeth efallai i rywun ddirnad be oeddwn i o'r diwedd. Pwy a ŵyr?

Dros y blynyddoedd, yr oedfaon mwyaf heriol i'w trefnu oedd y rhai a oedd yn mynnu amseru perffaith. Gan amlaf, byddai cael cynllun amgen yn fy mhoced rhag ofn yn hynod o ddefnyddiol. Fe ddysgais hynny yn y gwasanaeth a gynhaliwyd i gofio diwedd yr Ail Ryfel Byd ym Mharc Bute yng Nghaerdydd yn 2005. Yn yr ymarfer noson cynt, gwelais y byddai'n rhaid llenwi rhai munudau cyn i awyrennau'r Llu Awyr hedfan heibio ni i gyd ar amser cwbl benodol yn y gwasanaeth ar y dydd ei hun. Rwyf yn cofio'r slot hyd heddiw. Byddai teyrnged hedfan heibio gan y RAF yn union am 1150 awr. Dywedodd ambell un o gwmpas yr ymarfer y gallai'r awyrennau ddechrau ar amser gwahanol. Ni chefais fy argyhoeddi.

Ychydig funudau cyn i'r gwasanaeth ddechrau cefais ddeall nad oedd modd amrywio amser yr awyrennau. Gan taw fi oedd yn arwain y gwasanaeth o'r llwyfan fy ymateb cyntaf oedd, panic. Ond, ychydig ddyddiau cyn y cofio yn 2005 a gafodd ei ddynodi ar draws gwledydd Prydain, cafwyd gweithredoedd terfysgol '7:7' ar 7 Gorffennaf yn Llundain. Adroddwyd ar y pryd i 52 gael eu lladd gydag o ddeutu 770 pellach wedi eu hanafu. Gweddïais cyn dechrau arwain y gwasanaeth o flaen miloedd ym Mharc Bute a llawer mwy yn fyw ar y teledu. Penderfynais yn y fan a'r lle y byddwn yn cynnal cyfnodau o dawelwch, yn ddwyieithog, i gofio'r rhai a gollwyd yn Llundain. Distawrwydd Cymraeg a distawrwydd Saesneg. Roedd hynny yn urddasol addas. Byddai hefyd yn llyncu o ddeutu pedwar munud. Fe oedd yr amseru diwygiedig yn berffaith ar gyfer yr awyrennau. Diolchaf hyd heddiw am y distawrwydd dwyieithog hwnnw.

Dwy flynedd wedi hynny, yn 2007, gofynnwyd i mi arwain gwasanaeth ar gyfer cysegru Carreg Coffa Gymreig i'r rhai a gollodd eu bywydau yn Ynysoedd y Falklands yn y rhyfel a gafwyd yn 1982. Dynododd y Garreg Goffa i 255 o luoedd arfog Prydain golli eu bywydau yn ystod yr ymgyrch. Mae'r Garreg i'w chanfod yng Ngerddi Alexandra yng Nghaerdydd. Dysgais erbyn y gwasanaeth hwnnw i beidio â bod yn rhy benodol ynghylch awyrennau yn hedfan heibio. Mae'n haws o lawer symud darnau o unrhyw drefn ar y ddaear.

Y diwrnod hwnnw, braint aruthrol oedd cael cydweithio gyda'r cyn-filwyr Cymreig a oedd yn benderfynol o gael codi cofeb i'w cymdogion a gollwyd. Fe aeth y cyfan heibio'n llyfn ar y dydd. Na'i byth anghofio mynd i chwilio am y cyn filwyr wedi gorffen y gwasanaeth. Roeddwn yn disgwyl eu gweld yn y derbyniad a drefnwyd yn Neuadd y Ddinas, Caerdydd. Nid oedden nhw yno. Penderfynais gerdded yn ôl at y Garreg Goffa o sylweddoli nad oedden nhw yn Neuadd y Ddinas. Yno, gwelais sawl un yn ddagreuol yn teimlo enwau eu cyfeillion ar garreg oer gyda blaen eu bysedd. Syllais o bell gan barchu'r funud. Na'i byth anghofio'r funud honno. Byddaf weithiau yn dychwelyd at y garreg ac yn teimlo'r enwau yn yr un modd i'w cofio nhw.

Dros y blynyddoedd, cafwyd defnydd helaeth o Neuadd Dewi Sant Caerdydd ar gyfer achlysuron cenedlaethol. Gan amlaf, byddwn yn cydweithio â'r fyddin a'r heddlu mewn achlysuron o fath. Roedd staff protocol Cyngor Dinas a Sir Caerdydd o hyd yn rhagorol. Y gamp gyson oedd cynnig defodau a oedd yn cyfarfod â gobeithion sefydliadau cenedlaethol ond a oedd hefyd yn gynhwysol ac yn barod i barchu'r anghydffurfiol a'r heddychlon. Cael brenhinwyr rhonc a gweriniaethwyr argyhoeddedig i'r un lle - hyd yn oed am ennyd.

Dydd Sul 27 Medi 2009 cynhaliwyd Diwrnod Coffa'r Heddlu yn Neuadd Dewi Sant. Cefais y fraint o gyd-gynllunio'r ddefod. Ein prif bwrpas oedd cofio'r heddweision a gollodd eu bywydau'r flwyddyn honno a chynnig cysur chydymdeimlad i'w teuluoedd. Unwaith eto, rhaid wrth gynllunio manwl ac amseru da. Fy arferiad cyn y gwasanaeth fyddai edrych ar luniau a rhai a gollwyd a gweddïo drostyn nhw. Byddai hynny yn canolbwyntio'r meddwl wrth ddarparu'n emosiynol ac yn ysbrydol ar gyfer y gwasanaeth. Cofiaf yn dda'r diwrnod hwnnw. Gydag gydag amser yn brysur fynd heibio roeddwn yn disgyn yn fyr o un arweinydd eglwysig o bwys, Prif Gwnstabl ac arweinydd cymuned ffydd arbennig. Tri allweddol. Unwaith eto, fe ddaeth y cynllun amgen i rym er i'r arweinydd o eglwysig bwys a'r Prif Gwnstabl ymddangos mewn pryd. Fe gafwyd cyfnewid credoau funud olaf. Fe aeth y cyfan heibio'n dda a chafwyd achlysur i'w gofio.

Pwysau amseru gwahanol a gafwyd ar achlysur arall yn Eglwys Gadeiriol Llandaf yn Awst 2014. Er mwyn cofio i ganrif gyfan fynd heibio ers dechrau'r Rhyfel Byd Cyntaf gofynnwyd i bobl Cymru ddiffodd eu goleuadau rhwng 10 ac 11 yr hwyr. Fe ddiffoddwyd y goleuadau ar draws Ewrop ganrif yng nghynt. Unwaith eto, cydweithiais gyda staff yr Eglwys Gadeiriol, Llywodraeth Cymru a'r lluoedd arfog i gynllunio gwasanaeth. Er mawr ryddhad i mi, fe ganwyd clychau'r Eglwys Gadeiriol yn union am 11 yr hwyr. Cafodd y cyfan ei ddarlledu yn fyw. Pwysleisiais wrth bawb bwysigrwydd cadw'r amser.

Dau beth arall roddodd bleser aruthrol i mi ar yr achlysur hwnnw. Gofynnais i'r Urdd gyhoeddi neges heddwch yn ystod y gwasanaeth. Fe wnaed hynny yn hynod effeithiol o flaen grymoedd y wladwriaeth Brydeinig. Efallai taw'r atgof pennaf i mi'n bersonol oedd gofyn i un o arweinyddion Cytûn, y Parchedig Albrecht Köstlin-Büürma, oleuo cannwyll a chynnig gweddi. Fe aeth y lle yn hollol dawel wrth iddo wneud hynny mewn Almaeneg. Cofiaf glywed yr ochenaid. Roedd yn ochenaid dda.

Weithiau, byddai cydweithio ag eraill ar achlysuron mawr yn fy nhywys i fannau tramor. Braint ryfeddol oedd cael cydweithio â thîm rhagorol Cymru'n Cofio. Gobeithir y gellir cadw mewn cof yma sut yr aeth Cymru yn y cyfnod hwn i barchu aberth y rhai a gollwyd yn y Rhyfel Byd Cyntaf. Cafodd y cyfan ei lywio'n braf ac yn dreiddgar gan Syr Deian Hopkin. Gan wybod bod gwaith aruthrol o'n blaenau dros dridiau yn Langemark, Gwlad Belg, yng Ngorffennaf ac Awst 2017, cafwyd teithio braf gyda'n gilydd fel tîm o dan nawdd Llywodraeth Cymru. Roeddem ar ein ffordd i gofio'r degau o filoedd o'r Cynghreiriaid a gollodd eu bywydau yn Nhrydedd Frwydr *Ypres* neu Frwydr *Passchendaele*. Buom hefyd yn ymwybodol o golledion yr Almaenwyr.

O gyrraedd y gwesty yn Godewaersvelde yng ngogledd Ffrainc gyda'r hwyr, penderfynais fod y cyfle i redeg rhyw bedair milltir a chroesi'r ffin rhwng dwy wlad yn rhy dda i'w golli. Roedd hi'n noson ryfeddol o braf wrth i mi groesi'r ffin i Wlad Belg ger ardal Abele yn Fflandrys. Bu raid i mi arafu. Roedd meddwl taw'r ardaloedd agored hynny, union ganrif cyn hynny, oedd y rhai olaf i hogyn arall o Drawsfynydd, Ellis Humphrey Evans neu Hedd Wyn, eu gweld. Collodd ei fywyd ar 31 Gorffennaf 1917. Cafodd cofio hynny effaith fawr arnaf yn emosiynol. Ceisiais redeg yn rhwydd ond gyda'r awyr o'm cwmpas yn borffor, clywais eiriau trawiadol bro fy magwraeth yn troi a throi yn fy mhen. Yn atgof:

> 'Dim ond lleuad borffor
> Ar fin y mynydd llwm
> A sŵn hen afon Prysor
> yn canu yn y cwm.'

Yn annisgwyl braidd, bu raid i mi beidio rhedeg am ennyd wrth glywed llais cyfarwydd- neb llai na John Davies, Archesgob Cymru ar y pryd. Gofynnodd a oedd ar y ffordd iawn i'r gwesty. Roedd y ddau ohonon ni'n aros yn yr un lle'r noson honno. Mae gen i ryw fath o gof iddo fynegi syndod caredig fy mod yn rhedeg mewn lle dieithr mor hwyr yn nos. Roeddwn i'n chwysu rhywfaint y noson honno hefyd. Y gwirionedd oedd, oherwydd yr hyn a oedd yn chwyrlio yn fy mhen i, fues i erioed mor agos at adref ac y bues i y noson honno yn Fflandrys. Fe effeithiodd yn fawr arna i. Roedd anadlu'n rhwydd yn troi'n her.

Ar y dydd ei hun, 31 Gorffennaf 2017, gan sylweddoli bod gen i lu o bethau sylweddol a chymhleth i'w gwneud, gan gynnwys cyd-lywyddu un gwasanaeth mawr cenedlaethol o flaen o ddeutu mil o bobl, codais yn blygeiniol gan gymryd tacsi i'r man lle yr oedd defod codiad gwawr yn cael ei gynnal. Mae gen i gof iddi fod yn oer a chefais deimlad y byddai'r diwrnod hwnnw yn wirioneddol galed yn emosiynol. Roedd llu o ddefodau a chyfweliadau gyda'r cyfryngau hefyd yn fy nisgwyl.

Yn y ddefod toriad gwawr, o gyfeiriad sawl cenedl ac iaith, fe glywsom eiriau da. Yn sydyn, i ddynodi dechrau'r brwydro, fe glywsom un gwn mawr yn tanio. Deallais i'r gwn gael ei danio pum gwaith gan ddynodi'r miloedd a gollwyd. Roedd y sŵn yn fyddarol. Rwyf yn cofio dychryn a chrynu rhywfaint. Gyda'r haul yn codi fe glywsom geiliog yn canu. O dderbyn cysur golau dydd, edrychais o'm cwmpas. Roedd nifer dda o Gymry Cymraeg yno, ac yn arbennig o ardal Trawsfynydd. Trwy gydol y dydd fe fyddai canu Rhys Meirion a chantorion o ogledd Cymru yn ein cynnal. Gwelais sawl deigryn ar rudd y bore mân hwnnw. Nid aduniad oedd hwn, ond ail gysylltu'n boenus â gwythiennau dwfn ac amrwd hanes bro ein magwraeth. Cafwyd taro ar nerf amrwd iawn. Roedd yn brifo. Nid yw dagrau yn bethau da ar gyfer y rhai sydd am gynnal pethau cenedlaethol o bwys a llefaru'n dda.

Cofiais feddwl, o ystyried pawb a gafodd eu hanafu neu a gollodd eu bywydau - pedair mil o Gymry meddai rhai mewn un diwrnod. Tybir i ennill 8 cilomedr o dir golli bywydau ac anafu o ddeutu hanner miliwn o ddynion dros dri mis. Fuodd bron i mi redeg y pellter hwnnw mewn llai nag awr y noson cynt. O wibio yma a thraw, da oedd bod gyda'm cyd-Gymry cyn dechrau'r gwasanaeth a gafwyd am bedwar y prynhawn wrth gofeb rhyfel *Passchendaele*.

Fe blesiodd un peth fi'n fawr cyn dechrau seremoni hwnnw. Wrth ddisgwyl i'r cyfan ddechrau fe ddaeth Chris Coleman o Gymdeithas Pêl-droed Cymru draw ataf i'm cyfarch. Roeddwn yn falch i'w weld. Fe wnes gadarnhau iddo taw fi oedd yr un a ysgrifennodd yr Adduned a roddwyd iddo i'w darllen yn y ddefod ar ran gymuned chwaraeon Cymru. Fe fynegodd yn garedig iawn y byddai'n dymuno ysgrifennu geiriau fel y rhai yr oeddwn wedi eu hysgrifennu ar ei gyfer y diwrnod hwnnw. Adeg honno, roedd yr holl atgofion hynny o fwynhau'r Wal Goch yn Ffrainc yn ystod ymgyrch 2016 yn fyw iawn yn fy nghof. Teimlais taw'r peth priodol i mi ei fynegi, yn fwyaf naturiol, oedd y byddwn ni yn falch o fedru chwarae pêl-droed cystal ag o. Cawsom sgwrs braf am ychydig am gôl Sam Vokes yn y gêm honno yn erbyn Gwlad Belg yn Lille. Dyma'r geiriau a lefarodd Chris Coleman yn Saesneg ar ran Gymdeithas Pêl Droed Cymru ar byd chwaraeon Cymru yn nefod *Passchendaele*. Rwyf yn ddiolchgar am grefft y cyfieithydd.

Yn enw'r rheini sy'n rhan o'r byd chwaraeon yng Nghymru,
yn ei holl amrywiaeth,
cofiwn y rheini a fu'n ymlafnio ar y meysydd hyn.
Yn enw pawb sydd wedi brwydro yn erbyn yr elfennau,
cofiwn y rheini a ddioddefodd wynt a glaw gerwin y meysydd hyn.

Yn enw pawb sydd wedi cynnal anrhydedd
ac urddas ein cenedl ar feysydd gwahanol,
mewn heddwch ac mewn rhyfel,
cofiwn y rheini a wnaeth yr aberth eithaf ar y meysydd hyn.

Cofiwn eu dioddefaint a'u haberth,
ac addunedwn gyda'n gilydd, yn genedl fodern ac amrywiol,
wrth gyd-fyw a chyd chwarae,
i'w anrhydeddu.
Gorau Chware Cyd Chwarae.

Fe wnaeth Chris Coleman arwyddo fy nghopi o'r gwasanaeth. Rwyf yn trysori'r copi hwnnw'n fawr ac yn dweud y stori wrth fy wyron - a phawb arall sy'n fodlon gwrando.

Cefais y fraint o gyd-lywyddu'r ddefod genedlaethol Gymreig honno gyda Roy Noble y diwrnod hwnnw. Fe gafwyd cydweithio braf ar ran y tîm a ddygodd y cyfan at ei gilydd. O'm safbwynt i fe aeth y cyfan heibio yn eithriadol o lyfn. Roedd yn golygu sefyll yn yr unfan am gyfnod maith ond fe wnaeth pawb a gyfrannodd eu gwaith yn raenus a da. Braf oedd cael boddi yng ngeiriau R. Williams Parry i gofio Hedd Wyn. Fi gosododd nhw yno yn y gwasanaeth gan eu darllen rhag blaen ond ceir grym aruthrol i mi o'u clywed. Roedd hwn hefyd yn achlysur priodol ar gyfer canu 'Dros Gymru'n gwlad' Lewis Valentine. Ar ddiwedd y gwasanaeth y prynhawn rhyfeddol hwnnw pleser oedd clywed Rhys Meirion yn canu 'Dywed wrth fy Nhad.' Wedi hynny gosodwyd torchau ar y gofeb.

Mae'r gofeb Gymreig a geir yn Langemark yn eithriadol o drawiadol gyda'r ddraig goch gyhyrog honno yn sefyll ar feini cadarn. Dadorchuddiwyd y gofeb yn wreiddiol yn 2014. Sylwais ar un peth fel y gwnaeth Carwyn Jones, Prif Weinidog Cymru ar y pryd. Roedd yr ardal yn wastad ac yn agored heb yr un lle i guddio ynddo. Lle didrugaredd oedd hwn i frwydro. O'r gwasanaeth hwnnw, fe wnes i ymlwybro'n raddol gyda'r hwyr at Borth Menin, y man cysegredig hwnnw yn nhermau cofio, a chael fy ngwefreiddio gan fôr o ganu Cymraeg.

Ar achlysur arall ac ar nodyn llai difrifol, na'i ddim anghofio'r gwahoddiad a gefais gan Gyngor Dinas a Sir Caerdydd ym Mehefin 2018 i weddïo dros y cychod hwylio a ddaeth i Fae Caerdydd ar gyfer y *Volvo Ocean Race.* Yr hyn y mae morwyr yn ei alw'n *Blessing of the Fleet*. Roedd hon yn ras o bwysigrwydd byd ac roedd cael cynnig y weddi yn fraint. Ond y Sul hwnnw, 10 Mehefin, roedd rhywbeth pwysicach yn digwydd. Roeddwn yn mynychu bedydd o bwys teuluol yn Eglwys y Methodistiaid yn Radur. Ystyriais, ond i mi adael yr eglwys yn brydlon, gallwn gyrraedd y Bae mewn da bryd. Mae fy nheulu wedi hen arfer fy ngweld yn gadael pethau yn gynnar er mwyn brysio i bethau eraill.

Gan bryderu rhywfaint yn y car ar y ffordd i lawr dygais i gof y noson honno y cefais gadeirio *hustings* gwleidyddol. Dywedodd un ymgeisydd na chafodd ei ethol bod cymaint o fewnfudwyr yn y wlad cafodd ei arafu ar ei daith o ganolbarth Lloegr i Gaerdydd. Gofynnodd yn rhethregol i mi be fyddwn yn ei wneud am y peth. Anghofiais am y cyngor cyntaf y byddaf yn ei gynnig i mi fy hun mewn sefyllfaoedd o'r fath. Peidio dweud y peth cyntaf a ddaw i fy mhen. Dechrau yn gynt oedd fy ateb syml.

Beth bynnag, fe wnes gyrraedd y Bae mewn da bryd, cyfarfod â llawer iawn o bobl glên ac amlycaf y byd hwylio rhyngwladol a bendithio'r cychod. Yn naturiol, gweddïais ar iddyn nhw i gyd fod yn ddiogel. Wedi hynny, gostegodd y gwynt. Gostegodd y gwynt am oriau lawer. Cefais fy meio gan sawl un am hynny. Na'i byth anghofio un swyddog o'r heddlu y cefais y fraint o gynllunio sawl defod a gwasanaeth gydag o yn tynnu fy nghoes. "Fe wnest ti or-bobi'r weddi yna braidd. A wnest ti feddwl erioed gwneud unrhyw beth yn gymedrol?' Gwnes feddwl am hynny am ychydig ond nid llawer. Mae'r cyfaill annwyl hwnnw, er gwaethaf ei dynnu coes, bellach yn glochydd urddasol mewn eglwys gadeiriol. Ta waeth, fe aeth y bedydd heibio'n hapus.

Braint o'r mwyaf, yng Ngorffennaf 2018 hefyd yn Eglwys Gadeiriol Llandaf, oedd cael cynnig elfen rhyng-ffydd i'r gwasanaeth a gafwyd i ddathlu 70 mlynedd ers sefydlu'r Gwasanaeth Iechyd Cenedlaethol. Fel arfer, cafwyd llu o gyfraniadau o bwys gan gynrychiolwyr o'r gymdeithas ddinesig Gymreig. Roedd yn achlysur gwirioneddol hapus a chefais gyfle byr i sgwrsio â'r diweddar Mike Peters o'r *Alarm*. Rwyf yn cofio hynny'n dda. Fel y rhan fwyaf ohonon ni, fe gafodd achos i ddiolch am y gofal a gafodd gan greadigaeth Aneurin Bevan. Byddwn yn ei gofio yn annwyl.

O'm safbwynt i cafwyd digwyddiad bach doniol yn ystod y gwasanaeth hwnnw. Roeddwn dan yr argraff nad oedd cynrychiolaeth o'r gymuned Fwslimaidd yn y gwasanaeth. Camddealltwriaeth prin mewn achlysuron o'r fath. O sylweddoli bod fy nghyfaill agos Saleem Kidwai yn y gynulleidfa, llithrodd y cynllun amgen i'w le. Diolch i'r drefn, roeddwn wedi cynnwys un ymbiliad ychwanegol rhag ofn. Rhywsut neu'i gilydd fe wnaethom ni, rhwng yr emyn gyntaf a'r ymbiliau, ddiwygio'r weddi ychwanegol honno i'w throi yn weddi Fwslimaidd. Erbyn 2018, roedd ein cydredeg litwrgaidd mor rhwydd, roedd modd i ni wneud pethau felly a gwenu am y peth wedyn. I mi gofio, prin iawn oedd y rhai a sylwodd ar beth oedd yn digwydd.

Yr un achlysur o eiddo'r Lleng Prydeinig yn Neuadd Dewi Sant a gafodd effaith fawr arnaf oedd y ddefod Cofio a gynhaliwyd yno ddydd Sadwrn 6 Tachwedd 2021. Ers dyddiau, bûm yn sgwrsio â'm ffrindiau o Afghanistan a oedd yn aros yng Ngwersyll yr Urdd ac mewn mannau eraill yng Nghaerdydd. Ar y pryd, cofnodwyd bod Cymru yn gwarchod o ddeutu 50 o deuluoedd a 230 o unigolion. Bu llawer ohonyn nhw yn cydweithio â lluoedd arfog Prydain yn Afghanistan. Gyda pharodrwydd llawen y Lleng Brydeinig, daeth nifer o'r dynion i'r ddefod yn Neuadd Dewi Sant.

Cofiaf yn dda'r croeso arbennig a roddwyd iddyn nhw o'r llwyfan gan neb llai na'r diweddar Eddie Butler. Roedd yn naturiol fonheddig ac urddasol. Parch i'w gof. Fy rôl swyddogol y noson honno oedd cynnal gweddïau gyda chaplan y fyddin. Cefais y fraint honno dros sawl blwyddyn. Wedi'r ddefod yn 2021, cafodd cyfeillion o Afghanistan yr Urdd gyfle i gyfarfod eto a'u cyd-filwyr Prydeinig. Cafwyd sgwrsio buddiol a chymdeithas braf. Fe gofiwyd hefyd y rhai na ddaeth o Kabul mewn pryd. Erys argyhoeddiad ar fy rhan bod y cynllun a roddwyd ar waith yng Nghymru i'w croesawu ymysg y gorau yn y byd. Nid wyf yn ymwybodol o gynllun gwell mewn unrhyw wlad arall. Na'i fyth anghofio'r noson honno o gael fy ngwahodd i fod gyda nhw'i gyd. Braint! Rwyf yn parhau mewn cysylltiad â nhw hyd heddiw.

Yn rhyfedd iawn, daeth fy nghyfnod o ymwneud ag achlysuron cenedlaethol mawr i ben ychydig ddyddiau ar ôl ymweliad y Brenin ag Eglwys Gadeiriol, Llandaf i gofio ei fam. Cefais wahoddiad i fod yn bresennol yn angladd y Frenhines Elizabeth yn Abaty Westminster ar ddydd Llun 19 Medi 2022. Roedd y penwythnos hwnnw yn eithriadol o brysur o deithio i lawr i Lundain a chael fy mhapurau diogelwch mewn trefn. Yn arwyddocaol efallai, cefais wahoddiad, fel un a oedd yn cael ei ystyried yn arweinydd ffydd yn y Deyrnas Unedig, i gyfarfod â'r Brenin ym Mhalas Buckingham rhwng y gwasanaeth yn Llandaf a'r angladd yn Llundain. Am ryw reswm roedd fy e-byst yn gywir a'r gwahoddiad yn eglur ond roedd rhaid cadarnhau pwy oeddwn ni cyn neidio ar y bws gyda phawb arall. Er tegwch mawr iddo fo, fe wnaeth Archesgob Efrog, Stephen Cottrell, gadarnhau pwy oeddwn i.

Beth bynnag yw barn rhywun am y gyfundrefn frenhinol, roedd holl drefn y dydd yn byrlymu hanes a rhywbeth o nodwedd ryngwladol. Roedd hefyd yn rhywbeth personol. Cefais gyfarfod yn fyr â'r Frenhines Elizabeth ar nifer o achlysuron, yn arbennig ar yr adegau hynny a gafwyd i agor sesiynau o'r Cynulliad a'r Senedd. Ar achlysur agor y Chweched Senedd yn Hydref 2021, yr olaf iddi hi, cefais fynd yno gydag un o deuluoedd yr Urdd o Afghanistan. Iddyn nhw, roedd gadael Kabul dan y fath amgylchiadau a chael eu hunan mewn digwyddiad o bwys mewn gwlad arall yn cyfrif llawer. Roedd yn selio'r ymdeimlad o groeso.

Wrth droedio i mewn i'r Abaty'r diwrnod hwnnw ar gyfer angladd y Frenhines cofiais y gwasanaeth i ddathlu darparu'r Beibl Cymraeg Newydd yn Abaty Westminster yn ôl yn 1988. Roedd ein plant ni yn ifanc yr adeg honno ac roedd mynd i Lundain o Ben Llŷn yn dipyn o achlysur i'r teulu. Dygais i gof taw Brenhines Elizabeth arall a ofalodd y byddai'r Cymry yn cael Beibl yn 1588. Cafwyd lobïo cadarn gan Gymry da adeg honno. Oni bai am y Beibl hwnnw, prin y byddai'r Gymraeg yn fyw i'r fath raddau erbyn 2022. Digwyddiad cysurus arall a ddaeth i'r cof wrth droedio i Abaty Westminster ar gyfer yr angladd oedd ymweliad y Pab Benedict XVI yno yn Medi 2010. Profiad gwirioneddol braf y flwyddyn honno oedd cael mwynhau cwmni'r gymuned Wyddelig Gymreig. Bûm yn eu cwmni drwy'r dydd ynghyd â'r Cylch Catholig Cymraeg.

Ar y bore Llun hwnnw yn Medi 2022 yn Abaty Westminster, gallwn ymlacio rhywfaint ond roedd y temtasiwn i beidio nodi sut yr oedd pob peth yn disgyn i'w le mewn manylder rhyfeddol yn anodd ei osgoi. Dyna fyddwn yn ei wneud adra'. Cerddodd nifer o arweinyddion byd heibio gan gynnwys yr Arlywydd Biden a'i wraig. Cofiais i mi helpu i'w ethol ynghŷd a Barack Obama yn ôl yn 2008 tra yn San Francisco. Cofiaf y dathlu rhyfeddol a gafwyd yn Oakland California y noson honno. Daliodd Jacinda Ardern o Seland Newydd fy sylw. Yn dilyn y lladd a gafwyd mewn Mosg yn Christchurch yn 2019, edmygais hi'n fawr am addo peidio ynganu enw'r llofrudd. Roedd hynny'n drawiadol. Sylwais hefyd ar Emmanuel Macron, Justin Trudeau ac eraill a gerddodd heibio.

Yn eglwysig, mater o ryddhad oedd sylwi bod y traddodiad Anglicanaidd Cymreig, yr Eglwys Gatholig a'r argyhoeddiad ymneilltuol yno ym mhresenoldeb Andrew John, Mark O'Toole a Simon Walkling. Fe ofalodd Llywodraeth Cymru bod eraill yno gan adlewyrchu ehangder ein bywyd dinesig Cymreig. Mae'r swyddogion yn gwneud y pethau hyn yn dda. Yn arbennig o dda.

O fy sedd yn y gangell cefais fy hun droedfeddi oddi wrth yr arch a ddygwyd mewn rhwysg i'r man priodol yn yr Eglwys Gadeiriol. Parodd urddas yr achlysur i mi ochneidio'n dawel. Ar y pryd, fe aeth fy meddwl i grwydro drwy hanes Cymru. Cofiais i gorff un o fy arwyr pennaf, Owain Gwynedd, gael ei gladdu ger y brif allor yn Eglwys Gadeiriol Bangor wedi ei farwolaeth yn 1170. Yn filwrol, bu'n eithriadol o effeithiol yn erbyn brenhinoedd Lloegr a lluoedd y Normaniaid, ac er iddo gael ei esgymuno oherwydd ei briodas â'i gyfnither Cristin, cafodd ei gladdu gydag anrhydedd yn Eglwys Gadeiriol Bangor ger y brif allor gan yr offeiriaid lleol. Pethau felly yw offeiriaid Esgobaeth Bangor. Cafodd Owain Gwynedd andros o ffrae gyda'r Archesgob Thomas Becket hefyd ynghylch pwy ddylai fod yn Esgob Bangor. Heriodd Owain hwnnw drwy gysegru Arthur o Enlli yn yr Iwerddon. Pethau felly ddaeth i fy mhen gan nad oeddwn efallai yn gorfod poeni am fanylion beth oedd yn digwydd o fy nghwmpas.

Erys trefn angladd y Frenhines yn fyw iawn yn y cof. Cefais y fraint am flynyddoedd o gydweithio gyda nifer o'r rhai a gymerodd ran. Cofiaf yn arbennig i *Blaenwern* gael ei chanu. Honno oedd y funud Gymreig amlycaf i mi gofio. Yr un peth yn fwy na dim arall sydd wedi aros yn fyw yn y cof oedd yr un funud honno ar ddiwedd y cyfan pan gododd Pibydd y Frenhines, Paul Burns, i ganu *Sleep, Dearie, Sleep.* Roedd rhywbeth neilltuol brydferth a theimladwy yn perthyn i'r synau Albanaidd hyfryd hynny. Daeth cyfnod i ben gydag urddas.

Wedi sgwrsio â nifer o gyfeillion roeddwn yn eu hadnabod wedi'r gwasanaeth, fe gerddais allan o'r eglwys gadeiriol yn ymwybodol bod gennyf nifer o gyfweliadau i'w gwneud cyn dirwyn y diwrnod i ben. Tybiais taw hwn fyddai'r gwasanaeth dinesig olaf i mi fod ynddo fo cyn ymddeol o'm rôl fel Prif Weithredwr Cytûn. Byddai fy nghyfnod innau yn dod i ben.

O adael Abaty Westminster fe gofiais wedyn taw trwy'r strydoedd hynny mae rhedwyr Marathon Llundain yn troedio'r milltiroedd olaf cyn cwblhau'r ras a mwynhau'r wefr o wneud hynny. Math o addoliad a math o ryddhad. O feddwl am y peth, teimlais y gwendid parhaol yn fy mhigwrn chwith wrth gofio'r llathenni olaf hynny i mi eu rhedeg yno. Cefais anaf wrth ei rhedeg yn 2016. Cefais droedio'r un strydoedd eto.

Cefais deimlad bach cysurus, fel pe bai Duw yn dweud, mae cyfnod yn dod i ben, ond mae gennyf fwy o filltiroedd i ti i'w rhedeg. Ceir mynyddoedd eraill o'th flaen. Daeth cysur yn hynny o beth. Mwynha dy redeg rhwydd. Ceir mwy o filltiroedd o'th flaen. A rhedeg gydag eraill gan addoli.

Pennod 4

Fel Plentyn – Cydredeg

Yn nhermau prosesau dydd i ddydd gwleidyddiaeth ddatganoledig Cymru, cefais tair blynedd gynnar hynod addysgiadol a buddiol o 1999 ymlaen. Roedd weithiau yn gyfnod cythryblus. Cafwyd troeon gwleidyddol mawr a heriau cwbl arswydus yn rhyngwladol ac yng Nghymru. Ar brydiau eraill roedd yn llenwi rhywun â gobaith newydd a rhyfeddol. Yn y genhedlaeth ddinesig honno cawsom ein hamgylchynu ag egni rhyfeddol. Drwy garedigrwydd rhyfeddol cyfeillion yn y maes roedd modd herio ambell fwystfil a gododd ei wyneb a thrwy hynny eu lleddfu weithiau a'u gorchfygu ar adegau eraill. Cefais fy hun mewn cwmni gwirioneddol dda fel plentyn yn dysgu rhedeg am y tro cyntaf. Diffiniodd y cyfnod hwnnw weddill fy ngyrfa ym mywyd cyhoeddus Cymru.

Mae Tŷ Tredegar ger Casnewydd yn le hyfryd. Erbyn hyn, yno y bydd teuluoedd yn casglu i redeg gyda'i gilydd yn y *Parkrun* ar gyfer plant. Gall unrhyw blentyn rhwng 4 a 14 oed gymryd rhan ynghyd ag aelodau hŷn o'r teulu. Ceir un rheol gysegredig - gall oedolion redeg gyda'r plant ond nid croesi'r llinell derfyn gyda nhw. Wedi'r cwbl, ras yw hi ar gyfer plant.

Roeddwn yn gwybod yn iawn y dydd Sadwrn braf hwnnw y byddwn yn canfod rhedeg ras dau gilomedr yn heriol - yn arbennig gydag aelodau ifanc o'r teulu sy'n ffit. Wrth redeg, mae plant yn medru bod yn hynod o gyflym. Maen nhw hefyd yn hynod o frwdfrydig. Fel Cristion, dwi'n eithriadol o falch bod ein ffydd ni'n annog ni i fod fel plant. Fel oedolyn o oedran sylweddol sy'n agosáu at ei seithfed ddegawd, roeddwn yn gwybod yn iawn na fyddwn yn rhedeg dau gilomedr yn gyflym. Penderfynais, y byddwn yn rhedeg y ras ychydig yn gyflymach na'r arfer, ond bodloni i gadw golwg ar fy ŵyr ifanc wrth iddo garlamu ymlaen. Ofer oedd cynnig cyngor ynghylch dechrau'n ofalus a gorffen yn gryf. Mater o foddhad mawr i mi oedd cael dal i fyny'n raddol ag o, a dathlu ei lwyddiant wrth iddo groesi'r llinell.

Gwnes fentro i'r byd gwleidyddol Cymreig yn hwyr yn y dydd. O ddechrau fy swydd fel Swyddog Polisi Cytûn ar Gyfer y Cynulliad Cenedlaethol yn

1999, rhaid i mi gyfaddef nad oedd gennyf fawr o syniad sut i gyflawni'r gwaith. Roedd gennyf gefndir o weithio'n wleidyddol ar lefel cenedlaethol gyda'r ymgyrch *Ie Dros Gymru* yn 1997 a thrwytho fy hun yn y broses ddeddfwriaethol a ddygodd y Cynulliad i fod. Fel arall, prin oedd fy mhrofiad o ymwneud gwleidyddol. Ond fe oeddwn yn ei fwynhau'n fawr. Fe dreuliais lawer o amser yn ystod y dyddiau cynnar hynny yn cynnig presenoldeb, yn sgwrsio ac yn dysgu. Roedd y sefydliad ei hun yn ei fabandod ac yn hynod o ymwybodol ei fod yn gorfod ennill ei le yn ymddiriedaeth pobol Cymru. Dechreuais yn araf, gan sgwrsio gyda llawer roeddwn yn tybio a oedd yn gwybod mwy na fi.

Yn gynnar yn ystod blynyddoedd cyntaf y Cynulliad, cefais yr hyder i gydnabod fy mod yn y broses o ddysgu. Sylweddolais yr un mor gynnar, nad oeddwn ar ben fy hun yn teimlo felly. Yn reddfol, fe es ati i fwynhau cyfeillgarwch eraill a oedd yn dysgu'r grefft o weithio o gwmpas gwleidyddiaeth o'r newydd. Ambell ddiwrnod byddai rhywun sy'n agos ataf yn gofyn beth oeddwn wedi ei wneud y prynhawn hwnnw. Byddwn yn ateb yn rhadlon onest "llawer o *networking*." Cefais ateb doniol rhyw ddiwrnod: "*not working* ti'n feddwl?" Fe dalodd y "*not working*" hwnnw ar ei ganfed wrth imi ddirnad beth oedd wir rym y broses wleidyddol yr oeddem ni gyd yn ymwneud â hi.

Yn dawel, fe ofalodd cymuned o swyddogion polisi gwbl ragorol bod gwaith allweddol yn cael ei gyflawni. Fe wnaed hynny yn bennaf o dan ddynamig rhyfeddol Cyngor Partneriaeth y Sector Gwirfoddol. Cafodd y dynamig hwnnw ei lywio gan rywun a drodd yn gyfaill, y diweddar Graham Benfield. Buom yn cydweithio'n agos â'n gilydd wedi hynny fel ymddiriedolwyr ar yr elusen *Vale for Africa*. Bu Graham farw yn ddiweddar.

Cododd un bwystfil ei ben yn gynnar yn y broses. Roedd y cyfan yn hynod boenus i Gymru gan taw ymateb oedd pawb i argymhellion Syr Ronald Waterhouse i'r cam-drin a gafwyd yng ngogledd Cymru. Ynghylch materion a oedd yn ymwneud â phlant, rhoddwyd arweiniad rhyfeddol gan staff yr elusen *Plant yng Nghymru*. Cafwyd ymdrechion sylweddol ar y cyd i gryfhau'r ddeddfwriaeth a fyddai'n cael ei basio yn 2001 yn San Steffan gyda'r bwriad o sefydlu swydd y Comisiynydd Plant cyntaf yn y DU. Rhoddwyd pwyslais ar gryfhau pwerau'r Comisiynydd arfaethedig. Yn dawel, fe wnaeth cymuned o swyddogion polisi wahaniaeth sylweddol drwy wneud defnydd llawn o'r grym ysgafn sy'n gorwedd wrth hanfod datganoli. Am resymau hanesyddol ar y pryd, roedd cwestiwn cam-drin plant yn un hynod o heriol i nifer o gymunedau ffydd. Ysywaeth, fe barodd yr heriau arbennig hynny. Roedd y cwestiwn yn heriol i eraill hefyd.

I ganol y bwrlwm cychwynnol hwn fe gyhoeddwyd taw Peter Clarke fyddai Comisiynydd Plant cyntaf Cymru ym Mawrth 2001. Ar ddamwain fe wnaethon gyfarfod â'n gilydd adeg cyhoeddi ei benodiad. *'Mashallah'* fel y byddai fy nghyfeillion Mwslimaidd yn ei ddweud. Roedd y cyfarfod damweiniol hwn yn dda ac yn fuddiol. Unwaith eto, fe wnaeth sgwrsio da a'r 'not working' hwnnw fyd o les. Roedd y ddau ohonon ni yn ogleddwyr. Cafodd Peter ei eni yn Llandudno. Yr oedd y ddau ohonon ni hefyd mewn swyddi arloesol a newydd.

Fe drodd ein sgwrsio yn hynod braf. Roedd Peter yn teimlo'n angerddol ynghylch amddiffyn plant ac fe wnes i fy ngorau i agor drysau iddo ymysg cymunedau ffydd Cymru. Fe drodd yn lladmerydd hynod o effeithiol. Wedi hynny, byddwn yn gweithio'n agos â'i swyddfa ynghylch materion a oedd yn ymwneud â ffoaduriaid a oedd yn blant. Yn ystod ei gyfnod fel Comisiynydd fe wnaeth Peter Clarke herio Llywodraeth Cynulliad Cymru ynghylch sawl mater. Dyna oedd ei waith, a dyna oedd bwriad y gymdeithas ddinesig Gymreig wrth lywio'r broses seneddol.

Un o'r heriau a roddwyd i mi yn ystod y cyfnod cynnar hwnnw oedd dechrau adeiladu pontydd gyda chymunedau ffydd eraill ar lefel polisi. Gallaf gofio fel ddoe'r gwahoddiad cynnes a gefais i sgwrsio am faterion gwleidyddol gyda Chyngor Mwslimiaid Cymru. Fe aeth y cyfan yn arbennig o dda. Rhoddwyd un droed yn ofalus o flaen y llall. Yn gynnar wedi hynny agorwyd drws i'r gymuned Iddewig a chymdeithas amryliw hyfryd Hindŵaidd Cymru. Byddai eraill yn dilyn ac yn ffurfio cyrff penodol Cymreig mewn ymateb i'r broses wleidyddol embryonig a oedd yn tyfu o'n cwmpas. Yn fwyaf arbennig, dechreuais berthynas ddofn gyda thri gŵr doeth, Saleem Kidwai, Naran Patel ac Alan Schwartz. Dros y blynyddoedd, wrth gynnal defodau cenedlaethol, llywio polisi cyhoeddus a galluogi cenedl i gofio a galaru, fe dalodd y cyd-ymwneud cynnar hwnnw rhwng cred a gwleidyddiaeth ar ei ganfed.

Bu Alan Schwartz farw yn Nhachwedd, 2011. Teimlaf ei golli hyd heddiw. Ef oedd y bont a'm galluogodd i groesi i fyd y gymuned Iddewig Gymreig. Yn fuan wedi ei farw, dysgais taw arferiad rhai cymunedau ffydd yw claddu corff o fewn oriau. Roedd Saleem, wrth gwrs, yn deall hynny. Fel plentyn o'r bron, fe ddysgais rywbeth gwerthfawr. Byddaf yn cysylltu Alan gyda'r cap bach coch *'kippah'* a roddwyd i mi'n anrheg ar achlysur agor adeilad y *Shul* yng Nghyncoed yn Rhagfyr 2003. Ysywaeth, nid oes gennyf ddigon o wallt i'w gadw'n ddiogel ar fy mhen. Fe barodd hynny beth difyrrwch i mi ac i eraill. Hyd heddiw, byddaf yn mynd a'r *'kippah'* bach porffor gyda fi pryd bynnag y byddaf yn mynychu'r *'Shul'* ond fe fyddaf yn gofyn am un arall mwy o faint sy'n abl i aros ar fy mhen. Trysoraf y gwenu a gafwyd rhyngom.

Cafwyd grym i'n gwenu. Byddem yn raddol feithrin ymwneud gwleidyddol rhwng cymunedau ffydd ein cenedl a Llywodraeth Cynulliad Cymru yn seiliedig ar les cyhoeddus a pharodrwydd i wasanaethu eraill. I adeiladu proses gwleidyddol o gwmpas parch a pherthynas yn fwy na grym na phwysigrwydd un sefydliad dros y gweddill. Gyda phleser mawr dywedais droeon wrth gyfeillion o gefndir Seisnig nad oes gan Gymru eglwys sefydledig. Diolch i Dduw am hynny. Dychwelaf at werth y dynamig hwn eto.

Yn rhyngwladol, cododd un bwystfil erchyll ei ben yn Medi 2001. Yr un diwrnod a newidiodd y cyfan i'r byd ac i ninnau yng Nghymru fel cymunedau ffydd oedd yr ymosodiad a gafwyd ar y *World Trade Center* yn Efrog Newydd. '9/11' fel y daeth i gael ei adnabod. Roeddwn yn Wrecsam y diwrnod hwnnw yn cyfarfod rhwydwaith cyfiawnder a heddwch y ddinas erbyn hyn. Cerddais heibio ffenestr siop a gweld lluniau o awyren yn hedfan i mewn i un o'r tyrrau. Cofiaf weld am y tro cyntaf y tyrrau hynny yn disgyn. Meddyliais yn y fan a'r lle na fyddai'r byd yr un fath wedi hynny. Byddai'n cael effaith ar ein cyd-ymwneud â'n gilydd fel cymunedau ffydd Cymru.

Fel Prif Weinidog Cymru, gwelodd Rhodri Morgan yn dda i geisio cysylltu ag arweinyddion cymunedau ffydd Cymru. Yn rhyfeddol o edrych yn ôl, bu'n rhaid i ni weithio'n galed i ganfod rhifau ffôn ein gilydd. Fe wnaed hynny a sefydlwyd y mynegiant cyntaf o Gyngor Rhyng Ffydd Cymru. Wrth gynorthwyo rhoi'r cyfan mewn trefn manteisiais ar y sgwrsio a oedd eisoes wedi digwydd yn ein plith. I mi cymerwyd cam pwysig ymlaen yn hanes datblygiad stori cymunedau ffydd Cymru. Fel y dywedais ar y pryd, symudwyd o brotest i broses. Cododd mynydd o'n blaenau a llwyddwyd i'w droi yn ffordd, a gwelwyd modd cwbl newydd o gydweithio yng Nghymru.

Bryd hynny, roedd y Cynulliad yn un sefydliad corfforaethol ac roedd cefnogaeth y tri arweinydd gwleidyddol arall yn allweddol i hyrwyddo ein cyd-ymwneud, Nick Bourne, Michael German ac Ieuan Wyn Jones. O'r llwyfan cynnar hwn, fe aeth y Barwn Bourne o Aberystwyth ymlaen i Dŷ'r

Arglwyddi a rôl fel Is-ysgrifennydd Gwladol ar Gyfer Ffydd yn y DU.

Yn fuan, fe ddaeth helyntion pellach i'n dôr. Er mawr syndod yn Nhachwedd 2001, fe ymddiswyddodd Rowan Williams, Archesgob Cymru o'i rôl gyda *Chymdeithas y Plant* wedi i'r elusen gyhoeddi dirwyn eu gwaith yng Nghymru i ben. Ar y pryd, cafwyd pryder y byddai o ddeutu 120 yn colli eu gwaith ac y byddai gwasanaeth eirioli cwbl allweddol yn cael ei golli. Dywedwyd taw cwymp yn y farchnad stoc yn dilyn y terfysg a gafwyd yn Efrog Newydd a barodd drafferthion ariannol i'r Gymdeithas. O dan arweiniad y Gweinidog Plant ar y pryd, Jane Hutt, defnyddiwyd grym ysgafn y gymdeithas ddatganoledig Gymreig - y sector gwirfoddol, cymunedau ffydd a'r llywodraeth - i leddfu rhywfaint ar y trafferthion a fyddai dirwyn y gwaith eirioli allweddol i ben yn ei achosi.

Codwyd mater *Cymdeithas y Plant* â Chymru yn San Steffan ond yr hyn a wnaeth y gwahaniaeth ar ddiwedd dydd oedd gwaith y tasglu a sefydlwyd gan y Cynulliad gyda'r golwg o barhau'r gwaith a oedd eisoes yn bodoli. Cofiaf drafod enw'r elusen Gymreig newydd i barhau peth o'r gwaith eirioli gyda Siôn Aled Owen. Rhoddwyd sylw arbennig i'r gair Saesneg *'care'*. Diolch i Siôn, cafwyd enw Cymraeg *Tros Gynnal*. Cafodd *Tros Gynnal* ei lansio yn Eisteddfod Genedlaethol Tŷ Ddewi yn 2002. Erys yr hyn a adnabyddir heddiw, wedi ail frandio rhywfaint fe dybiwn, fel TGP Cymru. Mae'n parhau yn brif elusen hawliau plant yng Nghymru. Aethpwyd ati yn dawel i ddatrys problem ac i lwyddo.

Efallai taw'r un peth yn fwy na dim sydd yn dod yn ôl i'r cof wrth drafod cyfraniad Peter Clarke yw ymchwiliad *Clywch* a gafodd ei gyhoeddi yn Mehefin 2004. Wrth ymchwilio i'r hyn a ddigwyddodd o gwmpas John Owen, gwelodd Peter yn dda i ddefnyddio gair Cymraeg. Roedd yn gyson yn pwysleisio'r angen i wrando ar blant. Cafwyd dysgu cynnar yn y cyfnod hwn bod grym aruthrol i'w gael o ddefnyddio'r Gymraeg. Byddwn yn dysgu hyn ar gyfer pethau eraill o bwys wedi hynny; yn arbennig yn fy ymwneud â'r Bannau.

I gefndir hyn i gyd yr erchyll beth arall a drawodd Cymru yn ystod 2001 oedd clwy'r traed a'r gennau. Yn wyneb her aruthrol y trychineb hwnnw gweithiodd yr eglwysi'n agos gyda gweision sifil Cymru a'r *RAC Addington Fund* i ddosbarthu o ddeutu £3.5 miliwn i deuluoedd amaethyddol yng Nghymru. Caniatawyd dros 7,000 o grantiau cynorthwyol. Ar y pryd, fe gyflawnwyd y gwaith rhyfeddol hwn gan y Parchedig Michael Cruchley o'r

Eglwys Ddiwygiedig Unedig ar ran holl eglwysi Cytûn. Rhoddwyd cynlluniau ymarferol mewn lle a fyddai'n galluogi amaethwyr i hawlio grantiau. Hyd heddiw, gallaf gofio'r galwadau ffôn o'r cyfnod hwnnw nid yn unig ynghylch hawlio grantiau mewn sefyllfaoedd trychinebus ond hefyd i geisio sgwrs a chlust garedig. O hynny, cafwyd tasglu arall. Y tro hwnnw darparodd y Cynulliad £65 miliwn ar gyfer adfer Cymru wledig wedi'r clwy. Aethpwyd ati yn dawel i leddfu rhywfaint ar drychineb enfawr.

Ysywaeth ymhen amser, nid am yr unig dro dros chwarter canrif, byddwn yn colli cyfaill wrth ymwneud â bywyd cyhoeddus y Gymru ddatganoledig. Byddai gwaeledd yn taro Peter Clarke, ac yn dilyn sgwrs gyda'i wraig Jenny, cefais y fraint o fod yn ei gwmni yn ystod ei ddyddiau olaf. Erbyn 2006, gyda sêl bendith Llywodraeth Cynulliad Cymru, cefais fy mhenodi yn Gomisiynydd Cydraddoldeb Hiliol Cymru. Cawsom sgyrsiau difyr yn trafod gwleidyddiaeth Cymru gyda'n gilydd a beth oedd yn ei olygu bod yn gomisiynwyr statudol yng Nghymru gyda'r dasg o ddiogelu pobol.

Yn ystod yr oriau hynny, cawsom sgwrs hynod fendithiol ynghylch beth oedd y Ffydd Gristnogol yn galw'r ymdeimlad hwnnw o fod mewn cyflwr claer wyn gyda rhai yn crwydro'n ddedwydd ynddo. Fe wnes fentro gynnig taw cwmwl tystion cymundeb y saint roedden ni yn ei drafod. Profiad o bawb o'n gorffennol a'n presennol yn ein bendithio ni yng nghwmni'r saint. Hefyd, mae'n cynnwys y rhai a ddaw ar ein hôl ni i'n cyfarch a'n bendithio. Oedolion yfory yn diolch am yr hyn a roddwyd iddyn nhw tra'n blant. Rhoddodd y syniad gysur i'r ddau ohonon ni.

Ymhen ychydig ddyddiau, yn Ionawar 2007, byddem yn cynnal ei wasanaeth angladdol yng Nghapel Noddfa, Garnswllt. Fe oedd yn fraint enfawr ond yn her bersonol i arwain y gwasanaeth. Ar ôl yr holl flynyddoedd yn y weinidogaeth, nid yw cynnal angladdau yn dod yn haws i mi. Rwyf yn eu teimlo'n llawer mwy erbyn hyn. Mynnwyd ein bod ar ddiwedd yr oedfa yn canu'r anthem genedlaethol. Addas iawn fe dybiwn. Yn Ebrill 2007 cafwyd gwasanaeth mwy ffurfiol i'w gofio yn Eglwys Gadeiriol Llandaf. Ar gyfer y gwasanaeth hwnnw gofynnais i'm cyfaill y bardd a'r awdur Grahame Davies i ysgrifennu *Gweithred o Ymroddiad* er cof am Peter. Trysoraf yr hyn a roddwyd i ni ar gyfer y gwasanaeth.

'Na foed inni'r huotled nad yw'n gwrando.
Na'r clyfrwch nad yw'n fodlon dysgu mwy.
Boed inni gofio'r rhai sy'n anghofiedig
Ac achub cam y rhai sy'n teimlo'r clwy'
A boed i'n gwaith a'n geiriau i gyd
- Er mwyn y plant – greu glanach byd.'

Grahame Davies

Daeth cwestiwn sut i sicrhau lles plant yn ôl i mi yn ystod fy misoedd olaf yn gweithio gyda Cytûn, ac wedi hynny. Ynghylch dau fater dadleuol, dygwyd Llywodraeth Cymru gerbron y llysoedd gan geisio adolygiadau barnwrol ynghylch polisïau cyhoeddus. Y cyntaf ohonyn nhw oedd cwestiwn Addysg Cydberthynas a Rhywioldeb, a'r ail oedd tynnu'n ôl darpariaeth cinio mewn ysgolion yn ystod cyfnod y gwyliau, gan wneud hynny ar fyr rybudd.

Bu cymunedau ffydd Cymru yn trafod polisi Addysg Cydberthynas a Rhywioldeb am fisoedd lawer. Hoeliwyd sylw ar argyhoeddiad a hawliau teuluoedd o gefndiroedd mwy traddodiadol. Cafwyd pryderon cyffelyb rhwng eglwysi Efengylaidd, y traddodiad Catholig yng Nghymru a'r gred Fwslimaidd, ac eraill hefyd. Cafwyd trafodaethau cyffelyb yn Lloegr gyda phrotestiadau ffyrnig weithiau tu allan i ysgolion yn arbennig yn ystod 2019. Ar y cyfan, llwyddwyd i osgoi protestiadau o'r fath yng Nghymru. Aethom i gyd-drafod â'n gilydd gan osgoi costau sylweddol yn nhermau plismona.

Cofiaf gadeirio cyfarfod yn Dar Ul-Isra ynghylch hyn. Cafwyd cyfle i sgwrsio rhwng cymunedau ffydd a'r Gweinidog Addysg ar y pryd, Kirsty Williams. Croesawyd *Stonewall* yno hefyd a chyrff eraill. Y bore hwnnw cafwyd galwad ffôn yn gofyn beth fyddem yn ei wneud pe byddai protestiadau tu allan i'r Mosg? Yr ateb oedd gofyn iddyn nhw ddod i mewn a mynegi eu pryderon wrth y gweinidog. Diolch byth, ni chafwyd unrhyw helynt. Cofiaf y cwestiynu doeth ynghylch yr hyn a oedd yn briodol i'w ddysg ar ba oedran. Aeth y cyfan heibio yn gymharol ddidrafferth ond fe fynegwyd pryderon. Cafwyd ffordd i ymdrin â llawer o'r pryderon hynny - dyna'r ffordd Gymreig. Aeth y mater gerbron y llysoedd. Yn Rhagfyr 2022, cyhoeddodd Jeremy Miles, Gweinidog y Gymraeg ac Addysg, i'r achos yn erbyn Llywodraeth Cymru ynghylch Addysg Cydberthynas a Rhywioldeb fethu. Penderfynodd y Llys ganfod o blaid Gweinidogion Cymru ar bob sail.

Nid felly yn Chwefror 2024. Dywedodd y *Public Law Project* i'r Uchel Lys ganfod i Weinidogion weithredu'n anghyfreithlon drwy atal prydiau bwyd am ddim yn ystod gwyliau'r ysgol. Hynny ar y funud olaf yn ystod haf 2023. Cafodd yr achos ei ddwyn i'r Uchel Lys gan ddau deulu gyda chymorth y *Public Law Project*. Datganodd yr Uchel Lys, drwy gydsyniad, fod Gweinidogion Cymru wedi gweithredu yn groes i Fesur Hawliau Plant a Phobl Ifanc (Cymru) 2011 a Deddf Cydraddoldeb 2010. Cyfaddefodd y Gweinidogion iddyn nhw fethu gwneud yr hyn a ddylent.

Erbyn hyn, y mae gan Gymru fframwaith cyfreithiol unigryw yn nhermau diogelu plant. Y mae gennym hefyd lu o bolisïau arloesol. Gellir defnyddio'r llysoedd i ddiogelu'r hawliau a fwriadwyd gan gyfreithiau Cymru. Yn allweddol, gosodwyd pwerau i herio llywodraeth - unrhyw Lywodraeth Cymru, ac erys rôl y Comisiynydd Plant.

Dysgais lawer iawn yn ystod dyddiau cynnar y Cynulliad. Roedd yr ymwneud yn rhyfeddol o glos ac yn bersonol. Credaf i bethau sylweddol o bwys gael eu cyflawni yn ystod cilomedrau cyntaf ein democratiaeth gyfoes. Cefais elwa'n fawr maes o law wrth redeg pellteroedd mwy sylweddol yn wleidyddol. Da o beth oedd rhedeg y ddau gilomedr cyntaf gydag eraill a oedd hefyd yn dysgu.

Weithiau, byddai'r ymwneud â bywyd y Cynulliad yn medru bod yn fugeiliol ac yn garedig. Maes o law, byddai cymunedau ffydd Cymru yn cynnig gofal y *Goleulong* a chaplaniaid penodedig i'r sefydliad newydd. Ni chefais fy nghyflogi gan Cytûn yn 1999 i weithio fel caplan i'r Cynulliad ac nid cynnig gofal bugeiliol oedd fy rôl. Polisi cyhoeddus oedd fy ngwaith. Wedi dweud hyn, byddwn yn cynnig cefnogaeth yn achos ambell aelod o'r cyhoedd a aeth i brotestio tu allan i adeilad y Cynulliad, gan wrthod bwyta a bygwth newynu hyd farwolaeth. Gwnaed hynny mewn ambell achos am wythnosau lawer, a gofynnwyd am fy nghefnogaeth. Gan amlaf, mater ydoedd o gynnig amser a gofal o gwmpas yr hyn a oedd yn poeni unigolion.

Yn hyn o beth, gweithredais fel dolen gyswllt rhwng nifer o asiantaethau a chyrff cyhoeddus. Yn fwyaf arbennig, staff y Cynulliad a'r Senedd wedi hynny. Diolchaf i Gadeirydd Bwrdd Cytûn, Patrick Coyle, am sêl ei fendith i gynnig cefnogaeth mewn amgylchiadau o'r fath, gan y byddai hyn yn hawlio oriau. I mi gofio, llwyddwyd i ddwyn perswâd ar y rhai a aeth yno i brotestio gan gynnig peth eiriolaeth a gofal wedi iddyn nhw ddychwelyd adref - pob un ohonyn nhw. Roedd yr achosion hyn i gyd yn heriol. Mae gennyf atgofion cynnes o rai o'r unigolion a aeth yno i brotestio gan newynu. Erys fy atgofion cynnes hefyd o staff y Senedd a ymdrechodd yn ôl eu gallu i ddiogelu'r cyhoedd. Ar yr adegau hynny dychwelais at fy rôl fel diacon.

Gallaf ddiolch i lawer am ddal fy llaw drwy bethau gwirioneddol anodd. Roedd y cyfnod cynnar hwnnw yn allweddol. Ond, fe aethom ymlaen gan aeddfedu drwy'r profiad. I mi, roedd er gwaethaf sawl mynydd serth, ambell beth erchyll, yn ysgogiad i redeg yn braf ac yn rhwydd.

Pennod 5

Bod yn barod am yr annisgwyl - Gwneud y gorau ohoni

Ceir cryn dipyn o dynnu coes yn ein teulu ni. Efallai taw etifeddiaeth bro'r chwareli sy'n rhannol gyfrifol am hynny i rai ohonon ni. Braf o beth yw clywed aelodau ieuengaf y teulu wrthi. Mynna ambell un nad yw Taid i'w ystyried fel oedolyn cyfrifol. Mae'r honiad hwnnw yn rhoi pleser mawr i mi.

Prysuraf i egluro bod llu o gyrff cyhoeddus ac ambell fudiad eglwysig wedi mynnu cael tystysgrifau ac ymchwiliadau perthnasol i ddatgan fy mod wedi'r cwbl yn oedolyn cyfrifol. Mae gweithredu ar lefel arbennig o wasanaeth cyhoeddus yn mynnu hynny. Wedi dweud hyn, efallai taw'r plant sydd yn iawn. Yn Ebrill 2014 penderfynais deithio i ynys Gozo ger Malta i redeg yr *Hellfire Eco Gozo 55k Ultra Trail.* Rhywbeth cwbl addas ar gyfer offeiriad sy'n rhedeg fe dybiwn.

Hon oedd fy ymdrech gyntaf i redeg ras *ultra*. Roedd llwybr y ras yn edrych yn hyfryd ar hyd yr arfordir yng nghanol Môr y Canoldir. Tybiais, yn anghywir yn digwydd bod, nad oedd modd i mi fynd ar goll. Yn ôl y broliant roedd y cwrs yn amgylchiad rhediad hyfryd o'r ynys gyfan yn cwmpasu traciau sengl ger ymyl y clogwyni, dyffrynnoedd toreithiog a chyrsiau dŵr hyfryd. Cafwyd gwastadeddau halen glan môr hefyd, traethau tywodlyd a thir creigiog. Yn fyr, byddai'r rhedwyr yn profi'r cyfan o'r Môr Canoldir mewn un ras.

Wedi teithio yno cefais fy ngwefreiddio gan yr ynys a'i phrydferthwch. Gellir gwneud pethau llawer gwaeth mewn bywyd nag ymweld â thref Marsalforn â'i draeth clir gyda'r cerflun hyfryd hwnnw o'r Crist Esgynedig yn bendithio'r fro. Penderfynais am resymau corfforol ac ysbrydol y byddwn yn dringo'n ofalus at draed y Crist Esgynedig hwnnw a gweddïo yno. Gwyddwn yn iawn y byddai her sylweddol yn fy wynebu'r bore canlynol wrth redeg 55 cilomedr o gwmpas yr ynys. Pellter marathon arferol yw 42 cilomedr. Fe es i chwilio ddiwedd dydd am y pasta arferol i'm cynnal ddechrau'r ras.

Ar y bore Sadwrn, 26 Ebrill 2014, fe ddechreuodd y ras yn arbennig o dda. Unwaith eto rhedais yn gryf ond nid yn gyflym. Er gwaethaf yr '*hypochondria*' arferol y diwrnod cynt roeddwn yn teimlo'n arbennig o ffit. Ar gyfer *ultra* heriol roeddwn wedi ymarfer dros gannoedd o filltiroedd. Efallai y dylwn wedi gwrando ar gwpwl o redwyr profiadol o'r Iseldiroedd a ddywedodd na fydden nhw yn rhedeg y ras gyfan gan fod y darnau technegol tua'r diwedd yn ormod iddyn nhw. Fe aethon nhw i weld y diriogaeth rhai dyddiau ynghynt. Byddwn yn dysgu yn ystod y ras taw disgrifiad llai na tryloyw byd rasys *ultra* yw'r gair 'technegol'. Dringo clogwyni maen nhw yn ei feddwl. Beth bynnag, fe wnes fwynhau'r rhedeg a dringo'r ras. Roedd y golygfeydd yn rhyfeddol a'r diwrnod yn braf. Cafwyd cwmni da ymysg y cyd redwyr hefyd - o leiaf am gyfnod.

Tua'r diwedd, ac yn rhedeg erbyn hynny ar ben fy hun, sylwais nad oedd y marcwyr rhuban coch a gwyn arferol i ddangos i'r rhedwyr y ffordd yn gwneud unrhyw synnwyr. Y term a ddefnyddiwyd gan y trefnwyr i ddisgrifio'r hyn a ddigwyddodd oedd '*sabotage*.' Mewn ambell fan bu'n rhaid i mi ffonio'r trefnwyr a gofyn lle i fynd. Er mawr embaras iddyn nhw, roedd rhywun wedi mynd ati i gamarwain yr athletwyr. Roedd y cam gyfeirio yn fwriadol ac yn rhywbeth eithriadol o beryglus i'w wneud o safbwynt rhedwr.

Gydag ychydig o filltiroedd i fynd cefais fy hun ar goll ar wastadedd halen eang, heb fod yn sicr lle'r oedd y llwybr nesaf ar fy nghyfer. I mi gofio, gan agosáu at o ddeutu deng milltir ar hugain roeddwn hefyd yn teimlo ychydig yn ddryslyd, a bu bron i mi ddisgyn i'r môr mewn un man. Fe gododd hynny ychydig o ofn arnaf braidd, sy'n anarferol i mi. Ar ben hyn, gallwn glywed gynnau yn tanio yn y cefndir. Arferiad y bobol leol yw saethu adar yr adeg honno o'r flwyddyn. Yn wyneb hyn i gyd cafwyd penderfyniad ar ran y trefnwyr taw'r unig beth diogel i mi ei wneud oedd cyfarfod â nhw a dirwyn fy ymdrech i ben. Roedd hynny yn biti, ond o'm safbwynt i, roeddwn wedi cael profiad arbennig iawn a chroesi sawl *PB*, hynny yw fy ngorau personol wrth redeg. Yn fwyaf arbennig, fe redais tu hwnt i farathon ond nid eu marathon nhw ysywaeth.

Mae'n dda gennyf ddweud i *Ultra* Gozo ddatblygu'n hyderus o'r cyfnod cynnar hwnnw yn 2014. Erbyn hyn mae'r *XTERRA Gozo Trail Run* yn cynnig sawl pellter ac yn darparu amser hael ar gyfer y rhai sydd am fentro rhedeg yn gyflym neu ar gyfer y rhai sydd am gymryd fwy o amser i fwynhau'r olygfa. Aeth y trefnwyr ymlaen i redeg beth bynnag. Byddai'n rhaid i mi wneud yr un modd. Efallai yr âf yn ôl yno rhyw ddydd. Ar y cyfan, ni fyddaf yn trigo ar bethau. Ar ôl ychydig ddyddiau o feddwl am fy mhrofiadau yn Gozo penderfynais na fyddwn yn gwastraffu'r ffitrwydd ac y byddwn yn chwilio am bethau amgenach i'w cyflawni.

Cofiais o fy nyddiau ysgol Sul i'r Apostol Paul ddioddef storm a llongddrylliad ger Malta a chanfod neidr yn glynu wrth ei law wrth iddo gynhesu o gwmpas tân. Bu bron i'r brodorion ei gondemnio gan dybio ei fod yn llofrudd oherwydd ei anffawd. Gan weld nad oedd y wiber wedi niweidio Paul, newidiodd y bobl leol ei meddyliau. O'r profiad hwnnw aeth Paul ymlaen i iacháu llawer. Yn ôl yr hanes yn Llyfr yr Actau bu bobl leol yr ynys yn eu tro yn hael wrtho gan eu llwytho â phopeth yr oedd ei angen arnyn nhw cyn gadael. Felly y byddwn innau yn gadael Gozo a Malta. Byddwn unwaith eto yn mynd ati i droi mynydd yn ffordd.

Wedi dychwelyd adref, fe es ati i weld os oedd modd i mi redeg *ultra*, marathon a hanner marathon yn yr un mis a gwneud hynny yn gymharol fuan. Roeddwn eisoes wedi cofrestru ar gyfer Hanner Caerdydd ym mis Hydref. Am resymau teuluol, roeddwn am fentro rhedeg Marathon Dulyn ddiwedd y mis. Gallwn redeg y marathon hwnnw mewn cwmni cyfarwydd. Cefais le i aros hefyd. Ar ôl trafferthion Gozo penderfynais redeg *ultra* mewn man lle nad oeddwn yn debygol o gael brodorion yn newid marciau'r ras nag yn saethu uwch fy mhen. Ganol Hydref, byddwn yn rhedeg y *Royal Parks Foundation Ultra* yn Llundain. Go brin y byddwn yn mynd ar goll yn rhedeg ar hyd glannau'r Tafwys. Go brin ychwaith y byddai'r brodorion yn saethu bwledi uwch fy mhen wrth redeg.

Da dweud i'r hyfforddi ar gyfer yr her driphlyg a roddais i mi fy hun yr Hydref hwnnw fynd yn dda. Cynhaliwyd yr Eisteddfod Genedlaethol yn Llanelli y flwyddyn honno ac fe gafwyd digon o gerdded. Gorchwyl ar fy nghyfer ym mhob Eisteddfod yn ystod y cyfnod hwnnw gyda Cytûn oedd mynd ag arian mân Pabell yr Eglwysi i'r banc. Cannoedd o bunnoedd mewn arian mân. Gallai'r bagiau fod yn drwm a thybiais droeon bod y staff tu ôl i'r cownter yn casáu fy ngweld i'n dod i'w cyfeiriad. Roedd yr holl gerdded eisteddfodol yn cynnig cyfleoedd cenhadol gyda llu o gyrff cyhoeddus ac elusennau. Roedd hefyd yn gyfle i losgi calorïau. Nid cystal yr hyn yr oeddwn yn ei fwyta'r wythnos honno. Ymysg cwmni dethol y rhai fu'n cynnal pabell yr eglwysi ers i ni ddod at ein gilydd ddechrau'r ganrif hon, caf fy adnabod fel 'Aled Chips.' Yn flynyddol, byddwn yn prynu sglodion i blant ambell deulu a oedd yn cynnal pabell Cytûn. Roedd yn gyfle i mi fwynhau rhai hefyd.

Wedi cwblhau Hanner Marathon Caerdydd ddechrau'r mis a mwynhau'r profiad, cefais y fraint o fewn ychydig ddyddiau i deithio gyda chyfeillion o Gyngor Mwslimiaid Cymru i Bosnia a Herzegovina. Roedd yn gyfnod arbennig iawn. Gwirioneddol fendithiol. Cefais amser hynod o fuddiol yng nghwmni cyfeillion o Gyngor Rhyng-ffydd Cymru. Yn arbennig Saleem Kidwai. Ein bwriad oedd dysgu mwy gyda'n gilydd am yr hyn a ddigwyddodd yn nhref Srebrenica yn ystod Gorffennaf 1995. Yn ystod dyddiau gwaethaf Rhyfel Bosnia a Herzegovina cafodd dros 8,000 o ddynion a bechgyn eu lladd yno. Cafodd y digwyddiad ei ddiffinio fel hil-laddiad gan lysoedd rhyngwladol.

Er cywilydd i mi efallai, yr hyn a oedd yn chwarae ar fy meddwl wrth deithio i Bosnia a Herzegovina, a theithio o gwmpas y lle, oedd osgoi dal annwyd. Elfen gyson arall i redwr wrth hedfan i wledydd pell yw blinder. Cysgu yw'r ateb i hwnnw efallai. Gadawaf i eraill drafod gwyddoniaeth y peth, ond fe fyddaf er mwyn osgoi annwyd yn defnyddio chwistrell trwynol rhai dyddiau cyn ras fawr ac yn gwisgo mwgwd wrth deithio mewn llefydd cyfyng fel awyrennau. Rhywbeth arall i'w osgoi ydi baglu dros bethau neu dynnu cyhyrau. Pwyll pia' hi yn ystod y dyddiau olaf.

Beth bynnag, fe gyrhaeddon ni Srebrenica. Cawsom gyfle dagreuol braidd i gyfarfod â rhai o weddwon a mamau'r dre. Effeithiodd hynny ar bob un ohonon ni. Cawsom ein cymryd hefyd i farwdy a labordai rhyngwladol lle'r oedd esgyrn rhai o'r dynion a laddwyd yn cael eu profi ar gyfer DNA. Eglurwyd ar y pryd taw arferiad lluoedd arfog y Serbiaid oedd claddu ac ail gladdu'r dynion gan feddwl y byddai hynny yn gwneud y gwaith o'u hadnabod yn amhosibl. Yn 2010, cyhoeddodd y Comisiwn Rhyngwladol ar Bersonau Coll (ICMP) iddyn nhw adnabod 6,481 o ddioddefwyr Srebrenica. Cafwyd mwy i ddilyn ers hynny.

Yn llythrennol uwch yr esgyrn sychion cefais fy hun yng nghwmni Mwslim ac Iddew o Gymru yn trafod yr hyn a ddywed ein credoau am 'yr esgyrn sychion hyn.' Soniwyd am yr angen am gyfiawnder a thrugaredd. Yr hyn a ddaeth i'm cof fel Cristion oedd yr ysgogiad i edrych ar glwyfau'r Iesu atgyfodedig. Aethom oddi yno yn dawel, ond wedi cael cyfle i sgwrsio'n dda â'n gilydd. Cofiaf yr haul yn disgyn ddiwedd dydd gan gyfarch lleuad borffor ar fin mynyddoedd llwm. Lle bynnag y byddaf yn crwydro iddo, nid yw Trawsfynydd byth yn bell.

Yn hanes erchyll Srebrenica ceir un lle arbennig o dywyll ac oer. Llwm! Y ffatri batris ger Potočari. Man hollol erchyll. Yno, cafwyd methiant ar ran milwyr o'r Iseldiroedd i gynnal man diogel y Cenhedloedd Unedig. Fe'n cymerwyd i'r ffatri i gyfarfod â Hasan Hasanović. Clywsom sut y bu i Hasan a'i deulu symud i Srebrenica er mwyn bod yn ddiogel. Tybiwyd y bydden nhw'n fwy diogel yno gan fod milwyr o eiddo'r Cenhedloedd Unedig wedi eu lleoli yno. Roedd adrodd Hasan yn ddirdynnol. Daliodd fy sylw yn fwyaf arbennig wrth iddo grybwyll ei efaill, Husein. Dwi hefyd yn un o efeilliaid. Collodd ei frawd a'i dad yn y gyflafan a fyddai'n dilyn.

Trwy'r daith honno i Srebrenica roedd meddwl am redeg *ultra* 50 cilomedr yn Llundain ar y Sul canlynol yn gyson yn fy mhen i. Roeddwn yn meddwl drwy'r amser am osgoi niwed a chadw'n iach. Beth ddylwn ei fwyta a'i yfed? Gall rhedeg eithafol fod yn fusnes hunanfeddiannol iawn. Hunanol efallai. Dan gysgodion tywyll y ffatri batris ger Potočari, disgrifiodd Hasan sut y bu iddo guddio mewn afon am ddwy awr tra roedd lluoedd y Serbiaid yn ceisio ei saethu a'i ladd. Cerddodd wedyn gydag eraill i gyfeiriad Tuzla dros fynyddoedd, drwy afonydd a thrwy goedwigoedd. Gwnaeth hynny dros bum diwrnod a chwe noson. Disgrifiodd sut y bu i rai o'i gyd-gerddwyr gynnig dŵr gyda siwgr ynddo fo. Fe wnaeth hynny ei gynnal rhywfaint, a dysgodd sut i gerdded a chysgu'r un pryd. Gallwn gofio cyfnodau byr o redeg tra'n ddryslyd.

Roedd y gwmnïaeth yn arbennig o braf wrth deithio yn ôl o Srebrenica i Sarajevo, a chodwyd yr ysbryd rhywfaint. Roedd yn braf cael bod gyda fy nghyfaill o'r Gynghrair Efengylaidd, Jim Stewart. Buom yn gweithio llawer gyda'n gilydd dros y blynyddoedd, yn arbennig ym meysydd gofalu dros ffoaduriaid a materion rhyng-ffydd. Fe'i cofiaf yn cyfansoddi rap yng nghefn y bws. Mewn gwahanol ffyrdd, cawsom fodd i ategu a chyfnerthu ein gilydd o fod mewn un o'r mannau bychain hynny yn y byd lle y digwyddodd bethau mawr. Er gwaethaf helyntion byd, mae agosatrwydd cymunedau ffydd Cymru yn parhau i mi hyd heddiw.

Ar y cyfan, gŵyr rhedwyr marathonau bod rhaid rhedeg rhywfaint yn ystod y dyddiau cyn unrhyw ras o bwys - rhywfaint ond nid gormod. Hynny fyddaf yn ei wneud yn ddieithriad. Byddaf yn gyson yn mwynhau'r teimlad hwnnw bod yr hyfforddi caled wedi ei gwblhau. Yr hyn sydd ei angen yn ystod y dyddiau olaf yw tapro i lawr a chadw'n ffit. Hynny yn unig mae'n debyg.

Dau ohonon ni o'r grŵp oedd am wneud rhywfaint o redeg yn ystod ein hamser yn Bosnia a Herzegovina. Oherwydd prysurdeb yr amserlen, byddai'n rhaid i ni redeg yn gynnar yn y bore yn Sarajevo. Ar un wedd, unwaith eto, methais gwblhau'r gwaith cartref a oedd ei angen wrth redeg yn rhywle anghyfarwydd mewn gwlad arall. Ond fe gefais fendith aruthrol wrth ddysgu rhywbeth newydd am un o gredoau mawr y byd. Mae Sarajevo yn le hanesyddol a braf i redeg ynddo byddai rhywun yn meddwl.

Aeth y ddau ohonon ni'n blygeiniol i redeg strydoedd y ddinas. Yn fuan iawn, fe wnaethon ni sylweddoli, yn ôl yn 2014, bod gan y ddinas broblem ddifrifol gyda niferoedd enfawr o gŵn gwyllt. Adroddodd y BBC ar y pryd bod cymaint â 12,000 o gŵn digartref yn crwydro'n wyllt yn y ddinas. Yn benodol, cafwyd o ddeutu 1,000 o ymosodiadau ganddyn nhw ar bobl yn Sarajevo y flwyddyn honno. Gwelais gi neu ddau. Yn fuan, gwelais lawer mwy. Yn gyflym iawn fe gynyddodd eu niferoedd. Dechreuais feddwl am ddal yn gynddaredd er nad oedd angen gwneud hynny. Fyddai dal yn gynddaredd yn sicr ddim yn dda ar gyfer rhedeg ras *ultra*. Fyddai brathiad neu ddau ddim o gymorth ychwaith. Bu'n rhaid i'r ddau ohonon ni osgoi'r haid gynyddol o gŵn a oedd yn ein dilyn ac yn casglu o'n cwmpas mewn niferoedd sylweddol. Yn ffodus, fe wnaethon ni ddychwelyd i'r gwesty yn ddiogel mewn da o bryd. *Jyst* unwaith eto. *'Mashallah'* unwaith eto. Fel y dywed fy nghyfeillion Mwslimaidd. Roedd fy nghyd redwr yn deall y gair. Ond, fel yr eglurodd fy nghyfaill Saleem Kidwai ar achlysur arall, ceir gwahaniaeth sylfaenol rhwng rhywbeth sy'n *'inshallah'*, yn ewyllys Duw, a bod yn *'stupid.'*

Ni chefais annwyd na fy mrathu gan gi gwyllt yn ystod fy nhaith i Bosnia a Herzegovina. Er gwaethaf peth braw a gorfod newid yr hyn a fwriadwyd ar gyfer y bore hwnnw o redeg, cefais un fendith hyfryd nad oeddwn yn ei ddisgwyl. Byddaf yn mwynhau dysgu pethau am Islam a chredoau eraill. Fe ddechreuodd hynny o ddifrif y bore hwnnw ac yn ystod y daith i Bosnia a Herzegovina. Sylwais ar enw fy nghyd redwr yn Sarajevo y bore hwnnw. Am gyfnod, bu'n rhaid i ni ymddiried yn ein gilydd. Ceir ystyr hyfryd i'r enw Jenan. Mae'n cyfleu ystyr gardd neu baradwys. Hefyd, tangnefedd. Cyfeirir yn hyfryd yn y *Qur'an* at y gerddi sydd gan *'Allah'* ar ein cyfer. Bwriad Duw yw i'r rhai sy'n credu breswylio mewn gerddi gydag afonydd yn llifo drwyddyn nhw. Ceir doethineb pellach yn Islam sy'n datgan os byddwn yn cerdded tuag at *'Allah'*, bydd Ef yn rhedeg tuag atom ni. Fel Cristion, dwi'n arbennig o hoff o'r ddelwedd honno. Dyna mae Cristnogion yn ei gredu hefyd.

Yn ystod ein harhosiad yn Sarajevo byddai un cymeriad arall yn cael argraff fawr arna i. Pleser o'r mwyaf oedd cael cyfarfod a chyn filwr o Sarajevo a oedd bellach yn arwain ymwelwyr drwy hanes y twnnel allweddol a arbedodd y ddinas yn ystod y rhyfel. Roedd yn Fwslim ffyddlon. Dywedodd rhywfaint am hanes y twnnel. Cawsom fynd i mewn i'r twnnel a chael math o syniad o'r amgylchiadau a oedd yn bodoli yn ystod y gwarchae a gafwyd o gwmpas Sarajevo.

Diwedd yr wythnos honno, roedd Bosnia a Herzegovina yn chwarae Cymru yng Nghaerdydd yn y gemau rhagbrofol ar gyfer Euro 2016. Dywedodd ein cyfaill â gwên ddireidus ar ei wyneb y byddai'n gweddïo ar i Dduw ganiatáu iddyn nhw ennill y gêm. Eglurais innau y byddwn yn gweddïo y byddai Cymru yn ennill. Byddai Duw yn sortio'r peth allan. Gêm gyfartal 0:0 oedd hi ar y noson ond fe aeth Cymru drwodd wedyn i'r gystadleuaeth byth cofiadwy honno yn Ffrainc. Cefais sgwrs bellach gyda'r cyfaill hwn o filwr wedi i eraill symud ymlaen. Dywedodd fwy am erchyllterau'r brwydro a gafwyd o gwmpas Sarajevo. Fe gododd ei grys hefyd gan ddangos y man lle aeth y fwled i'w ochr. Byddaf yn ei gofio weithiau.

Ymhen ychydig ddyddiau, gyda hanes dioddefaint erchyll Bosnia a Herzegovina yn fyw yn y cof, gan wisgo'n briodol ar gyfer ras *ultra* 50 cilomedr Parciau Brenhinol Llundain, fe osodais ar fy mrest y blodyn gwyn a gwyrdd hwnnw sy'n cofio'r hil-laddiad yn Srebrenicia. Mae'r un petal ar ddeg yn dynodi diwrnod cyntaf y lladdfa, 11 Orffennaf 1995. Gwyn yw lliw'r diniwed a gollwyd. Mae'r canol gwyrdd yn dynodi gobaith ar gyfer cyfiawnder a chydnabyddiaeth o'r drosedd a gafwyd yno. Roedd cwblhau'r gamp yn Llundain yn sialens ond fe lwyddais mewn llai na saith awr. Roedd gen i ddigon o ddŵr a bwydydd rhedeg i'm cynnal dros bellter o 50 cilomedr. O'r ymdrech aflwyddiannus yn Gozo ychydig fisoedd cyn hynny, cefais lwyddiant llawer rhagorach. Trodd mynydd arall yn ffordd.

Nid yn annisgwyl efallai, roedd Marathon Dulyn ddiwedd y mis hwnnw yn heriol braidd. Yr olaf o'r tair ras. Teimlais y blinder yn arbennig wrth ddringo ambell fryn tua'r diwedd. Oherwydd y blinder hwnnw, rhoddais heibio'r syniad o anelu am amser cyflym i mi. Gan aros gyda theulu Gwyddelig oedd yn perthyn drwy briodas, cafwyd llawenydd bod medalau'r ddau ohonon ni a redodd y ras yn cynnwys cyfeiriad at frwydr fawr Clontarf yn 1014. Roedd hynny'n braf. Cofiwyd buddugoliaeth anodd y Gwyddelod dros Lychlynwyr

Dulyn. Mae'r Gwyddelod yn cofio'r hyn a geir o dan eu traed. Bellach, fe es ati i osod tair medal rhedeg 2014 mewn ffrâm. Mae nhw yno ar y wal yn drindodaidd gyda'i gilydd. Pryd bynnag y caf ambell beth mewn bywyd yn sy'n heriol, byddaf yn cyffwrdd y gwydr â blaen fy mysedd. Daw nerth o hynny.

Yn wyneb y gyflafan a gafwyd yn Gaza yn ddiweddar cefais achos i gofio rhedeg gyda Jenan a'r cŵn yn Sarajevo. Byddaf yn cadw mewn cof yn aml enw fy nghyfaill Mwslimaidd ifanc a fentrodd fynd i redeg gyda fi ar hyd strydoedd Sarajevo y bore hwnnw. Gwnaf hynny pryd bynnag mae'r dirwedd a'r lle y byddaf yn rhedeg trwyddo'n anodd. Byddaf yn cyfarfod â thad Jenan yn aml yn Dar Ul-Isra ac yn holi yn ei chylch. Clywaf ganddo hefyd am golledion teuluol yn Gaza a'r tor calon a ddaw yn sgil hynny. Mae'r marw yn niferus ac yn erchyll.

Byddaf yn rhyfeddu ar y modd y mae'r gymuned sydd wedi colli cymaint yn parhau i ymrwymo i gyflawni pethau a ystyrir yn dda. Dros y misoedd diwethaf hyn cefais y fraint o wrando ar sawl pregeth yn y Mosg yn galw am ras, a'r hyn sy'n arwain at dangnefedd a phethau gwell i'n byd. Dysgaf wrth wrando ar ambell bregeth neu *'khutbah'*. Bydded i hynny barhau. Fel Cristion o gefndir efengylaidd a charismataidd credaf taw rhywbeth gofynnol yw maddeuant. Mae'n rhaid ei gynnig i eraill. Nid wyf o hyd yn cael hynny'n hawdd. Mae maddeuant eraill yn parhau i'm rhyfeddu, yn arbennig ar lefel cymunedol.

Newidiodd y byd eto ar 7 Hydref 2023 gyda'r ymosodiadau Hamas ac eraill yn yr ardal honno oddi fewn i'r hyn a elwir yn amlen Gaza. Wedi'r lladd a'r herwgipio a gafwyd yr Hydref hwnnw, gofynnwyd i mi ddweud gair yn yr ŵylnos a gynhaliwyd gan y gymuned Iddewig tu allan i'n Senedd. Dros y blynyddoedd, gwnes hynny yn sgil sawl trychineb rhyngwladol, gan ddwyn pobl at ei gilydd. Rhoddais addewid personol i fy nghyfaill Alan Schwartz y byddwn yn gwneud pob peth yn fy ngallu i gynnal a chefnogi'r gymuned Iddewig yng Nghymru doed a ddêl. Bwriadaf gadw fy ngair.

Hefyd ers Hydref 2023, teimlaf yr alwad i fynychu Dar Ul-Isra yng Nghaerdydd pob dydd Gwener posib. Mynychaf y *'Jummah'* os gallaf. Honno yw fy Mosg i bellach. Caf groeso cynnes pob tro y byddaf yn mynd yno. Gallaf wrando, eistedd, sefyll ac addoli. Gweddïaf fel Cristion. Gan fy mod yn gweddïo wrth redeg mewn gwynt a glaw, mewn eglwysi a chapeli, mewn pob math o fannau cyhoeddus, gallaf weddïo hefyd mewn Mosg a Shul neu Synagog. Yn ddieithriad yn y Mosg ar ddiwedd y *'Jummah'* caf fy ngwahodd gan y dynion sydd yno i ymuno â nhw yn y *'sajdah'* sef yr addoli hwnnw hyd y llawr sydd yn ofynnol i'w cred, os yn bosib. Gwneir hynny ysgwydd yn ysgwydd.

Gan wenu, egluraf gyda'r hiwmor yn fy nghefndir yn codi i'r wyneb eto, nad yw dynion gwyn yn plygu'n dda iawn. Yn fy achos i, y mae hynny'n wir. O fewn ychydig oriau o redeg byddaf yn rhyfeddol o anystwyth. Ychwanegaf yn dawel ofalus weithiau taw'r broblem bennaf gyda'r byd ar hyn o bryd yw bod llawer gormod ohonon ni yn llawer rhy anystwyth. Dim yn barod i blygu, ac yn sicr ddim yn barod i blygu ysgwydd yn ysgwydd gydag eraill.

Gorffennaf y bennod hon gan ddwyn sylw at ddigwyddiad o bwys yn y Senedd. Cefais sawl achlysur cofiadwy yno. Ymysg y pennaf ohonyn nhw oedd y ddadl honno a gafwyd 8 Tachwedd 2023 i drafod galw am gadoediad yn Gaza. Cefais fy hun yn y galeri yng nghwmni llu o gyfeillion o'r gymuned Fwslimaidd yng Nghymru - cyfeillion agos, yn ddynion ac yn wragedd. Addewais y byddwn yn cefnogi a chynnal nhw hefyd, yn ôl fy ngallu. Penderfynodd y Senedd alw am gadoediad, un o'r seneddau cyntaf yn y byd i wneud hynny. I'r gymuned Fwslimaidd a oedd yn rhannu'r galeri'r prynhawn hwnnw, roedd yr hyn a gafodd ei drafod a'i benderfynu yn golygu popeth. Yn arbennig i'r rhai a gollodd bobol roedden nhw yn ei adnabod ac yn ei garu yn Gaza. Cofiaf y dagrau a'r diolch.

Mae'r hyn a wna ein Senedd yn cyfrif. Mae o bwys mawr i rai. Mae'n Senedd yn parhau i sefyll yng nghwmni y cyntaf yn y byd ynghylch ambell beth. Gwelais hynny sawl tro dros y blynyddoedd a diolchaf am hynny. Bu'r sefydliad yn barod i herio a gwneud y gorau o sefyllfaoedd anodd ein byd. I redeg o flaen eraill.

Pennod 6

Gwisgo'n Gywir – Barod i newid

Pum milltir i mewn i Farathon Llundain yn Ebrill, 2016 teimlais fy mod yn rhedeg yn rhwydd. Roeddwn yn wirioneddol am gwblhau'r gamp gan fod Llundain yn un o farathonau amlycaf y byd. Gwelais yn dda i'w rhedeg hefyd gyda'r bwriad o godi arian ar gyfer elusen plant *Tros Gynnal*. Trwy'r ymdrech ariannol honno cefais fy lle yn y ras. O gofio fy nghysylltiad personal â *Thros Gynnal* wedi helynt *Cymdeithas y Plant* yn ôl yn 2001, nid oeddwn am adael neb i lawr. Fe ddechreuodd y ras yn dda ac er fy mod yn teimlo fy mod yn boddi braidd ymysg dros 39,000 o redwyr, roedd y dechrau yn gadarn ond nid yn gyflym. Roedd hynny o fantais yn nhermau'r nerfau. Ar y pryd, braf oedd cael cydymarfer rhywfaint ag Ynyr Roberts, Brigyn. Cawsom flynyddoedd o gydweithio â'n gilydd.

Clywais wedyn i Tim Peake redeg y marathon cyfan o'r *treadmill* yn yr Orsaf Ofod Rhyngwladol. Y dyn cyntaf i wneud hynny os rwyf yn deall yn iawn. Cwblhaodd merch arbennig iawn gamp gyffelyb cyn hynny. Credaf i Sunita Williams gwblhau gorchwyl cyffelyb o'r Orsaf Ofod yn ystod Marathon Boston yn 2007. Efallai y byddai wedi bod yn well i mi redeg yn y gofod y diwrnod hwnnw.

Fe arafodd pethau braidd ger un o'r gorsafoedd dŵr cynnar. Ceisiais redeg heibio'n ddiogel, ond yn hollol sydyn teimlais boen ingol yn fy nhroed chwith. Heb weld y perygl, fe wnes i sathru ar botel o ddŵr llawn a oedd wedi disgyn i'r llawr. Roedd y botel yn galed a chredaf i mi droi rhywfaint ar fy mhigwrn. Fe wnes i ddechrau cloffi a theimlo'r boen. Fy ymateb yn y pryd a'r lle oedd na fyddwn yn medru rhedeg ymhellach, cymaint oedd y boen. Fe wnes arafu a chaniatáu efallai i'r adrenalin wneud ei waith. Wrth ymarfer neu mewn ras llai o bwys fe fyddwn wedi rhoi'r gorau iddi yn y fan a'r lle. Rhywsut neu'i gilydd, fe wnes ganfod ffordd o redeg, rhythm newydd, a'm galluogodd i lyncu'r ychydig filltiroedd nesaf a'r boen.

Yn raddol bach, fe drodd y boen yn deimlad o fod yn anghyfforddus. Roedd hynny yn arwydd gwell ond nid yn ddymunol gyda'r holl filltiroedd eraill i'w cwblhau. Gwnes fy ngorau i argyhoeddi fy hun y byddai'r boen yn diflannu rhywbryd yn ystod yr un filltir ar hugain a oedd o'm blaen. Mae'n rhaid i'r boen orffen rhywbryd. Yn rhyfeddol braidd, cefais nerth o'r newydd i redeg ymhellach wedi i mi basio'r dyn a oedd yn cario rhewgell ar ei gefn. Ni allaf gofio bellach taw fo neu'r *Womble* ddaeth gyntaf. Rhedais heibio hwnnw hefyd. Teimlais yn fwy hyderus fyth wedi i mi fynd heibio Iesu Grist droednoeth yn cario croes. Fu bron i mi ag aros am sgwrs gydag o i'w argyhoeddi nad oedd Duw am iddo redeg yn droednoeth. Credaf hyd heddiw taw tri pheth gadwodd fi i redeg y diwrnod hwnnw. Gwiriondeb rhyfeddol, ymarfer manwl a chryfder a safon fy esgidiau rhedeg.

Yn gyffredinol, credaf fod rhedeg yn gwneud lles aruthrol i'r corff a'r enaid. Os nad ydyw rhywun yn wirion. Byddai rhai yn crybwyll cymedroldeb ym mhob peth. Yn bersonol, credaf i'r doethineb bach hwnnw gael ei or ddweud. Yn fy achos i, ar y dechrau, fe wnaeth rhedeg beri i mi golli dwy stôn a hanner. Ceir oblygiadau i gario 16 cilogram trwy'r dydd, pob dydd. Fe ddysgais yn gynnar bod cofnodi bron pob peth yr oeddwn yn ei fwyta yn help. Y bwriad yw gofalu nad oeddwn yn bwyta mwy o galorïau na'r hyn yr oeddwn yn ei losgi. Fel y dysgais maes o law, nid yw cadw'n rhyfeddol o ffit yn ein diogelu'n llwyr rhag afiechydon. Clefyd siwgr yn fy achos i. Ond, fe all gynorthwyo'r driniaeth.

Tu hwnt i straeon o hynafiaeth, pethau cymharol gyfoes yw marathonau. Gellir edrych yn ôl i'w gwreiddiau yn 1896. Ar gyfer pob marathon byddaf yn hyfforddi am gyfnod o leiaf 16 wythnos. Yr wythnos gyntaf byddaf yn rhedeg neu gerdded am awr ar y Sul. Rhywbeth i'w wneud cyn neu ar ôl mynd i'r capel neu'r eglwys yn fy achos i. Mae gennyf gof o bregethu mewn sawl addoldy ar ôl rhedeg rhai milltiroedd. Cyn un cyfarfod *Cymorth Cristnogol* yng Nghaerdydd ychydig o flynyddoedd yn ôl fe fentrodd un arweinydd eglwysig o nodwedd ddeud fy mod yn chwysu. Diolch i'r drefn, byddaf yn gwneud hynny. Eglurais yn garedig y byddwn yn poeni pe byddwn i ddim yn chwysu yn sgil rhedeg. Ei bwrpas yw rheoli tymheredd y corff. Mae hynny yn gwbl angenrheidiol.

Yn ystod yr wythnos gyntaf honno o hyfforddi byddwn yn rhedeg am 30 munud ar dri diwrnod yng nghanol yr wythnos. Erbyn Wythnos 14 byddwn yn anelu i redeg am o leiaf 3 awr rhywbryd dros y penwythnos gyda dwy sesiwn o 30 munud ganol wythnos a dioddef yr hyn a elwir yn *fartlek* am awr - cyfnod o redeg yn eithriadol o gyflym gan arafu am gyfnodau. Gan fy mod yn hŷn ac yn araf byddwn yn ceisio rhedeg o gwmpas 20 milltir rhywbryd yn y cyfnod olaf hwn. Wedi hynny, arafu pia hi cyn y marathon ei hun. Amcan hyn i gyd yw ychwanegu dygnwch ac osgoi anafiadau.

Ceir agweddau cyffredin i hyfforddi ond y mae'r hyn a wneir yn amrywio ac yn gorfod bod yn bersonol i'r rhedwr unigol. Mae'n allweddol bwysig hefyd bod yn barod i fod yn hyblyg fel mae'r corff yn newid ac fel y mae amgylchiadau yn amrywio o ras i ras. Hyd heddiw, pan fydd neb yn gwylio gobeithio, byddaf yn manteisio ar risiau mewn llefydd fel siopa ac adeiladau cyhoeddus i gryfhau fy mhigyrnau drwy ymestyn fy nhraed i fyny ac i lawr ar flaen fy mysedd traed.

Golyga fy holl redeg fy mod i'n lladd esgidiau rhedeg yn rheolaidd. Mae fy *Ap* rhedeg *Garmin* yn cadw trac ar y cilomedrau y byddaf yn eu rhedeg ynddyn nhw. Gan amlaf, byddaf yn rhedeg o ddeutu 650 cilomedr ym mhob par dros ryw bedwar neu bum mis. Gan amlaf, bydd fy mhen gliniau yn teimlo'r angen i newid yr esgidiau pan maen nhw wedi cyflawni eu gwaith. Mae rhedeg mewn esgidiau gwael yn gwahodd anafiadau. Sawl tro dros y blynyddoedd gwelodd rhai yn dda i holi ynghylch cyflwr fy mhen gliniau. Tueddaf i gynnig ateb drwy dynnu coes taw nid rhedeg sy'n dinistrio gliniau ond tatws. Llawer ohonyn nhw a dim llawer o ymarfer. Wedi dweud hyn, clywais sawl chwaraewr rygbi yn honni taw'r gêm honno a wnaeth niwed i'w gliniau nhw. Fe ballodd y poen yn fy mhigwrn ar ôl Marathon Llundain ond mae'r droed yn wannach hyd heddiw. Difrod meinwe meddal efallai.

Erbyn diwedd Marathon Llundain 2016 teimlais yn fwy hyderus ond yn hynod flinedig. Fe ddywedodd rhedwyr eraill cyn y ras y byddai cefnogaeth y dorf enfawr o gymorth mawr. Rhaid i mi gyfaddef, fe wnes i werthfawrogi'r gefnogaeth a roddwyd. Ar nodyn hynod drist, clywais wedyn i filwr a wasanaethodd yn Afghanistan gael trawiad ar y galon a marw ar ôl o ddeutu tair milltir ar hugain i mewn i'r ras. Sylwais ar y pryd bod yr awyrgylch o gwmpas Pont Southwark yn dawel a thrist. Mae'n dda cofio nad pethau rhwydd i'w rhedeg yw marathonau. Bydd rhai yn talu pris hynod o drwm wrth eu rhedeg. Er gofid, fe gollwyd bywyd arall yn ystod Hanner Marathon Caerdydd yn 2024.

Gwelais yn dda i addasu'r hyn a ddysgais o wleidyddiaeth i redeg. Roedd yn eithriadol ddefnyddiol. Dysgais sut i wneud pethau gwirioneddol anodd. Pethau a fyddai yn fy ymestyn i'r eithaf.

Erbyn 2007 roeddwn yn hynod o gyfarwydd â chryfderau a gwendidau'r modd yr oedd datganoli yn gweithio. Cafwyd llwyddiant ysgubol mewn ambell faes, a rhwystredigaethau amlwg mewn meysydd eraill. Gallwn deimlo ym mêr fy esgyrn nad oedd ambell beth yn gweithio'n dda. Cafwyd cyfundrefnau gwastraffus a oedd yn arafu pethau i lawr yn ddifrifol. Er i'r hyn a elwir yn Orchmynion Cymhwysedd Deddfwriaethol symud materion deddfwriaethol ymlaen yn San Steffan cafwyd teimlad eu bod nhw'n feichus ac yn araf. Cafwyd ymdeimlad bod angen trefn newydd yng Nghymru. Roedd yr hen esgidiau cyfansoddiadol eisoes wedi gwisgo allan, a daeth yn amser i'w newid.

Mewn ymateb i'r angen hwn am newid cafodd Syr Emyr Jones Parry ei benodi yn Gadeirydd ar Gonfensiwn Cymru Gyfan yn 2007. Wedi i mi gael fy enwebu gan Cytûn a chymunedau ffydd eraill, cefais fy newis yn un o'r 16 aelod a fyddai'n ffurfio Pwyllgor Gweithredu'r Confensiwn. Cawsom ein penodi ym mis Gorffennaf 2008. Er gwaethaf yr heriau a'r cymhlethdodau cyfansoddiadol y byddem yn gorfod mynd i'r afael â nhw, atgofion hapus sydd gennyf o wasanaethu ar y Confensiwn. Byddai sawl un o'r aelodau yn mynd ymlaen i gyflawni gwaith hynod bwysig ym mywyd cyhoeddus Cymru fel Shereen Williams o'r Comisiwn Ffiniau a Nick Bennett yn Ombwdsman Cymru. Gorwedd cyfoeth y dynamig ar y Confensiwn yn yr aelodau rhagorol hynny a oedd wedi eu gwreiddio mewn cymunedau arbennig. Bobl ymroddedig ac eithriadol o alluog. Trysoraf gael bod yn eu cwmni.

Cawsom ein harwain yn fedrus gan Emyr a'r gweision sifil. Hyd heddiw, gallaf gofio'r cyfnodau hynny pryd y cafwyd llawer iawn o chwerthin yn gymysg â'r gwaith caled a manwl. Yn fy achos i, cafwyd tynnu coes iach o gwmpas fy mwynhad wrth bori drwy'r manylion cyfansoddiadol lleiaf. Cefais fwynhad wrth fynd drwyddyn nhw, eu cofnodi nhw a deall pam fod rhai ohonyn nhw yn cymryd cymaint o amser yn San Steffan. Gwnes hyn yn gyfochrog â Paul Valerio, y cynrychiolydd o'r Blaid Geidwadol. Profiad gwirioneddol braf. Gwnes i fwynhau cwmni Paul yn fawr.

Fe aethom i gyd i'r afael â natur y setliad Cymreig fel yr oedd yn bodoli'r adeg honno yn sgil Deddf Llywodraeth Cymru 2006. Dynodwyd ar y pryd y gallai'r Cynulliad ofyn am bwerau deddfu mewn rhan o unrhyw un o'r meysydd penodedig o fywyd Cymru a gafodd eu nodi yn y Ddeddf honno. Ond, gallai'r broses hon fod yn gwmpasog. Rhwng Ionawr 2009 a Mehefin yr un flwyddyn, cynhaliwyd llu o gyfarfodydd cyhoeddus ar hyd a lled Cymru gan ddechrau yn Mhort Talbot. Mae gennyf gof i'r *Wales Online* fod ychydig yn feirniadol o'r cyfarfod cyntaf hwnnw - rhywbeth i'w wneud â'r cyrri os ydwyf yn cofio yn iawn. Beth bynnag, dim ots, ymlaen â ni i'r lle nesaf ac ymlaen wedyn ar hyd a lled Cymru. Da o beth yw parchu barn pobl eraill, ond rhywbeth arall yw caniatáu iddyn nhw lethu neu rwystro rhywbeth sy'n gorfod digwydd.

Tua diwedd y broses cofiaf gael galwad i sgwrsio ag Emyr. Yno, yn Nhŷ Crughywel ym Mae Caerdydd cefais y cip olwg cyntaf ar yr argymhelliad allweddol ynghylch cynnal refferendwm ar bwerau'r Cynulliad. Gydag atgofion brwydrau refferendwm 1997 yn fyw iawn yn fy nghof, gan gynnwys y clwyfau, fe wnes i oedi i feddwl ond nid am hir. Tybiais pe byddai geiriad yr un argymhelliad allweddol hwnnw yn yr adroddiad terfynol byddai refferendwm arall yn cael ei gynnal. Credaf i Emyr fod yn arbennig o dda gyda ni i gyd yn ystod y dyddiau hynny. Mynegais wrtho fy mod yn cymeradwyo'r argymhelliad ac y byddwn yn ei gefnogi gyda'm cyd aelodau. Byddai refferendwm arall yn cael ei gynnal, ac yn gwbl ryfeddol yng nghyswllt gwleidyddiaeth Cymru, byddai dros 63% o'r rhai a bleidleisiodd yn cytuno i gryfhau'r Cynulliad.

Mae un atgof hyfryd iawn yn parhau o fy ymwneud â Chonfensiwn Cymru Gyfan. Fe ofynnodd Emyr i mi fynd gydag o i gyflwyno tystiolaeth ar ein gwaith gerbron y Pwyllgor Materion Cymreig yn San Steffan. Ar y trên ar y ffordd i lawr i Lundain o Gaerdydd cawsom gyfle i hel meddyliau ac edrych ar ambell beth yn fanwl. Beth oedd cryfderau ein gwaith a sut y gallai ambell beth wedi cael ei eirio'n well. Mewn ambell gyswllt, mae'n rhaid darparu'n drwyadl. Fe wnaeth Paul Valerio ymuno â ni i roi tystiolaeth y diwrnod arbennig hwnnw yn Ionawr 2010.

Y diweddar Hywel Francis AS oedd yn cadeirio'r Pwyllgor Materion Cymreig. Bu'n hynod o weithgar yn ystod yr ymgyrch *Ie Dros Gymru* yn 1997. Da oedd bod yn ei gwmni, hyd yn oed o gwmpas Tŷ'r Cyffredin. Cofiaf dynnu ei goes yn ystâd San Steffan rhyw dro. Fe ddangosodd i griw ohonon ni y mosaic hwnnw a geir yno i goffáu Dewi Sant yn pregethu yn Llanddewi Brefi ac yn codi bryn i bawb glywed. Disgynnod colomen wen arno os ydwyf yn cofio'r myth. Efallai taw addas oedd i San Steffan gofio mewn modd mor barhaol i Dduw roi rhywbeth i Gymru nad oedden ni ei wir angen. Bryn arall! Fel rhedwr Cymreig gallaf ddatgan yn eofn nad oes angen mwy o fryniau ar Gymru. Fel yr eglurais, i mi y mae Duw o hyd yn agos. Felly hefyd, hiwmor.

Ar achlysur arall, tra roeddwn yn gyfarwyddwr ar Stadiwm y Mileniwm, cefais her garedig gan Hywel i ystyried gwahardd canu *Delilah* yno oherwydd y cysylltiad â cham-drin domestig. Mae'r geiriau, gadewch i ni fod yn onest, yn llai na ffodus. Wedi dweud hynny, tybiais taw fi oedd un o'r bobl olaf yng Nghymru a ddylai ddweud wrth rywun arall beth i'w ganu. Byddaf o hyd yn mwynhau clywed fy nghyn gydweithiwr Peredur Owen Griffiths, sy'n medru canu, yn tynnu fy nghoes ynghylch fy niffyg gallu cerddorol. Fe awgrymodd yn garedig ar un achlysur tra roeddem ar daith hir i gefnogi *Cymorth Cristnogol*, y dylwn ganu'r 'top-line.' Hyd heddiw, nid oes gennyf syniad yn y byd beth oedd hynny yn ei feddwl. Ynghylch canu *Delilah*, gadewais y cwestiwn hwnnw i eraill. Cofiaf Hywel yn annwyl.

Fe gawsom gwestiynau treiddgar a da gan y Pwyllgor y diwrnod hwnnw, fel y byddai rhywun yn ei ddisgwyl efallai ar gyfer diplomydd o brofiad helaeth Emyr. Bu'n gyn Gynrychiolydd Parhaol y DU i'r Cenhedloedd Unedig. Roedd ei afael cadarn ar ein gwaith yn rhyfeddol. Er tegwch mawr iddo, fe roddodd Emyr ei flaenoriaeth i ymdrin â'r hyn yr oedd angen i'w wneud parthed cyfansoddiad Cymru.

Wedi rhoi sêl ein bendith ar gynnal refferendwm ar bwerau'r Cynulliad drwy waith y Confensiwn, teimlais y dylwn wneud rhywbeth i'w ennill. Cafwyd penderfyniad y byddai criw ohonon ni yn rhedeg o Eglwys Sant Gwynno yn Llanwynno ger Aberpennar i lawr ar hyd ochr yr afon Taf drwy Aberpennar, Pontypridd a Chaerdydd at adeilad y Senedd. Diolch o galon i Dafydd Trystan a Gwenno Dafydd am fod yn gyfeillion rhedeg mor rhagorol. Ym mynwent Llanwynno ceir bedd Griffith Morgan neu Guto Nyth Brân. Mae hanes ei redeg yn chwedlonol. Dywedir iddo gael ei berswadio i osod heibio ei ymddeoliad yn 1737 a rhedeg ras arall am wobr a fyddai'n ffortiwn heddiw. Yn ôl pob sôn, credir iddo farw ar ôl iddo gael slap ar ei gefn yn llawer rhy frwd ar ôl y ras.

Ar hyd y ffordd i adeilad y Senedd byddai eraill yn ymuno â ni. Byddai rhai yn rhedeg. Eraill yn cerdded. Cafwyd anerchiadau o blaid yr ymgyrch *Ie Dros Gymru* ar hyd y ffordd. Da oedd cael derbyn cefnogaeth y diweddar Rhodri Morgan, cyn Prif Weinidog Cymru ar gyfer y milltiroedd olaf cyn cyrraedd y Senedd, ac fe ddaeth Julie, ei wraig, gydag o. Deallaf, mewn cyfnod cynharach, i Rhodri gwblhau Marathon Llundain mewn amser arbennig o dda.

Daeth llu o wleidyddion eraill i'n cyfarch ar ddiwedd y marathon anffurfiol hwnnw. Y tro cyntaf i mi redeg pellter o ddeutu 26 milltir. Er yn heriol weithiau, fe benderfynais y byddwn yn gwneud hynny eto. Wedi refferendwm 2011, fe gafodd ein Senedd redeg yn dipyn rhwyddach. Fe wnaethon ni lwyddo a llwyddo'n dda yn y broses honno o gwmpas Confensiwn Cymru Gyfan.

Cafodd ein Senedd ei wisgo â grymoedd newydd a chafwyd newid ar fyd.

Pennod 7

Mentro – Rheolau rhedeg

Camp o bwys i'r sawl sydd am fentro tuag at lwyddo yw dysgu sut i ddefnyddio rheolau ac ennill drwyddyn nhw. Ym myd rhedeg ceir rheolau i'w cadw. Fe geir llu o bethau i'w gwneud hefyd oherwydd eu bod yn ddoeth. Yn ddoeth i'r rhedwr ac i eraill sy'n cyd-gystadlu. Felly mae bywyd hefyd.

Er tristwch, rydym bellach yn byw mewn byd rhyngwladol, lle y ceir arweinyddion amlwg yn llithro i'r syniadaeth nad ydyw cyfreithiau, rheolau na doethinebau yn gosod terfynau arnyn nhw. Ar gyfer pobl eraill y mae rhwystrau o'r fath. Daw hyn yn aml o ymdeimlad o berthyn i *caste* sy'n oruwch nag eraill. Anwybyddir deddfau sy'n amddiffyn gwledydd, grwpiau ac unigolion. Fe droediodd y byd ar hyd y llwybrau hynny o'r blaen ar gost aruthrol. Dyna drafodaeth dreiddgar Isabel Wilkerson yn ei chyfrol o bwys rhyngwladol *Caste: The Origins of Our Discontents*.

Dengys ffoaduriaid beth sy'n mynd ymlaen yn y byd. Yn aml, nhw yw'r baromedr hynod effeithiol ar gyfer mesur dwyster helyntion byd. Bu'r rhai a gafodd statws ffoaduriaid yn ein plith yng Nghymru eisoes yn dweud eu straeon ynghylch y melltithion grymoedd gwleidyddol wrth gyflwyno eu hachosion i'r awdurdodau mewnfudo. Yn achos ffoaduriaid yn hytrach na cheiswyr lloches, cafodd eu honiadau eu hystyried yn ddilys. Oherwydd hynny, rhoddwyd statws ffoaduriaid iddyn nhw. Bu ein byd, ar y wedd ansicr ddiweddar hon yn nhermau ymfudo pobl, yn newid ers peth amser. Dros ugain mlynedd, cefais y profiad o eistedd o gwmpas prydau bwyd gyda chyfeillion sy'n ffoaduriaid a mynychu gemau pêl droed gyda rhai ohonyn nhw yn clywed sut y mae gwledydd yn dadfeilio o gwmpas bobl. Hefyd, ceir straeon erchyll ar sut y mae trais yn ffynnu.

Fel y mynegwyd eisoes, hyd yma, rydym wedi meiddio datgan yng Nghymru, yn wyneb tueddiadau cyson o gyfeiriad grymoedd Eingl-ganolog eithriadol o rymus bod gennym werthoedd, egwyddorion a chyfreithiau sy'n dda i'w cynnal. Yn ystod fy nghyfnod gyda Cytûn bu'r eglwysi a chymunedau ffydd eraill yn gweithio'n ddygn i gryfhau drwy fynegiant cyfraith y gwerthoedd hyn. Llu o gyfreithiau i ddiogelu pobl a'r amgylchedd. Fe aeth ein democratiaeth ifanc i arwain yn y DU ac yn rhyngwladol ynghylch sawl peth.

Dychwelaf i ddyddiau cyntaf datganoli a chyfnod dysgu fy nghrefft. Cofiaf ofyn i Rhodri Morgan gynnig sylw ar beth sy'n gwneud gwleidydd da. Gwnaeth ei ateb syml liwio fy ngwaith am ugain mlynedd neu fwy. Tybiodd taw da o beth oedd i unrhyw wleidydd sy'n meddwl iddo gael syniad da fynd ati i ddirnad pam nad yw hynny bob amser yn gywir. Pob gwleidydd o bob plaid. Rhaid ystyried pwy sy'n ennill a phwy sy'n colli mewn penderfyniadau gwleidyddol. Bydd gwleidyddion da yn mynd ati i chwilio am ganlyniadau anfwriadol. Dygais yr hyn a ddywedodd i gof wrth annerch ei gyfarfod angladdol yn y Senedd yn 2017. Cydweithiodd Cristion a dyneiddiwr o argyhoeddiad. Rwyf yn parhau i'w golli.

Fe dalodd canllawiau cadarn ein gwerthoedd ar eu canfed ers 1999. Wrth edrych yn ôl, byddaf yn rhyfeddu ar gymaint o bolisïau arloesol Cymreig a wnaeth wahaniaeth enfawr i fywydau pobl yng Nghymru a thu hwnt. Carwn grybwyll tri pheth cwbl arwyddocaol yn gyflym. Pethau y bûm yn ymwneud â nhw rhywfaint naill ai ar y pryd neu wedyn. Dyna pam yr ydwyf yn eu crybwyll yma yn fwy na phethau eraill mwy amlwg efallai. I mi, maen nhw'n bethau arwyddocaol ond ddim yn adrodd y stori gyfan.

Aeth ein democratiaeth ati i drin pobl bregus mewn modd creadigol a charedig, yn arbennig drwy brosiectau fel y cynllun hyfforddi gweithwyr meddygol sy'n ffoaduriaid, sef y cynllun WARD. Ers 2002 hyfforddwyd dros 370 o weithwyr meddygol sy'n ffoaduriaid, gan gynnig eu hunain yn gymwys i weithio yng Nghymru a gweddill y DU. Gwnaed hyn, maes o law, i gefndir hunan ddiffinio fel Cenedl Noddfa. Credaf i nifer fawr o gleifion gael eu trin yn sgil hyn, ac i ambell fywyd gael ei achub. Byddai tybio hynny'n rhesymol. Dywedaf fwy am y gwaith arbennig hwnnw yn nes ymlaen.

Dangoswyd dewrder gwleidyddol arloesol yn Rhagfyr 2015 wrth i'n democratiaeth arwain cenhedloedd y DU ynghylch cyflwyno system optio allan ysgafn ar gyfer rhoi organau. Cofiaf y dadleuon yn dda. Am nifer o resymau personol roeddwn yn gefnogol i'r ddeddf ond roedd yn ddadleuol ymysg cymunedau ffydd. Hawliodd y mater gryn dipyn o amser. Cofiaf gyflwyno tystiolaeth gerbron un o bwyllgorau'r Senedd. Ymdrechodd staff Cytûn i gyflwyno'r dadleuon yn gywir ac yn effeithiol. Byddwn yn dadlau bod y ddeddfwriaeth hon yn datgelu ein haelioni fel democratiaeth ifanc. Bu'n flaengar yng nghyswllt y DU.

Weithiau, gallai ein democratiaeth ysgafn ei throed wneud pethau rhyfeddol ar lefel rhyngwladol hefyd. Wrth edrych yn ôl, rhyfeddais yn Awst 2021 ar y modd yr anfonwyd gwerth £7.2 miliwn o gyfarpar diogelu personol, nad oedd mo'i angen yma, o Gymru i Namibia. Eraill ddygodd y gwaith hwn i fodolaeth. Cafwyd cysylltiad drwy Brifysgol Caerdydd. Llwyddwyd mewn democratiaeth hyblyg i leddfu heriau Covid-19, gan arbed bywydau. Tybiaf i bolisïau o'r fath ddeillio o'r canllawiau a gynigwyd gan ein gwerthoedd. Clywais Mark Drakeford yn trafod sut y digwyddodd y peth mewn noson codi arian ar gyfer *Vale for Africa*, corff y cefais fy mhenodi yn Gadeirydd arno yn ddiweddar.

Yn allweddol, mynegwyd ein gwerthoedd drwy iaith. Yn arbennig ers 2011, rhoddwyd grymoedd cyfraith i alluogi siaradwyr Cymraeg i fwynhau'r rhyddid i ddefnyddio iaith ein hunain yng ngwlad ein hunain. Dysgodd fy nghefndir yn y byd cydraddoldeb a hawliau dynol taw hawliau dynol yw ein hawliau iaith. Nid ein hiaith ni, ei berfau a'i henwau, ei chytseiniaid a'i llafariaid a'u synau unigryw sy'n peri tramgwydd i rai, ond ni, y bobl sy'n mynnu ei defnyddio a mwynhau'r rhyddid i'w gweld, eu darllen a'i chlywed. Ar sawl achlysur bu cymunedau ac unigolion yn arloesol ac yn rymus yn rhyngwladol oherwydd y gwerthoedd hynny sy'n gysylltiedig â mwynhau'r Gymraeg. Carwn feddwl i ni ymroi yn aml i werthoedd rhyngwladol nid er gwaethaf y ffaith ein bod yn mwynhau'r rhyddid i ddefnyddio'r Gymraeg ond oherwydd y ffyrdd o fyw sy'n gysylltiedig â'n hiaith. Byddai gwaith rhyngwladol arloesol yr Urdd yn awgrymu hynny.

Credaf taw techneg o eiddo ymdeimlad dyrchafedig o *caste* yw sôn am iaith fel pe byddai pobl sydd yn ei harddel ddim yn bod. Neu fel pe byddem yn teilyngu urddas a pharch sy'n llai neu'n is ei werth na'i diwylliant nhw. Ffordd o ddehongli sy'n caniatáu trafod rhywbeth heb ymgymryd â'r cyfrifoldeb o ddirnad effaith yr hyn a ddywedir ar bobl neu gymuned arbennig. Mewn amryw ffyrdd yn ddiweddar datblygodd mynegiant gwleidyddol rhyngwladol sydd wedi colli'r rhinwedd dynol sylfaenol o arddel a dangos empathi. Gwelir hyn ar waith mewn sawl cyswllt. Gwneir hyn yn aml yng nghyswllt lliw, cred cefndir cenedlaethol, pwy mae unigolion yn dymuno bod a phwy maen nhw'n dymuno eu caru. Ceir nodweddion eraill hefyd gan gynnwys cred ac iaith. Hyd yma, safodd ein cyfansoddiad Cymreig yn erbyn y greddfau rhyngwladol hyn.

Cefais y fraint o ymwneud â'r llu o ddatblygiadau hyn yng Nghymru. Fe gymerodd oes i mi deimlo'n alluog i redeg yn rhwydd dros lwybrau cymhleth rheolau, cyfraith a chonfensiynau. Eu cymryd wedyn o fy nghyswllt fy hun a'u cyflwyno i eraill.

Fe ddaeth fy rhedeg cyson i fod o gymorth mawr wrth geisio cynorthwyo eraill. Yn fwy na dim, fe roddodd amser i mi feddwl sut i ddelio ag anawsterau a heriau anodd. Ar gyfer pob ras o bwys, yn arbennig y rhai rhyngwladol, byddaf hyd heddiw yn darllen y rheolau yn fanwl. Yn cymryd amser i ofalu fy mod yn y lle iawn ar yr amser iawn. Un o'r pethau sy'n allweddol bwysig, yn arbennig i redwyr hŷn, yw gwybod pa bryd mewn ras mae'r trefnwyr yn dynodi bod digon yn ddigon. Mae'n rhaid i'r rhedwr beidio rhedeg ymhellach na'r pwynt hwnnw. Ceir rheolau eraill wrth gwrs.

Dechreuais y dysgu hwn gyda rheolau eglwysig flynyddoedd lawer yn ôl. Fe ddysgais sut i fod yn hyblyg ac yn greadigol gyda rheolau yn fwyaf arbennig yn ystod blynyddoedd cynnar fy ngweinidogaeth mewn nifer o ardaloedd yng Ngwynedd. Yn fwyaf arbennig, dysgais wersi ynghylch cadw rheolau mewn cyfarfod ym Mhwllheli i drafod cynllun gweinidogaeth cydenwadol arloesol Botwnnog. Yn y fan honno y dechreuodd y dysgu o ddifrif. Roeddwn i ac arweinyddion y capeli Presbyteraidd lleol am ystyried os gallwn i, fel offeiriad Anglicanaidd, eu gwasanaethu nhw fel 'gweinidog bro'. Trafodwyd llu o heriau ar ddechrau'r cyfarfod.

Wedi toriad buddiol, gallaf gofio un o'r blaenoriaid o Gapel Rhydbach, James Dobson, yn gofyn a oedd hi'n bosibl i mi gynnig gofal bugeiliol, gweinyddu'r sagrafennau, priodi a chladdu a phregethu iddyn nhw. Cafwyd ateb cadarnhaol ac roedd hynny'n ddigon. Agorodd yr agwedd iach honno tuag at ymdrin â rheolau eglwysig at sefydlu gweinidogaeth bro am flynyddoedd lawer. Fe roddodd i mi gyfnod eithriadol o hapus o weinidogaethu ymysg rhai o'r bobl anwylaf yng Nghymru cyn symud i Gaerdydd yn 1993. I mi, cyflawni pwrpas ydi gwaith rheolau, nid atal datblygiadau sy'n dda ac yn arloesol rhag digwydd. I wneud pethau yn dda.

Cofiaf ofyn unwaith i yrrwr lori graeanu yng Ngwynedd pa ddoethineb roedd ganddo i'w gynnig ynghylch gyrru peiriant o'r fath adeg tywydd gwaethaf y gaeaf mewn stormydd eira. Cofio peidio mynd i lawr unrhyw cul-de-sac oedd ei gyngor. Mae'n anodd troi yn ôl. Awgrymaf taw prif nodwedd llywodraethu gwael yw parodrwydd pobl i fentro i lawr cul-de-sac. Dysgais hynny gan flaenoriaid Rhydbach.

O symud i Gaerdydd fe gymerais yr agwedd honno tuag at reolau eglwysig wrth sefydlu'r hyn a fyddai Cristnogion y Ffindir yn ei alw'n *Thomas Mass*. Tra yn Eglwys Dewi Sant (1993-99), cefais gefnogaeth hael nifer o'm cyd-offeiriaid yn Esgobaeth Llandaf i ddarparu gwasanaeth Cymun ar gyfer y rhai a oedd yn amau. Dyna'r sylw at Tomos, yr apostol a oedd yn amau. Yn ei wreiddiau, ymdrech o'r traddodiad Lwtheraidd yn y Ffindir yw litwrgi'r *Thomas Mass*. Erbyn hyn, bu'r offeren hwn mor llwyddiannus, fe'i hystyrir yn un o wasanaethau eciwmenaidd mwyaf llwyddiannus y Ffindir. Cofiaf gynorthwyo S4C i gynhyrchu rhaglen ar Gymun y stryd yn Oslo, Norwy. Daw cannoedd i addoli ac i holi yn y *Thomas Mass*. Fe weithiodd yn dda yng Nghaerdydd am gyfnod ond cofiaf orfod egluro i'r awdurdodau eglwysig beth oedd y syniad.

Dysgais lawer hefyd o'r byd addysg. Cefais flynyddoedd gwirioneddol hapus fel Llywodraethwr a Chadeirydd ysgolion cynradd Pont y Gof ym Mhen Llŷn, Treganna yng Nghaerdydd ac yn fwy diweddar, Pont Siôn Norton yn Rhondda Cynon Taf. Cafwyd heriau cyson a oedd yn hawlio oriau o sylw. Roedd ymwneud â heriau yn rhan o'r swydd ddisgrifiad. Mae bod yn Llywodraethwr ysgol yn cynnig profiad rhagorol i unrhyw un sydd am ddysgu sgiliau llywodraethant. Ceir cyfle i ddatblygu polisïau, i'w rhoi nhw ar waith a'u gwerthuso nhw. Weithiau mae'n rhaid mynd i'r afael â thrychinebau personol sy'n hawlio doethineb a gras. Ceir ymdeimlad o lwyddiant hefyd.

Bu'n rhaid adeiladu ysgolion cwbl newydd yn hanes Ysgol Treganna ac Ysgol Pont Siôn Norton. Ni fu'r newidiadau hyn yn rhai rhwydd. Bellach, caf fy hun yn Llywodraethwr ar Ysgol Gynradd Gymraeg Awel Taf. Cafodd sawl pennaeth ddylanwad aruthrol ar y modd y gwelais yn dda i weithio fel Cadeirydd. Fe ddysgais rywbeth gan bob un ohonyn nhw ynghylch defnyddio polisïau er mwyn llwyddo'n dda. Rwyf yn ddiolchgar am hynny.

O symud i fyd y Cynulliad yn 1999, fel Swyddog Cyswllt, fe ddysgais lawer am rym penodol creu a diwygio cyfreithiau er mwyn eraill. Yn 2001 yn fwyaf arbennig, o dan ambell dân gwyllt gwleidyddol a newyddiadurol, sylwais ar y cynnydd sylweddol mewn is-ddeddfwiaeth a oedd yn cael ei basio gan Gymru gydag anghenion Cymru mewn golwg. Mewn geiriau eraill, roedd y broses yn dechrau gwneud ei waith.

Treuliais oriau yn mynychu pwyllgorau yn gweld sut roedd yr haen hon o is-ddeddfwriaeth yn cael ei chraffu. Yn dysgu fy nghrefft newydd. Am y tro cyntaf, sylwais ar aelodau praff y sefydliad yn agor i fyny ddirgeleddau trefniadau San Steffan ynghylch materion ariannol. Yn fwyaf arbennig, roedd yn rhyfeddod gweld Ron Davies o'r Blaid Lafur a Phil Williams o Blaid Cymru ar waith. Cafwyd eraill hefyd megis David Melding o'r Blaid Geidwadol a Michael German o'r Democratiaid Rhyddfrydol a oedd hefyd yn meddu ar lygaid da.

Gwelais lawer yn gweithio'n hynod o effeithiol yn y cyfnod hwnnw. Bu staff y gwleidyddion hefyd yn hael iawn eu gwybodaeth gyda mi yn arbennig o gylch dadl fawr y cyfnod cynnar sef arian ychwanegol o'r Trysorlys ar gyfer grantiau Ewropeaidd. Nid am y tro olaf cafwyd dadleuon ynghylch y modd yr oedd arian San Steffan yn disgyn yn fyr yn nhermau cyllido Cymru. Erbyn 2010, byddai comisiynau ffurfiol fel yr un a gafodd ei gadeirio gan Gerald Holtham yn cynnig eu barn bod Cymru yn derbyn o ddeutu £300 miliwn yn llai na ddylai. Mae'r trafodaethau yn parhau.

Fe gasglodd y gymdeithas ddinesig Gymreig o gwmpas y broses hon o greu cymuned wleidyddol newydd gydag angerdd. Gwelwyd potensial ar ei rhan i wneud gwahaniaeth ac fe lwyddwyd yn dda mewn sawl maes. Gan ganfod fy hun yng nghanol bwrlwm y gymuned polisi Cymreig a oedd yn llawn ymwybodol o ofynion cyfansoddiadol Deddf Llywodraeth Cymru 1998 parthed hawliau dynol, cydraddoldeb pawb a datblygu cynaliadwy ynghyd â statws yr iaith Gymraeg, gwelais newid sylweddol ar waith.

I mi gofio, prin iawn fu'r datblygiadau cyfansoddiadol Cymreig dros y ddwy ganrif cyn dwyn y Cynulliad i fodolaeth heblaw am ambell fater ynghylch cau tafarnau ar y Sul, addysg a datgysylltu'r Eglwys yng Nghymru. Fel y soniais eisoes, yn rhyfeddol o fuan yn nhermau hanes sefydlwyd patrwm cynnar o gwmpas y Cynulliad o gynnig llu o wasanaethu am ddim i boblogaeth Cymru a diogelu plant a phobl fregus gyda chomisiynwyr statudol. Nifer ohonyn nhw. Cryfder mawr oedd medru ymateb mewn ffordd unigryw Gymreig i argyfyngau cenedlaethol. Ymateb yn well nag mewn mannau eraill o'r DU.

I mi, daeth tro ar fyd sylweddol yn 2006 pryd y cefais fy mhenodi yn Brif Weithredwr Cytûn. Cyn hynny, cefais saith mlynedd o gydweithio'n hapus gyda'r Parchedig Gethin Abraham-Williams fel pennaeth yr elusen. Byddwn yn tynnu ei goes yn aml, gan honni na allai argyhoeddi unrhyw un ei fod yn Fedyddiwr. Gallwn innau ddim argyhoeddi neb chwaith fy mod yn Eglwyswr. Ond, Bedyddiwr ac Eglwyswr oedden ni. Cafodd y ddau ohonon ni hefyd ein trwytho mewn mynegiant caredig a bonheddig o'r byd eciwmenaidd a aeth o'n blaenau ni. Deheuad a oedd yn obeithiol.

ddau ohonon ni'n gadael y llwyfan wedi'r weddi olaf y naill ochr i'r llall. Fel gweithred o edifeirwch ar ran y gymuned Gristnogol Wen, gyda chymaint o waed ar ein dwylo, penderfynais groesi'r llwyfan i gofleidio fy nghyd weddïwr. Fe ddaeth fy nghyfaill Du, Diacon Earle, i ganol y llwyfan i fy nghyfarch innau yn gynnes. Effeithiodd yr un funud annisgwyl honno ar y ddau ohonon ni. Heb gynllunio'r peth, cafwyd ochenaid yn y gynulleidfa hefyd. Fe ddaeth y peth yn hollol naturiol. Cefais lythyr hynod o garedig gan y diweddar Michael Bogdanov ymhen ychydig ddyddiau yn dweud i'r weithred o gofleidio hwnnw ddwyn lwmp i'w wddf. Weithiau mae angen yr annisgwyl os ydyw diwylliant am lwyddo a goroesi. Ceir gwahaniaeth rhwng torri rheolau a gwneud yr annisgwyl.

Glaniodd un mater anarferol efallai ar fy nesg yn 2007. Gofynnwyd i mi gadeirio cyfarfod rhwng cynrychiolwyr y gymuned Hindŵaidd yn Skanda Vale ger Caerfyrddin a swyddogion Llywodraeth Cynulliad Cymru ynglŷn â difa *Shambo* yn dilyn prawf TB positif ar yr anifail. Llwyddodd y gymuned yn Skanda Vale yn gynnar yng Ngorffennaf y flwyddyn honno i ennill dyfarniad yn yr Uchel Lys i'r perwyl y byddai difa'r bustach *Shambo* yn anghyfreithlon. Byddai'n tramgwyddo hawliau dynol y gymuned a oedd yn ystyried yr anifail yn sanctaidd. Wedi hynny, fe enillodd Llywodraeth Cynulliad Cymru'r apêl yn erbyn y dyfarniad.

Trwy'r cyfan, cofiais gadw mewn cysylltiad cyson â'r gymuned Hindŵaidd Gymreig a Heddlu Dyfed-Powys. Roeddwn yn Skanda Vale pryd y cafodd *Shambo* ei symud oddi yno a'i ddifa. Gwnaed hynny mewn modd urddasol gan yr Heddlu. Roedd y diwrnod yn un anodd i'r gymuned yno ac i'r Heddlu. Cafwyd pryder gwirioneddol yn y gymuned amaethyddol hefyd. I mi gofio, fe aeth y cyfan heibio yn heddychlon heb drosedd. Fe werthfawrogais yn fawr y llythyr a gefais ymhen ychydig ddyddiau gan Brif Gwnstabl Cynorthwyol Heddlu Dyfed-Powys yn diolch am fy nghymorth ar y diwrnod ei hun. Ceisiais gyd-drafod â phawb. Roeddwn yn dechrau dysgu bryd hynny, ar lefel cenedlaethol, sut y gellir dwyn pobl at ei gilydd mewn sefyllfaoedd eithriadol o ymfflamychol. Parthed *Shambo*, gallai'r achos wedi troi yn danbaid gyda'r cyfan yn cael ei ddangos ar sgriniau mewn gwledydd fel yr India.

Fe ddaeth fy nghyfnod gyda'r Comisiwn Cydraddoldeb Hiliol i ben ddiwedd 2007. Cafodd ei gyhoeddi yn Medi'r flwyddyn honno i mi gael fy mhenodi yn aelod o Bwyllgor Cymru o'r Comisiwn Cydraddoldeb a Hawliau Dynol.

Byddwn yn parhau yn aelod o'r Pwyllgor Cymreig tan 2017. Bu'n braf cael cydweithio gyda chyfeillion rhagorol gan gynnwys yn eu plith Ann Beynon a Kate Bennett. Er mawr ddiolch iddi byddai Kate yn fy nilyn fel Cadeirydd DPIA. Gydag ymadawiad Rhian Davies o Anabledd Cymru o'r Comisiwn, cefais y fraint o wasanaethu Cymru ar Bwyllgor Anabledd y Comisiwn ar lefel Prydeinig.

Rhoddodd y profiad hwnnw ynghylch anabledd rhywfaint o ddealltwriaeth i mi ar sut y mae pobl anabl yn cael eu trin a sut dylid eu hamddiffyn mewn sefyllfaoedd anodd. Ambell dro, ond nid llawer o weithiau, defnyddiais y sgiliau a ddysgais i gynnig cefnogaeth bersonol i unigolion a ddaeth ataf yn dilyn trafferthion gyda'u cyflogwyr yn fwyaf arbennig. Y methiant neu'r gwrthodiad i ddarparu addasiad rhesymol ar gyfer gweithwyr anabl oedd asgwrn y gynnen yn aml, yn arbennig yn sgil anaf neu salwch. Ynghylch rheolau a drodd yn gyfreithiau, dysgais y grefft o symud o orfod gweiddi'n uchel mewn rhwystredigaeth i ddadlau'n effeithiol ac yn rymus drwy broses a pherswâd. Gwaith y Comisiwn ar lefel cyffredinol oedd cynnal hawliau'r anabl, yn arbennig mewn achosion a allai fod o bwys sylweddol.

Dros y blynyddoedd, daeth gwybodaeth o sut mae'r system mewnfudo yn gweithio yn hynod fanteisiol ar sawl achlysur. Yn sgil fy ngwaith ar ran Cytûn gyda lleiafrifoedd ethnig a ffoaduriaid, cefais fy ngwahodd i fod yn aelod o Bartneriaeth Mewnfudo Strategol Cymru. Yn achos Cymru, cafwyd cydweithio rhwng y Swyddfa Gartref, Llywodraeth Cynulliad Cymru a llu o rhanddeiliaid allweddol mewn maes anodd. Gydag amser, gofynnwyd i mi gyflawni rôl fel Cadeirydd y Bartneriaeth. Gwnaed hyn mewn cyfnod heriol yn nhermau'r drafodaeth gyhoeddus ar fewnfudo a chefais fy hun yn aml ar y cyfryngau yn egluro polisïau ac yn ceisio trosglwyddo gwybodaeth ynghylch ceiswyr lloches, ffoaduriaid a mewnfudwyr rhyngwladol. Roeddwn yn gyson ar *Radio Cymru* yn fwyaf arbennig.

Ynghylch ambell fater Cymreig traddodiadol ym maes mewnfudo, cafwyd datblygiadau o bwys. Llwyddwyd i sicrhau fisâu i deuluoedd o dras Gymreig o Batagonia er mwyn iddyn nhw ymweld â'u teuluoedd yng Nghymru. Gwnaed hynny'n bennaf drwy weithio drwy swyddfa'r DU yn Efrog Newydd. Cofiaf fod wrthi yn darparu ceisiadau yn hwyr yn y nos ym mherfeddion Swyddfa Cytûn yng Nghaerdydd. Roedd yn broses a oedd yn hawlio sylw manwl. Fe dalodd y gwaith caled ar ei ganfed gyda chymorth y teuluoedd.

Ar ddau achlysur gwahanol, gyda chymorth fy nghydweithiwr Peredur Owen Griffiths, sydd bellach yn aelod o'r Senedd, llwyddwyd i gael aelodau o *Gôr Synod Mizoram* i ymweld â'u cyfeillion yn Eglwys Bresbyteraidd Cymru. Gwnaed hynny drwy gyfathrebu'n llyfn â'r Swyddfa Gartref ar ôl ambell i drafferth godi ei ben. Fe roddodd ymweliad ein cyfeillion o Mizoram bleser mawr i mi. Roedd eu canu Cymraeg tu allan i'r Senedd yn Ebrill 2019 yn rhyfeddol. Braf hefyd oedd cael cyfarfod â nhw yng Nghapel Gwaelod y Garth yn fwy diweddar yng Ngorffennaf 2024. Bu'r Parchedig Aneurin Owen yn hynod o weithgar yn trefnu'r cyfan - diolch iddo.

Y gamp mewn achosion o'r fath yw argyhoeddi'r awdurdodau bod y fath beth â'r hyn y gellir ei alw yn 'ffiniau gwerthfawrogiad' unigryw Gymreig. Os dyna'r cyfieithiad Cymraeg o *'margins of appreciation.'* Yn amlach na pheidio, mae'r pethau hyn yn cael eu penderfynu ar sail beth sy'n cael ei ystyried yn rhesymol. Gan gydweithio'n fuddiol â swyddogion sy'n gyfarwydd â Chymru, gellir rhedeg pethau yn rhwyddach erbyn hyn. Ond fe allai'r hyn a enillwyd llithro yn ôl yn rhyfeddol o gyflym. Diolchaf hyd heddiw i'r nifer dda o swyddogion dros y blynyddoedd a aeth allan o'u ffordd, weithiau o lefydd pell iawn yn y byd, i ofalu bod ceisiadau yn rhedeg yn llyfn. Daw'r datblygiadau hyn o rym ysgafn y strwythurau a'r perthnasau buddiol sy'n gorwedd wrth hanfod dynamig dinesig datganoli. Y drafferth yw efallai y bydd angen eu hail-greu o dro i dro.

Dygaf sylw at un maes y bûm yn gweithio'n helaeth ynddo. Fe wnaeth cyrff cyhoeddus Cymru ganfod ffyrdd rhyfeddol o ymateb i heriau difrifol parthed mewnfudo - heriau na ddeilliodd o Gymru. Mae'n debyg taw ymysg y mwyaf anodd ohonyn nhw oedd lleoli o ddeutu 250 o geiswyr lloches yn hen wersyll milwrol Penalun ger Dinbych y Pysgod yn Sir Benfro yn Medi 2020. Ar ben yr holl reolau a chanllawiau eraill a oedd eisoes mewn lle, bu'n rhaid mynd i'r afael â gofynion allweddol Covid-19.

Gan gynnwys Llywodraeth Cymru, cafwyd cyfarfodydd dyddiol gyda chylch allweddol o ddarparwyr gwasanaethau. Ar gefn y cyfarfodydd hyn, fe aeth Cytûn ati i gynnig caplaniaeth rhyng-ffydd ar gyfer y rhai a gafodd ei lleoli yno. Roedd nifer fawr ohonyn nhw yn Gristnogion. O dan yr amgylchiadau gwirioneddol anodd yng ngolwg y cyhoedd cafwyd modd i gynnig cymorth. Cafwyd sgyrsiau buddiol gyda'r dynion eu hunain yn y gwersyll. Darparwyd cydweithio rhwydd rhwng arweinwyr ffydd lleol, Cytûn, y Gynghrair Efengylaidd ac aelodau o Gyngor Rhyng-ffydd Cymru. Cafwyd cyd-drafod hynod o effeithiol ynghylch y gaplaniaeth, dan arweiniad y Parchedig Rob James gyda swyddogion y Swyddfa Gartref. Death y lleoliad i ben ym Mawrth 2021.

Ym maes mewnfudo gofynnwyd am fy nghymorth ynghylch un mater hynod o ddadleuol wedi i mi ymddeol o'm cyfnod gyda Cytûn, sef y bwriad i leoli ceiswyr lloches yng Ngwesty Parc y Stradey yn Llanelli. Deallaf taw'r bwriad gwreiddiol oedd lleoli hyd at 241 o geiswyr lloches yno. Cafwyd pryderon lleol ac ymgyrchu gwleidyddol cryf. Gan fy mod wedi cydweithio gyda nifer o'r cyrff a'r asiantaethau a oedd ynghlwm â'r bwriad, gofynnwyd i mi gadeirio cyfarfod cyhoeddus rhyngddyn nhw, ac i dderbyn cwestiynau gan y cyhoedd, gydag eraill yno i'w hateb. Fe wnaeth pawb fynegi'r hyn yr oedden nhw yn ei fwriadu yn ystod y cyfarfod hwnnw a gafwyd ar lein. Mynegodd cynrychiolwyr lleol eu pryderon yn gwbl eglur. Unwaith eto, cefais weithio gyda Heddlu Dyfed-Powys, y Swyddfa Gartref a Llywodraeth Cymru. Braf oedd gwneud hynny gydag eraill y bûm yn cydweithio gyda nhw dros nifer fawr o flynyddoedd.

Cynnal a llywio trafodaeth oedd fy ngwaith fel Cadeirydd y cyfarfod hwnnw, ac nid perswadio unrhyw un pa benderfyniadau a ddylid eu cymryd. Beth bynnag, fe gyhoeddwyd rhai wythnosau wedi hynny yn Hydref 2023 na fyddai'r cynllun yn mynd rhagddo. Diolchaf am yr ymddiriedaeth mewn cyswllt mor danbaid. Addewais wrth y rhai a oedd ynghlwm â'r peth na fyddwn yn mynegi barn ar y mater - nid dyna rôl rhywun sydd yno i gynnal a diogelu sgwrs. Rwyf yn hynod o gyfforddus i gadw fy ngair. Dyna'r ffordd Gymreig o ddatrys problemau yn y maes dadleuol hwn, ac fe weithiodd.

Carwn ddwyn y bennod hon i'w therfyn drwy grybwyll yr un broses lle y cafodd cyfansoddiad datganoledig Prydain ddylanwad aruthrol wrth drafod hawliau dynol. Cefais fy hun yn ei chanol hi. Y datblygiad sylweddol a'm hanfonodd i ddyfnderoedd amddiffyn cyfansoddiad datganoledig Cymru oedd gwaith y Comisiwn a gafodd ei sefydlu ym Mawrth 2011 i ystyried yr angen honedig am Fil Hawliau ar gyfer y DU. Cafodd y Comisiwn ei gadeirio gan Syr Leigh Lewis, unigolyn a wasanaethodd fel Ysgrifennydd Parhaol ar fwy nag un adran o'r llywodraeth y DU. Cafodd y Comisiwn ei lansio gan Lywodraeth Clymblaid David Cameron a Nick Clegg yn San Steffan, ac roedd yn llawn arbenigwyr cyfreithiol o'r radd flaenaf.

Yn gynnar ar ddechrau'r broses, cefais wahoddiad gan Brif Weinidog Cymru ar y pryd, Carwyn Jones, i fod un o'r ddau o Gymru a fyddai'n cynnig cyngor i'r Comisiwn ar faterion datganoledig Cymreig. Cafwyd arbenigwyr o'r Alban i'w cynghori hefyd. Yr aelod Cymreig arall oedd Clive Lewis. Rhaid i mi gyfaddef, fe wnes wirioneddol fwynhau cydweithio gydag, erbyn hyn, Syr Clive Lewis, sydd bellach yn farnwr ar Lys Apêl Cymru a Lloegr. Trwy'r broses hon, byddwn yn gyson yn egluro nad oeddwn yn gyfreithiwr. Mynnodd Clive, er tegwch iddo, yr un mor gyson nad oedd rhaid i mi ymddiheuro am hynny. Roeddwn yno ar gyfer agweddau eraill o'r gwaith. Roeddwn yn gweithio o ddydd i ddydd ym maes hawliau dynol. Profiad llawr daear o ymwneud â'r materion a drafodwyd oedd gennyf i, neu, yn bwysicach fyth efallai, ymwybyddiaeth o'r bywydau a fyddai'n cael eu heffeithio gan yr hyn a oedd mewn golwg.

Daeth aelodau o'r Comisiwn i lawr i Gaerdydd i gyfarfod â'n Prif Weinidog ac i glywed barn ystod eang o ran-ddeiliaid. Roedd y mwyafrif llethol o'r rhan-ddeiliaid Cymreig hynny naill ai yn erbyn y syniad neu am fynegi amheuon cryf yn bennaf o gwmpas gwanhau cryfderau datganoli yn nhermau hawliau dynol. Er tegwch i'r aelodau'r Comisiwn, roedden nhw am ddeall y cyswllt Cymreig. Ar ddechrau eu hymweliad gofynnwyd i mi egluro'r sefyllfa ynghylch Cymru a'r gyfraith o gyfnod y canol oesoedd. Fe wnes fwynhau gwneud hynny gan iddyn nhw ofyn.

Daeth gwaith sylweddol y diweddar John Davies ar hanes Cymru yn rhyfeddol o handi'r funud honno ym Mharc Cathays, Caerdydd. Soniais am frenhinoedd Cymru, a thanlinellais gyda sêl ac argyhoeddiad arwyddocâd Cyfraith Hywel Dda yn y cyswllt Ewropeaidd parthed gosod cyfreithiau i lawr mewn cod hyblyg. Fe wnes sôn am yr hawliau a roddwyd i wragedd yn nhrefn Hywel Dda ynghylch eiddo ac ysgariad. Byddai'r hyn a ddywedais yn cael ei grybwyll yn yr adroddiad terfynol.

Rhaid hefyd oedd sôn am Dywysogion arwyddocaol. Soniais am ddylanwad Llywelyn Fawr ar y Magna Carta (1215). Am ryw reswm, mae cymalau 56 - 58 ynghylch setlo anghydfod parthed eiddo yn ôl cyfreithiau Cymru a dychwelyd gwystlon y Brenin John yn ôl i Llywelyn yn aros yn gyson yn fy nghof. Dwi'n mwynhau darllen amdanyn nhw. Cafwyd rhywfaint o barch tuag at yr Alban a Chymru yn y Magna Carta gwreiddiol. Byddai hynny ddim yn parhau yn achos Cymru. Neidiais i ddiwedd y drydedd ganrif ar ddeg. Wedi lladd Llywelyn ein Llyw Olaf yng Nghilmeri, cafwyd Statud Rhuddlan yn 1284 a gorfodi cyfraith gyffredin Lloegr ar rannau o Gymru. Yn amlwg, tanlinellwyd pwysigrwydd Deddfau Uno 1536 a 1542/43 yn nhermau cymryd Cymru i mewn i Loegr a gosod y Saesneg fel iaith swyddogol y wladwriaeth. Er fy mod yn mwynhau trafod hanes Cymru, roedd gennym ni waith amgen a chyfoes i'w wneud.

Cofiaf gyfarfod gyda Clive a chynrychiolwyr o'r Alban yng Nghlwb yr Athenaeum yn Llundain. Fe wnaethon ni gyfarfod â'n gilydd cyn cynnig tystiolaeth i gyfarfod llawn y Comisiwn. Lle rhyfeddol a phleserus ar gyfer cael trefn ar bethau yw yr Athenaeum. Tanlinellais yn gyson fy argyhoeddiad i bleidleiswyr Cymru ymroi i sefydlu'r Cynulliad ac i'w gryfhau yn nhermau pwerau deddfu drwy ddau refferendwm cadarnhaol. Roedd yr ymrwymiad cyfansoddiadol i barchu hawliau dynol yno yn ein deddfau. Mynnodd fy nghefndir yn nhir polisi cyhoeddus Cymru hefyd am bwysleisio bod y Cynulliad eisoes wedi ymroi i gyfarfod â chonfensiynau rhyngwladol parthed hawliau dynol. Yr enghraifft amlwg oedd diogelu hawliau plant. Mor bell yn ôl â 2004, fe wnaeth Llywodraeth Cymru fabwysiadu Confensiwn y Cenhedloedd Unedig ar Hawliau'r Plentyn fel sail ar gyfer datblygu polisi ar gyfer plant a phobl ifanc.

Sawl tro, fe wnaeth y ddau ohonon ni o Gymru danlinellu bwysigrwydd hawliau siaradwyr Cymraeg. Cafwyd pryder ar fy rhan y byddem yn dychwelyd at y greddfau creiddiol ac amrwd hynny ar ran rhai yn yr ynysoedd Prydeinig hyn i sicrhau hawliau pawb i siarad Saesneg ar drai ieithoedd eraill. Nid oeddwn am ddychwelyd i drefn ffiaidd y deddfau uno Tuduraidd hynny ynghylch siarad Cymraeg mewn bywyd cyhoeddus a gymerodd yr holl ganrifoedd i'w dadwneud - hyd at Ddeddf Iaith 1993.

Cyhoeddodd y Comisiwn ar y Bil Hawliau ei adroddiad yn Rhagfyr 2012. Mae'n gampwaith cyfreithiol ac yn werth ei ddarllen. I mi, roedd yn wers ar sut mae diwylliant gwleidyddol San Steffan yn gweithio. Fe ategodd rhai rhagfarnau ar fy rhan ynghylch sut y mae rhai yn gweld Cymru. Neu, i fod yn fwy cywir, ddim yn gweld Cymru. Ar ddechrau Pennod 9 o'r Adroddiad sy'n trafod datganoli, ceir y geiriau dadlennol hyn:

> '*When the Commission was first established, many had not considered the complications created by this being a kingdom of different nations.*' (9.1).

Bu'n rhaid i ni ofalu bod realiti bodolaeth Cymru a'r Alban a grym ein statws datganoledig yn gorfod cael ei ystyried. Yn yr adroddiad terfynol, barn y mwyafrif oedd y dylid mabwysiadu Bil Hawliau ar gyfer y DU. Roedd y casgliad hwnnw yn adlewyrchu aelodaeth y Comisiwn fe dybiwn. Ond, nid hynny oedd argyhoeddiad mwyafrif y rhanddeiliaid o Gymru a fynegodd eu barn yn eglur. Roeddwn yn cytuno â'm cyd Gymry ac yn deall pwysigrwydd hynny.

Yn gwbl allweddol, cafwyd safbwynt lleiafrifol ar ran dau aelod o'r Comisiwn, y Farwnes Kennedy o *The Shaws* a'r Athro Philippe Sands. Y ddau ohonyn nhw yn gyfreithwyr o'r radd flaenaf. Cafodd Helena Kennedy ei geni yn Glasgow ac mae Phillippe Sands yn wyneb cyfarwydd i unrhyw un sy'n mynychu Gŵyl y Gelli Gandryll, gan ei fod yn llywyddu sesiynau yno yn gyson. Ysgrifennodd y ddau yn yr Adroddiad taw'r rheswm cyntaf iddyn nhw anghytuno â'r gweddill o'u cyd gomisiynwyr oedd oherwydd datganoli. Byddai oblygiadau sefydlu Bil Hawliau i'r DU gyfan yn dwyn trafferthion sylweddol i'r sefydliadau datganoledig.

Cafwyd awgrym y dylid cynnal math o Gonfensiwn i drafod y mater yn sgil datganoli ymhellach. Gwelwyd yn yr adroddiad byddai'n rhaid parchu datganoli. Hyd yma, cafwyd diwedd ar y bwriad o basio Bil Hawliau o'r fath ar draws Prydain. Fe ofynnodd fy ngwaith o gynghori'r Comisiwn hwn am ddyfnhau fy nealltwriaeth o arwyddocâd datganoli ar lefel ehangach na Chymru. Bûm yn ymwneud â dadleuon cyfreithiol rhyfeddol o gymhleth ond o arwyddocâd mawr i unigolion a chymunedau bregus. Yn sicr, bu fy ngwaith gyda'r Comisiwn Cydraddoldeb a Hawliau Dynol o gymorth, ond fe fynnodd y gwaith hwn blymio'n ddofn.

Ar 15 Ionawr 2013 fe gefais i a Clive Lewis lythyr hynod o garedig gan Carwyn Jones yn diolch i ni am ein gwaith gyda'r Comisiwn. Yn fwy na dim, cawsom ein llongyfarch am lwyddo i drosglwyddo pryderon Cymru ynghylch yr hyn a oedd dan ystyriaeth gan rai ar lefel Prydeinig. Fe lwyddon ni i fynnu parch at ddatganoli a'r Gymraeg. Yn fwy na hynny o'm safbwynt i, llwyddwyd i ddiogelu traddodiad hawliau dynol Cymreig cwbl unigryw ers 1999. Agweddau cyfansoddiadol sydd yn effeithio ar fywydau eithriadol fregus yng Nghymru.

Credir i Mark Zuckerberg ddweud 'Symudwch yn gyflym a thorrwch bethau.'' Mae gennyf beth cydymdeimlad gydag arloeswyr ym maes technoleg a diwydiant sydd am newid pethau drwy arloesedd egnïol. Ysywaeth, credaf y gallai arwyddair Zuckerberg, yn nwylo'r rhai sy'n hyrwyddo cyfundrefnau gwleidyddol oligarchaidd, fod yn eithriadol o beryglus. Gwyddom yn hanes ein byd cyfoes, ac o edych o'n cwmpas y dyddiau gerwin rhyngwladol hyn, i filiynau dalu'r pris am ddrygioni'r rhai sy'n ddi-hid ynghylch torri pethau. I dorri cenhedloedd, grwpiau ethnig lleiafrifol neu leiafrifoedd ieithyddol.

Yn 2012, cafwyd meddyliau rhagorol a hynod ddeallus a oedd yn barod i wrando. Roedd y Comisiwn ar y Bil Hawliau yn barod i ystyried hefyd a fyddai modd cryfhau hawliau siaradwyr Cymraeg. Tybiais ar y pryd y gallai'r cynnig fod yn fath o gyfnewid rhwng un hawl a cholli eraill. Beth bynnag, roedd democratiaeth fwy effeithiol Cymru yn y maes hwn newydd basio Mesur Iaith 2011. Yn allweddol yn y ddeddfwriaeth honno cafwyd egwyddor cwbl ragorol i beidio trin y Gymraeg mewn modd llai ffafriol. I mi, nid yr iaith gymaint â hynny, ond y bobl sydd am fwynhau'r rhyddid i'w defnyddio gydag eraill. I beidio ein trin ni, defnyddwyr y Gymraeg, yn llai ffafriol.

Cafwyd doethineb amgen o ffynhonnell arall. Cred rhai o ddoethineb Affricanaidd. Os yr unig beth yr ydym am ei wneud yw cerdded yn gyflym, cerddwn ar ben ein hunain. Os yr ydym am gerdded yn bell, cerddwn gyda'n gilydd. Credaf, os am redeg yn bell, bod angen rhedeg gydag eraill. Os am redeg gydag eraill, da o beth hefyd yw parchu'r rheolau sydd yn eu parchu nhw wrth iddyn nhw redeg.

Pennod 8

Rhedeg Rhyngwladol – I'r Cenhedloedd

Rhaid i mi gyfaddef, roeddwn yn eithriadol o siomedig ac yn drwm fy ysbryd y nos Wener arbennig honno yn Nhachwedd 2012 yn *Union Theological Seminary*, Efrog Newydd. Fe fyddaf o hyd yn cofio'r dyddiad, 2 Tachwedd. Cefais le i aros yn yr *Union* dros benwythnos yr enwog *ING NYC Marathon.* Ar ôl y teithio, y gost a'r holl fisoedd o hyfforddi caled ar gyfer y ras, rhywbeth anodd braidd oedd deall iddi gael ei chanslo'r prynhawn hwnnw ar y funud olaf o'r bron.

Yn gynharach yn y dydd, fel pawb arall, fe es draw i'r *Expo* i gofrestru. Roeddwn yn uchel fy ysbryd, yn teimlo'n rhyfeddol o ffit ac yn wirioneddol edrych ymlaen at redeg marathon mwyaf y byd adeg honno yn nhermau niferoedd. Fe ddywedodd sawl un o'm cyd redwyr, os oeddwn am redeg rasys rhyngwladol fe ddylwn wneud ras Efrog Newydd. Daw cenhedloedd y byd i redeg Marathon Efrog Newydd er gwaethaf helyntion byd.

Cawsom sicrwydd wrth gasglu ein rhifau y byddai'r marathon yn digwydd. Fel pob rhedwr arall a deithiodd i'r ddinas y flwyddyn honno, wedi dinistr aruthrol Corwynt Sandy ddiwedd Hydref, gwelais yn dda i ddilyn cyfarwyddiadau'r trefnwyr. Hefyd, fe ddywedodd awdurdodau'r ddinas wrth y rhedwyr rhyngwladol i ddod i'r ddinas i'w chefnogi yn ystod dyddiau heriol. Fe gofiodd y Maer Bloomberg i Rudi Giuliani benderfynu cynnal y marathon yn 2001 wedi dinistr '9/11' ac i hynny godi calon y ddinas. Fel nifer fawr o redwyr, roeddwn wedi codi arian sylweddol ar gyfer elusen. *Scope* yn fy achos i'r flwyddyn honno. Roedd hynny hefyd yn chwarae ar fy meddwl braidd.

Rhyfedd o beth oedd cael fy hun yn gynharach y prynhawn Gwener hwnnw yn *Times Square* yn derbyn negeseuon testun o Gymru yn cydymdeimlo â mi o glywed i'r ras gael ei chanslo - felly ces i glywed. Roedd y lle yn llawn bwrlwm ac wedi ei oleuo i'r nen. Nid felly Staten Island lle y bu i adroddiadau ar y pryd grybwyll o leiaf 21 o farwolaethau a dinistr eang. Fel sawl un arall, tybiais fy mod yn eithriadol o ffodus i fod yn ddiogel a chael cartref i ddychwelyd iddo, a hynny ddywedes i'n gyson wrth drigolion Efrog Newydd a oedd yn gofyn sut roedd y rhedwyr yn teimlo am ganslo'r ras.

Yn annisgwyl braidd, ym mherfeddion fy ystafell fach, gwelais anogaeth ar *Facebook* i redwyr a oedd am gwblhau'r pellter i ddod i lawr i *Central Park* erbyn wyth o'r gloch y bore ar ddydd Sul y ras. Byddem yn cwblhau marathon drwy redeg o amgylch y Parc sawl tro. Cafodd y cyfan ei drefnu mewn mater o oriau gan Lance Svendsen, Todd 'Koka' Kelley, Craig Williams ac eraill. Gweinidog yw Lance sy'n gweithio ymysg pobl ifanc. Fe ddatgelodd wedi'r ras taw ei syniad gwreiddiol o redeg y marathon oedd er cof am aelod o'i deulu. Wedi canslo'r ras byddai'n rhaid iddo chwilio am rywbeth amgen. O'r funud honno creuwyd *Run Anyway*. Rhedeg beth bynnag. Sefydlwyd grŵp Facebook gan feddwl y byddai dyrniad yn troi i fyny. Dywedwyd ar y pryd i o leiaf 3,000 ohonon ni redeg y marathon amgen a gafodd ei gynnig i ni'r bore Sul hwnnw.

Yn achlysurol, byddaf yn cysylltu â Lance a Craig. Erbyn hyn, mae'r ddau yn gewri ymysg rhedwyr, ac fe drodd y *NYC Run Anyway Marathon* yn chwedlonol. Fel pawb arall a redodd y ras anffurfiol hon ar 4 Tachwedd 2012, fe lifodd nifer o bethau bach ymarferol i fy mhen. Beth am doiledau? Beth am ddŵr? Beth am gymorth meddygol mewn argyfwng? Roedd pob prawf meddygol i mi gymryd ar y pryd yn datgan fy mod yn iach. Ond iach i redeg marathon a oedd yn cynnig timoedd meddygol rhag ofn.

Fe sylweddolodd pob rhedwr profiadol y byddai'r marathon hon yn anarferol ond yn hanesyddol. Byddai'n rhaid i ni fod yn greadigol fel athletwyr. Cofiaf gael fy annog ymlaen pan aeth yr her yn galed wrth weld milwr Prydeinig yn chwifio Jac yr Undeb a Draig Goch Cymru. Baner Cymru hawliodd fy sylw. Fe wnes lwyddo i redeg heibio ond fe oedd yn rhedeg mewn cit milwrol llawn. Mewn môr o redwyr rhyngwladol fe wnes lwyddo i ganfod Cymro arall.

Er tegwch iddyn nhw daeth pobol Efrog Newydd allan mewn niferoedd mawr i'n cefnogi. Ym mhob ras hir byddaf yn ddiolchgar i'r caredigion hynny sy'n cynnig *Jelly Babies* i'r rhedwyr. Dysgais tua chanol y ras anarferol honno yn Efrog Newydd fod *pretzels* yn rhan o ddiwylliant y ddinas. Mae *pretzels* yn bethau gwych i'w bwyta yn y ddinas ond nid wrth redeg marathon. Gan dagu cofiais i'r Arlywydd George Bush lewygu wedi iddo geisio llyncu *pretzel* yn ôl yn 2002. Roedd yn gwylio gêm bêl droed Americanaidd ar y pryd. O'r diwedd, roedd gennyf rywbeth yn gyffredin â George Bush. Clywais sôn ei fod yn rhedwr da. Gallwn ei edmygu am hynny.

Yn fwy na dim cawsom ein cefnogi gan filoedd o ddinasyddion Efrog Newydd a ddaeth allan i gynnig dŵr. Roedd hynny'n allweddol. Fel pob rhedwr obsesiynol, cymerais ofal mawr i sicrhau bod fy oriawr rhedeg wedi cofnodi'n gywir i mi gwblhau'r 26.2 milltir lawn. Profiad gwirioneddol emosiynol i lawer ohonon ni ychydig fisoedd yn ddiweddarach oedd derbyn medal arbennig y *Run Anyway Marathon 2012* gan y trefnwyr. Tydi'r gair eiconig ddim yn ddigon. Rwyf yn trysori'r fedal honno'n fawr.

Cefais achos i weddïo dros Lance ym mis Ebrill, 2013. Roeddwn mewn gwesty yn Llundain ar y pryd. Bûm yn gweithio yn y ddinas y diwrnod hwnnw. Fe glywais ar y newyddion i fomiau ffrwydro ger y llinell derfyn ym Marathon Boston. Roeddwn yn gwybod bod Lance yn rhedeg y ras ac y byddai'n cwblhau'r marathon o gwmpas yr un amser â'r ffrwydrad. Dwi'n cofio pryderu yn ei gylch a cheisio cysylltu i wybod ei hanes. Er mawr ryddhad, cysylltodd i ddweud iddo groesi'r llinell derfyn ychydig funudau cyn y ffrwydradau. Roedd yn ddiogel, ond fe welodd y cyfan. Fe fodlonodd i ddweud ei stori o'i brofiad ar *BBC Radio Wales* y diwrnod canlynol. Aeth Lance ymlaen wedi'r profiad hwnnw i gyflawni gwaith dyngarol ymysg plant ym mynyddoedd Guatemala. Fe wnaeth darllen ei hanes beri i mi gofio'r modd i mi ddechrau gweithio gyda cheiswyr lloches a ffoaduriaid. Pobl o genhedloedd eraill. Dechreuodd fy stori o ddifrif yn Awst 2001.

Yn ôl yng Nghaerdydd. Y prynhawn hwnnw o haf yn 2001, pryd y daeth cenhedloedd y byd i Gymru mewn ffordd ryfedd iawn, gwelais yr angen i sefyll a gorffwys fy nghefn ar y wal oer honno sy'n cwmpasu Carchar Caerdydd. Fel plentyn ardal y chwareli caf sicrwydd a bendith pryd bynnag y byddaf yn cyffwrdd gonestrwydd caled ac oer cerrig, a llechi yn fwyaf arbennig. Gan gydweithio â'r diweddar Barchedig Mark John, un o gaplaniaid y carchar, bûm yn ymweld â nifer o geiswyr lloches a gafodd eu carcharu yno dan yr hyn a dybir ar y pryd fel amodau *remand*. O fewn oriau i'r newyddion dorri eu bod nhw yno, trefnwyd i'w gweld nhw yn y celloedd gan gynnig eiriolaeth gyfreithiol a gofal bugeiliol. Roedd clywed stori rhai ohonyn nhw yn ddirdynnol. Mater o ryfeddod i bawb oedd iddyn nhw gael eu gosod mewn carchar Fictorianaidd yng Nghaerdydd o bobman.

Oedais yn weddigar y diwrnod hwnnw yn Awst 2001 gan orffwys fy nghefn ar y wal oer, cau fy llygaid a mwynhau ysbaid tawel i gefndir sŵn byrlymus y ddinas. O gofio'r unigolion o sawl cyfandir yr oeddwn newydd siarad â nhw, teimlais yn gwbl analluog i fod o unrhyw gymorth iddyn nhw. Bryd hynny, nid oedd gennyf unrhyw wybodaeth na phrofiad o ymwneud â cheiswyr lloches. Ond, ar y pryd, roedd nifer yn yr eglwysi am i ni yn Cytûn fod o gymorth. Am ennyd, gan orffwys ar y wal, teimlais awel braf yn disgyn ar fy wyneb. Fe wnes i ddirnad rhywfaint o oleuni hefyd yn disgyn o'm cwmpas. Ond, yn llawer mwy na hynny, fe gododd argyhoeddiad dwfn yn nyfnder fy enaid yn mynegi taw ymwneud â phobl fel y rhain oedd fy nhynged i fod am gyfnod. Efallai y byddai rhai ym myd ffydd am alw profiad o'r fath yn alwedigaeth. Credaf hynny. Beth bynnag, fe barodd yr argyhoeddiad mewnol hwnnw am gyfnod o ugain mlynedd neu fwy, ac mae'n dal yno i ryw raddau.

Fe gafodd y carcharorion yng Ngharchar Caerdydd yn 2001 eu symud oddi yno yn dilyn pwysau dinesig a gwleidyddol o gyfeiriad y Cynulliad. Roedd hynny yn fuddugoliaeth ar y pryd. Credaf i bwyso trawsbleidiol yn y Cynulliad gael dylanwad. Defnyddiwyd grym gweinidogion a phwyllgorau'r sefydliad. Gwenaf erbyn hyn ond darganfyddais yn ystod yr helynt y gallai gweinidog yr Efengyl gael mynediad yn gynt efallai i gelloedd y carchar na gweinidog gwleidyddol. Hyd heddiw, rwyf yn difaru i mi beidio cadw mewn cysylltiad â rhai ohonyn nhw. Roedd honno'n un o'r gwersi y byddwn yn ei chofio ar gyfer y dyfodol, yn arbennig mewn achosion o bwys gwleidyddol strategol. Byddai grŵp arall o geiswyr lloches yn cael eu gosod yng Ngharchar Caerdydd yn 2004 ond byr fu eu harhosiad yno. Cynigwyd yr un math o gefnogaeth iddyn nhw hefyd.

Dros y blynyddoedd yng ngwasanaeth Cytûn fe ddygodd dilyn yr argyhoeddiad y dylwn geisio gofalu dros y rhai a ddaeth i'n plith o'r cenhedloedd â heriau i'm rhan, ffyrdd caled ac uchel i'w dringo weithiau a llwybrau serth a hawliodd ymdrechion eirioli cywrain yn arbennig wrth ymwneud â'r Swyddfa Gartref, Llywodraeth Cymru ac awdurdodau lleol. Ynghyd ag eraill, cafodd eglwysi Cytûn le o gwmpas y bwrdd wrth drafod heriau sylweddol a dadleuol mewnfudo. Am gyfnod, gofynnwyd i mi gadeirio Partneriaeth Strategol Mewnfudo Cymru dan nawdd y Swyddfa Gartref. Rhoddodd hynny fi yng nghanol pob peth dadleuol a gododd yn y maes yn ystod y cyfnod hwnnw.

Maes o law, byddwn yng ngwasanaeth eglwysi Cymru, yn ymweld â mannau croesi rhyngwladol ffoaduriaid. Llefydd fel Idomeni neu Eidomeni, ar y ffin rhwng gwlad Groeg a Macedonia yn Medi 2015. Fe drodd pentref bychan yn dref sylweddol ei phoblogaeth oherwydd yr holl ffoaduriaid a deithiodd drwy'r lle. Man lle y bu miloedd o ffoaduriaid o Syria yn fwyaf arbennig yn ceisio lloches, yn croesi drosodd i wledydd cyfandir Ewrop. Weithiau yn ôl y sôn, cymaint â 5,000 y dydd. Cofiais orffwys dan wres y dydd ar y postyn concrit llwm hwnnw sy'n dynodi'r ffin rhwng gwlad Groeg a'r hyn a adnabyddir heddiw fel Gogledd Macedonia. Fe redais ychydig lathenni er mwyn gweld y ffoaduriaid yn cael eu gosod mewn trenau a oedd yn debyg i mi o bellter fel tryciau gwartheg. Teuluoedd cyfan. Miloedd ohonyn nhw mewn rhes hir o drychineb dynol. Syllais am ychydig ac roeddwn yn falch o gael rhedeg yn ôl i Idomeni. Roedd y milwyr arfog ar y ffin yn hael gyda'r grŵp o weinidogion o eglwysi Prydain ac Iwerddon a ymwelodd â'r lle.

Gyda chyfeillion o Eglwysi Ynghyd ym Mhrydain ac Iwerddon (CTBI) drwy'r ymweliad hwnnw, cafwyd cyd-ymwneud buddiol gyda'r eglwysi lleol o Thesalonica yn fwyaf arbennig. Er gwaethaf eu tlodi hwythau, llwyddodd y Thesaloniaid i fwydo miloedd ar y ffin yn ystod argyfwng erchyll hwnnw yn 2015. Profiad hynod o braf oedd cael cyfarfod nid yn unig â'r gwleidyddion lleol ond y gwirfoddolwyr hynod hynny o'r eglwysi lleol. Un ohonyn nhw oedd Dimitris Tsoukalas. Tanlinellodd bwysigrwydd darparu'r WI-FI cwbl angenrheidiol ar y groesffordd yn Idomeni. Roeddwn yn llawn edmygedd o'r gwaith arbennig a wnaed i ddiogelu plant a oedd ar ben eu hunain rhag melltith masnachwyr pobl, neu'r *traffickers*. Gwaith eithriadol o beryglus.

Cyn dychwelyd i Lundain y Medi hwnnw, cawsom gyfle i sgwrsio â staff llys genhadaeth y DU yn Athen. Unwaith eto, fe godais yn blygeiniol yn y ddinas gan ymroi i redeg i fyny at y byd enwog *Acropolis*. Beth arall fyddai rhedwr marathonau yn ei wneud tra yn Athen? Roedd hi'n boeth ac fe wnaeth llygredd aer y traffig lle'r oeddwn i yn aros effeithio rywfaint ar fy ysgyfaint. Byddwn yn byw i ddifaru gwneud pethau felly ymhen ychydig flynyddoedd. Ond roedd raid cwblhau'r gorchwyl y bore hwnnw a thalu teyrnged dawel a phersonol i Pheidippides a redodd yno ganrifoedd yn ôl.

Roedd y profiad o wrando ar straeon staff y Llysgenhadaeth yn brofiad dirdynnol. Dan deimlad, fe glywsom am yr hyn yr oedden nhw wedi ei weld mewn llefydd fel Lesbos. Yn ystod y cyfnod hwnnw, croesodd degau o filoedd o'r Dwyrain Canol a Gogledd Affrica i'r ynys. Bu cannoedd farw yn y Môr Aegeaidd. Rhoddwyd sylw yn y cyfryngau Prydeinig yr un mis i fachgen bach mewn crys-t coch a gollodd ei fywyd ar draeth yn Twrci yn ceisio croesi i Kos. O safbwynt staff rhyfeddol y Llysgenhadaeth, nid ef oedd yr unig un.

Cofnodais y cyfan a glywais yn ofalus. Ymhen oriau, o ddychwelyd i Gaerdydd, cefais gyfle i drafod yr hyn yr oeddwn wedi ei weld gyda'r tasglu a gafodd ei sefydlu gan Carwyn Jones, Prif Weinidog Cymru ar y pryd. Yn y ffordd unigryw Gymreig honno cafodd y tasglu ei sefydlu i drafod yr argyfwng ffoaduriaid o Syria ac i gynllunio o gwmpas y gwaith. Byddwn yn dysgu o'r dyddiau olaf hynny a gefais yng ngwlad Groeg yn ystod ymweliad CTBI ac yn addasu'r hyn a welais i sefyllfaoedd Cymreig ymhen amser. Yn fwyaf arbennig lleoli ceiswyr lloches ym Mhenalun ger Dinbych y Pysgod. Credaf i'r math hwnnw o gyd-drafod aeddfedu i'r fath raddau dros y blynyddoedd fel y gallai Cymru arwain y byd maes o law yn nhermau'r gofal a roddwyd yn fwyaf arbennig i ffoaduriaid o Afghanistan a'r Wcráin. Roedd y cynllunio manwl a'r cydweithio eang yn gwbl allweddol.

Er mwyn gwybod mwy am waith rhyfeddol yr eglwysi yn Thesalonica cefais gyfle i deithio'n ôl i'r ardal ddechrau Rhagfyr 2015. Roeddwn am wneud hynny er mwyn gwybod mwy. Braf oedd ail gysylltu â Dimitris. Cefais fy nghymryd i'r gwesty yn y ddinas yn y clinig symudol roedd yr eglwysi wedi ei addasu. Y noson honno, roedd yn arbennig o handi fel gwasanaeth tacsi. Cysur wedi cyrraedd oedd cael negeseuon o adref. Mae anogaeth o'r fath yn cyfrif llawer i mi. Cefais groeso arbennig ar y bore Sul gan eglwys efengylaidd Dimitris a'i deulu. Gallwn ddeall ambell beth yn y Roeg ond nid llawer. Geiriau o'r Testament Newydd yn bennaf. Roedd cael bod yno yn fendith ynddo'i hun a gweld rhai o'r llefydd y credir i'r Apostol Paul fod ynddyn nhw. Credaf taw cerdded o gwmpas y lle wnaeth Paul ddweud iddo orfod ffoi ohono oherwydd ei bregethu adawodd argraff. Efallai iddo yntau redeg rywfaint hefyd!

Ymroi gwnes i ar y bore Llun canlynol i redeg chwe milltir ar hyd y traeth a rhyfeddu ar gerflun trawiadol Alecsander Fawr, brenin Macedonia. Gwnes hynny gan redeg heibio a gweddïo'r un pryd. Dyna fy arfer ar ddechrau dyddiau a allai fod yn heriol. Roedd yn ddechrau da mewn lle gwirioneddol brydferth. Roedd y môr yn rhyfeddol o las a'r haul yn gysurus gynnes. Ers y mis Medi blaenorol, cefais y teimlad bod y trefniadau ar gyfer y pwynt croesi yn Idomeni wedi gwella. Roedd yn drawiadol bod llawer o blant yno gyda'u rhieni. Roedd yr UNHCR (Asiantaeth y Cenhedloedd Unedig ar Gyfer Ffoaduriaid) yn eithriadol o brysur yno ynghyd ag asiantaethau rhyngwladol eraill. Fy nealltwriaeth ar y pryd oedd bod ffoaduriaid o Syria, Afghanistan ac Irac yn cael caniatâd i symud ymlaen, ond nid felly eraill. Yn raddol, byddai rhai yn cael i symud i Athen a mannau eraill. Casglodd llu o genhedloedd yno.

Mewn llefydd o'r fath mae ambell ddelwedd yn aros. Yn rhyfeddol, aeth rhai o'r plant i chwarae yn y gwersyll. Fel plant Trawsfynydd yn fy nghyfnod i, fe aeth rhai i redeg ac eraill i ddringo. Cofiaf ambell blentyn yn troi at asiantaethau fel UNHCR am ddiogelwch a chael llonydd i chwarae gydag ambell degan. Ond nid lle i chwarae ynddo oedd Idomeni. Yn Ebrill 2016 mynegodd yr UNHCR siom wedi i drais ddigwydd yno, gan gynnwys y defnydd o nwy dagrau. Cofnodwyd ar y pryd bod 11,000 wedi casglu yn Idomeni.

Ymhen ychydig ddyddiau i mi fod yn Idomeni yr ail dro, fe symudodd yr awdurdodau i mewn i'r gwersyll gan glirio'r pebyll. Roedd angen i'r trenau deithio drwy'r lle yn ddirwystr. Yng nghanol hyn i gyd roedd Cristnogion lleol, yn efengylaidd ac yn uniongred, yn cydweithio â'i gilydd er mwyn darparu gwasanaeth i eraill. Credaf i'r gwersyll gael ei gau i lawr yn llwyr yn Mai 2016 gyda'r rhai a oedd yn weddill yno bryd hynny yn cael ei lleoli mewn gwersyll ger Thesalonica.

Yn ystod fy ail ymweliad cefais fwy o amser i gymdeithasu â Dimitris a'i eglwys. Roedd hynny yn braf. Cawsom un cinio rhagorol gyda'n gilydd ger y traeth, pryd y cefais fy nghyflwyno i'r ddiod ryfeddol hwnnw, *ouzo*. Diod gadarn meddai rhai. Gormod o demtasiwn efallai i rywun a gafodd ei fagu i hen synau'r mudiad dirwest. Roeddwn yn arbennig o hoff o'r blas ac fe gefais ychydig o hwyl yn tynnu coes ynghylch y posibilrwydd o ddefnyddio *ouzo* i anfon rocedi i'r lleuad. Yn nhermau alcohol, cefais fy sicrhau bod *ouzo* yn gryfach na fodca a jin.

Rwyf wedi parhau mewn math o gysylltiad â Dimitris, yn bennaf drwy gyfryngau cymdeithasol. Nid oes angen ei sgiliau arbennig na'i ymroddiad rhyfeddol yn Idomeni bellach. Mae'r lle yn glir erbyn hyn. Clywais ganddo yn ddiweddar. Mae'n dal yn driw i'w argyhoeddiad efengylaidd yn plannu eglwysi newydd yn y tir. Rhywbeth yn debyg i'r Apostol Paul efallai. Mae hefyd yn cynnig darpariaeth feddygol i gymunedau Mwslimaidd o'i gwmpas. Mae ei waith yn parhau'n hael a charedig.

Bu helyntion Syria yn amlwg drwy'r cyfan. Yn rhyfeddol o gyflym ac yn annisgwyl efallai yn Rhagfyr 2024, disgynnodd llywodraeth Assad yn Namascus. Daeth hanner canrif o reolaeth gan un teulu i ben yn Syria. Bu'r newid yng ngwleidyddiaeth y wlad yn destun llawenydd i nifer o'm cyfeillion o Syria sydd bellach yn ystyried eu hunain yn Gymry hefyd. Yn union syth, fe aeth rhai yn ôl i wlad eu geni a'u magwraeth. Am y tro beth bynnag, i ymweld a llawenhau gyda'u teuluoedd. Mae nifer ohonyn nhw bellach yn feddygon yng Nghymru. Amser a ddengys beth fydd dewisiadau hir dymor y teuluoedd hyn. Bydd rhai yn dychwelyd, ond eraill ddim efallai. Ar hyn o bryd, mae'r sefyllfa yn Syria yn cynnig gobaith o'r newydd i rai. Ond gobaith bregus yn arbennig i'r rhai a droediodd yn eu miloedd drwy Idomeni. Ceir pryder cynyddol ynghylch diogelwch y gymuned Gristnogol.

Erys argyhoeddiad ar fy rhan taw'r ateb i'r heriau hynny a ddaw yn sgil ymfudo rhyngwladol ffoaduriaid yw mynd i'r afael â newid hinsawdd, rhyfeloedd rhwng grymoedd a chenhedloedd gwahanol a gofalu bod systemau llym ar waith ynghylch dychwelyd pobl y mae prosesau teg a chyfiawn yn dyfarnu nad yw eu ceisiadau am loches yn ddilys. Rwyf yn bell o fod yn arbenigwr ar hanes diweddar Syria ond sylwodd rhai cyn i'r wlad ffrwydro mewn gwrthryfel yn 2011 i'r ardal a adnabyddir fel y Cilgant Ffrwythlon ddioddef y sychder gwaethaf a gofnodwyd. Defnyddiwyd Idomeni yn helaeth gan y rhai a ymdrechodd i ffoi o Syria.

Mor bell yn ôl â Mai 2007, fe wnaeth Cytûn groesawu rhai o arweinyddion amlycaf eglwysi Syria i Gymru. Da o beth iddyn nhw grwydro Cymru gyfan a chael croeso cynnes ym mhob man. Byddai rhai arweinwyr eglwysig o Syria yn colli eu bywydau yn ystod y rhyfel cartref. Cafodd ambell un ei herwgipio hefyd. Rhai yr oedd aelodau o Grŵp Rhyngwladol Cytûn yn eu hadnabod yn dda. Bellach, yn nhermau fy nghyfeillion o Syria tybiaf taw'r unig beth ellir ei wneud yw parhau i ymestyn llaw cyfeillgarwch a chaniatáu iddyn nhw weld y ffordd ymlaen ar gyfer eu teuluoedd.

Dros sawl Nadolig cefais wahoddiad i fynychu Cymun Bendigaid Cristnogion Cymru sy'n hanu o Syria a'r Dwyrain Canol. Ceir rhywbeth rhyfeddol o hyfryd mewn clywed y litwrgi mewn Aramaeg, iaith Mair, Joseff a'r Iesu. Trwy gydol fy nghyfnod gyda Cytûn cafwyd cydweithio braf rhwng aelodau'r Rhwydwaith Cyfiawnder Hiliol. Un o'r cymeriadau amlycaf yn y Rhwydwaith yw'r Dr Mazin Alfaham. Pediatrydd yn wreiddiol o Baghdad. Gofalodd bod materion sy'n effeithio ar gymunedau Cristnogol y Dwyrain Canol yn cael eu hystyried a'u deall.

Ym mhen arall y byd, cefais gyfnod Sabothol eithriadol o fuddiol ond anodd ar brydiau ym mis Tachwedd 2018. Enillodd y Democratiaid y Gyngres bryd hynny ond nid y Senedd. Ar ôl mwynhau cwmni cyfeillion o *BBC Radio Cymru* yn Washington DC yn trafod etholiadau canol tymor America, cymerais yr *Amtrak* a bws i lawr i gyfeiriad Goldsboro yng Ngogledd Carolina. Rhaid i mi gyfaddef, fe wnes i wirioneddol fwynhau'r daith drwy Virgina. Roeddwn am weld dinas hanesyddol Richmond ac fe gefais wneud hynny drwy deithio trwodd.

Wedi cyrraedd Goldsboro cefais y fraint o wrando ar y Parchedig William J Barber II yn pregethu ar y Sul. Mae'n un o arwyr pennaf y mudiad hawliau sifil yn yr Unol Daleithiau ac yn sefyll yn eofn yn etifeddiaeth y Parchedig Martin Luther King Jr. Mae'n ddyn mawr yn gorfforol sy'n hawlio sylw'r rhai sy'n gwrando arno. Gwir ddramodydd y pulpud. Cofiais iddo roi araith aruthrol o rymus yng Nghonfensiwn y Democratiaid yng Ngorffennaf 2016 gan wefreiddio'r cynadleddwyr yn sgil ei bwyslais ar gyfiawnder. Cefais groeso neilltuol gan aelodau o'i deulu a'i gynulleidfa yn Eglwys Greenleaf Goldsboro yn yr Astudiaeth Feiblaidd yng nghanol yr wythnos a dysgu llawer o hynny. Dysgais o'r newydd o fod yn eu plith nad yw brwydrau hawliau dinesig pobl Affro-Americanaidd drosodd. Nid drosodd o bell ffordd.

Yr atgof arall sydd wedi aros yn y cof oedd gweld ysgolion Goldsboro yn gorfod cau am gyfnodau oherwydd negeseuon bygythiol. Ychydig y gwyddwn i bryd hynny y byddai'r pla bygythiol hwnnw yn lledaenu. Cafwyd arwyddion eglur hefyd ar ddrysau'r llyfrgell gyhoeddus yn Wayne County nad oeddwn i gymryd arfau i mewn i'r adeilad. O dan ddelweddau cyllell a gwn cafwyd cyfarwyddyd clir *'NO WEAPONS ALLOWED.'* Cefais sgwrs braf gyda'r gwarchodwr arfog. Wrth edrych yn ôl fe gefais gyfle da i wneud llawer o gerdded tra yno ond gwelais yn dda i beidio rhedeg. Carwn i ddim cael fy arestio.

Oddi yno, cefais hedfan i McAllen yn Texas ar y ffin â Mecsico gyferbyn â'r Rio Grande. Cofiaf gyrraedd yn rhy hwyr ar gyfer y Ganolfan Gatholig roeddwn yn bwriadu aros ynddi'r noson honno. Roedd y lle wedi cau. Darganfyddais yn fuan nad oedd brodorion Texas yn cerdded rhyw lawer rhwng llefydd yn arbennig gyda'r hwyr. Diolch i'r drefn am dacsi parod a *Motel* cyfagos. Unwaith eto, cefais groeso cynnes gan y gymuned Gristnogol leol a oedd yn cyflawni gwaith rhyfeddol gyda'r ffoaduriaid a oedd yn croesi'r Rio Grande. Boed nhw'n Gatholigion neu'n *Fyddin yr Iachawdwriaeth*. Unwaith eto, fel yn Idomeni, yn eu miloedd.

Cefais y fraint ryfeddol o gyfarfod am ychydig â'r Chwaer Norma Pimentel. Credir, erbyn 2020, iddi gynorthwyo dros 100,000 o ymfudwyr a groesodd y Rio Grande i America. Cafodd ei chyfrif yn 2020 gan Time fel un o 100 person mwyaf dylanwadol y byd. Yn bennaf oll, fe ddaeth i enwogrwydd oherwydd iddi herio gweinyddiaeth Donald Trump o wahanu plant ymfudwyr o'u teuluoedd wedi eu cadw mewn celloedd agored ger McAllen. Daeth yr arfer creulon hwnnw i ben ychydig wythnosau cyn i mi gyrraedd yno.

Weithiau mae rhywun yn cael y fraint o gyfarfod â Christnogion gwbl ryfeddol. Yn neilltuol o agos at Dduw yng ngolwg y rhai sy'n credu. Fe roddodd y Chwaer Norma sêl ei bendith ar i mi weithio gyda gwirfoddolwyr eraill yng Nghanolfan yr Elusennau Catholig (CCRGV) yn McAllen. Cefais y fraint o dorri brechdanau ar gyfer y rhai a oedd am symud ymlaen, didoli'r esgidiau a'r dillad a roddwyd iddyn nhw a chymryd rhai at yr Orsaf Fysiau yn McAllen. Gollyngwyd rhai yno gydag amlen a fyddai yn eu cynorthwyo i ymuno weithiau â'u teuluoedd mewn rhannau eraill o America. Ar ambell amlen cafwyd cais hynod ddefnyddiol mewn ysgrifen fras. *PLEASE HELP ME. I DO NOT SPEAK ENGLISH. WHAT BUS DO I NEED TO TAKE? THANK YOU FOR YOUR HELP!*

Tra'n gwirfoddoli yno gofynnodd un o'r trefnwyr i mi gynnig bendith i'r cannoedd o bobol a gafodd eu rhyddhau o ofal yr awdurdodau'r i'r Ganolfan yn McAllen y prynhawn hwnnw. Tybiais taw Saesneg fydda'r iaith orau ar gyfer y fendith er taw ychydig iawn fyddai yn ei deall. Sbaeneg oedd iaith gyntaf y trefnwr y cefais weithio gydag o. Roedd yn gefnogwr brwd o dîm pêl-droed cenedlaethol Mecsico. Wedi i mi egluro wrtho fy mod yn dod o Gymru fe wnaeth fy holi yn dwll am Gareth Bale. Gofynnodd a fyddwn yn fodlon cyfnewid fy nghrys pêl-droed Cymru gyda'r un o'i eiddo yn lliwiau Mecsico. Rhaid i mi gyfaddef i mi oedi am ychydig - gwisgais fy hoff grys Wal Goch gyda balchder drwy'r Euros yn 2016. Dyna'r crys roeddwn yn ei wisgo mewn un llun arbennig o hoffus ohonom yn un o'r gemau yn Ffrainc yng nghwmni Steffan Lewis a Stephen Thomas, gynt o Gymdeithas y Cenhedloedd Unedig yng Nghymru. Rwyf yn trysori'r llun hapus hwnnw. Fe olygodd y llun hwnnw llawer mwy i mi wedi i ni golli Steffan. Rwyf yn sicr erbyn hyn y byddai Steff yn hynod falch o weld rhywun mewn crys coch Cymru yn gweithio ymysg y rhai sy'n derbyn cymorth yn McAllen.

Pennod 9

Rhedeg dros eraill – Displaced People in Action

Yn ychwanegol i'm gwaith gyda Cytûn, dygodd fy ymwneud cynnar â ffoaduriaid yn 2001 fi i waith gwirfoddol yn y sector. O dderbyn rôl fel Cadeirydd neu Gydlynydd ar gyfer grwpiau gwirfoddol yng Nghaerdydd y flwyddyn honno fe gefais wahoddiad i fod yn Ymddiriedolwr gydag elusen *Displaced People in Action* neu *Alltudion ar Waith* yn Gymraeg. Cefais gyfnod eithriadol hapus gyda'r elusen am dros ugain mlynedd, yn cynnig gwasanaeth i filoedd o geiswyr lloches a ffoaduriaid, y rhan fwyaf o'r blynyddoedd hynny fel Cadeirydd. Cefais gyfnod byr hefyd fel Cadeirydd *Cyngor Ffoaduriaid Cymru*. Roedd hynny yn fraint.

Yn fy ymwneud â'r sector ffoaduriaid, cefais flas ar ddwyn llu o bobol o gyrff a chefndiroedd gwahanol at ei gilydd i gyflawni pethau cwbl arloesol. Yn fwy na hynny, cefais flas ar fwynhau cwmni'r ceiswyr lloches a'r ffoaduriaid eu hunain. Mae llawer ohonyn nhw erbyn hyn yn gyfeillion oes. Cefais glywed eu straeon, gweld eu dawnsio a mwynhau eu cerddoriaeth. Yn fwyaf arbennig, cefais flasu eu bwydydd. Fe alluogodd hyn i mi, am gyfnod helaeth iawn, i geisio adrodd eu straeon ar y cyfryngau. Yn aml, byddwn yn dychwelyd at yr argyhoeddiad a deimlais wrth bwyso ar wal oer Carchar Caerdydd, taw hynny yr oedd Duw am i mi ei wneud. Efallai, fel neb llai na'r Apostol Paul, cefais fy ngalw i redeg ymysg y cenhedloedd.

O ddyfnderoedd y cyfnod cynnar hwnnw dros ugain mlynedd yn ôl, mae un stori yn aros yn hynod o amlwg yn y cof. Fel person sy'n ceisio llywio ei fywyd gan yr ymdeimlad o alwedigaeth, glynaf yn aml wrth un digwyddiad o bwys personol aruthrol. Wrth annog eraill i ymlwybro i gyfeiriad gweinidogaeth byddaf yn aml yn annog nhw i wneud yr hyn y mae Duw yn gosod wrth eu traed. I'r rhedwr, mae cerddediad neu lamu cadarn yn gwbl angenrheidiol.

Fy mwriad rhyw fore oedd mynychu gwasanaeth Cymun yn y *Goleulong* ym Mae Caerdydd. O'r llwyfan arbennig hwnnw, sydd bellach wedi dod i ben, cafwyd gweinidogaeth ryfeddol o effeithiol ymysg ymwelwyr, gwleidyddion a phobol busnes. Erbyn hyn, gwelwyd colled aruthrol ar ei hôl. Roeddwn yn mwynhau mynd yno, ac yn gyson yn derbyn bendith o'r cwmni cynnes a gafodd ei gynnig uwchben paned dda. Wrth gerdded yno, cefais y teimlad rhyfeddaf nad oeddwn i fynychu'r gwasanaeth, ac y dylwn i fynd i rywle arall. Mae fy ffydd yn peri i mi wneud pethau felly weithiau! Gan weddïo yn nhraddodiad hyfryd ein cyndadau Celtaidd fe grwydrais yn raddol i gyfeiriad Sgwâr Mount Stuart yn hen ardal fasnachol Caerdydd - lle sy'n byrlymu gyda diwylliannau cymysg a rhyfeddol cenedlaethol Cymru.

Yn annisgwyl braidd o sefyll yno, fe glywais lais merch ifanc a'i mam y tu ôl i mi. Fe ofynnodd yn dawel am gymorth, gan ddangos darn o bapur gydag enwau cyfreithwyr. Deellais yn syth bod y teulu yn hanu o gefndir Baloch yn Iran. Roedd Farahnaz Ragi wedi cerdded milltiroedd y diwrnod hwnnw yn chwilio am gynrychiolaeth gyfreithiol ynghylch eu cais am loches. Yn ffodus, roedd swyddfa fy nghyfaill, Anne Hubbard, yn agos. Ar y pryd, roedd Anne yn gweithio ym maes mentora ceiswyr lloches. Wedi hynny, ac am flynyddoedd lawer, byddem yn cydweithio'n agos gyda'n gilydd yn arbennig wedi i mi gael fy mhenodi yn Gadeirydd ar Bartneriaeth Mewnfudo Strategol Cymru dan oruchwyliaeth y Swyddfa Gartref.

O eistedd i lawr yn y swyddfa fe eglurodd Farahnas iddi oedi am gymorth a gweddïo am angel i'w chynorthwyo. Gallwn wenu am y peth erbyn hyn, ond fy ymateb oedd egluro fy mod yn Gristion a hithau'n Fwslim. A fyddai hynny'n gwneud gwahaniaeth? Iddi hi a'i mam y diwrnod hwnnw, byddai unrhyw fath o angel yn gwneud y tro. Fe gynigiodd y funud fach honno dro mewn bywyd i mi ac iddi hi a'i theulu. Byddai cais y teulu am loches yn cael ei dderbyn. Yn unol â'i phenderfyniad y diwrnod hwnnw, fe fyddai Farahnaz yn hyfforddi i fod yn gyfreithwraig. Bellach, mae hi'n gweithio yn Llundain. Byddem yn parhau mewn cysylltiad fel teuluoedd. Byddwn hefyd fel Cristion, o'r diwrnod hwnnw ymlaen, yn dyfnhau fy mherthynas â'r gymuned Fwslimaidd. Daeth hithau hefyd i ddeall y ffydd Gristnogol yn well.

Yn ystod blynyddoedd cyntaf datganoli, yn arbennig drwy waith DPIA, fe ddyfnhaodd fy mherthynas a llu o geiswyr lloches a ffoaduriaid. O dan nawdd y *Diana Fund*, cwblhawyd gwaith rhyfeddol yn arbennig drwy ymroddiad neilltuol Leona Walsh a ddaeth yn wreiddiol o'r Weriniaeth Tsiec, drwy Ganada i Gymru. Roedd chwarae pêl-droed yn rhan o'r gweithgaredd cynnar hwnnw, a cefais fy ngalw i weithredu fel dyfarnwr gwael iawn sawl tro. Dysgais yn y dyddiau hynny bod cyfeillion o rai cenhedloedd yn fwy brwdfrydig nag eraill wrth chwarae pêl-droed! Cafwyd tripiau i gefn gwlad, cylchoedd gwragedd croesawgar a phrosiectau hynod o effeithiol i groesawu plant. Gellir diolch i'r elusen *Plant Mewn Angen* yn fwyaf arbennig am noddi'r gwaith gyda phlant a'u teuluoedd.

Ond, yn 2003, bu bron i DPIA ddod i ben oherwydd trafferthion cyfreithiol ynghylch marsiandïaeth i goffau'r Dywysoges Diana. Gallaf gofio'r braw a'r dychryn yn swyddfa DPIA wedi clywed gan y *Diana Fund* y byddai'r arian a addawyd ar gyfer ein gwaith elusennol yn cael ei atal. Hunllef waethaf unrhyw ymddiriedolwr gydag elusen. Byddai'n rhaid diswyddo staff. Eglurwyd ar y pryd i'r Gronfa wrthod trwydded i gwmni Franklin Mint i gynhyrchu marsiandïaeth i gofio Diana. Fe gollodd y *Diana Fund* achos cyfreithiol mewn mater yn ymwneud â llysoedd California os ydwyf yn cofio yn iawn. Dywedwyd ar y pryd i'r achos gostio ffortiwn i'r Gronfa. Cyhoeddwyd yn 2003 na fyddai'r *Diana Fund* yn cynnig rhagor o grantiau. O bryder mawr i DPIA, cyhoeddwyd hefyd na fyddai grantiau a addawyd eisoes yn cael eu talu. Dywedwyd ar y pryd y gallai'r helynt effeithio ar 120 o elusennau. Nid ni yn DPIA oedd yr unig elusen Gymreig a gafodd ei effeithio gan yr helyntion.

Gan wybod y byddai gwaith elusennol allweddol yng Nghymru yn dod i ben, aeth y Cynulliad ati i geisio canfod ateb i'r broblem. Cafodd rhai elusennau yn Lloegr sicrwydd cefnogaeth gan elusennau eraill. Troi at y Cynulliad wnes i yng Nghymru gydag arweinyddion elusennau eraill. Cofiaf ysgrifennu bapur briffio ar gyfer y gweinidog yn trafod yr argyfwng a oedd yn wynebu'r sector a defnyddwyr eu gwasanaethau. Ar y pryd, tybiwyd y byddai cadw'r elusennau a oedd yn gweithio yng Nghymru i gario'r gwaith ymlaen am gyfnod o chwe mis yn costio £215,968. Diolch i'r drefn, creuwyd modd i'r Cynulliad warantu'r hyn a oedd ei angen. Fe aeth y gwaith ymlaen yn ddirwystr oherwydd hynny yn achos DPIA a'r elusennau Cymreig eraill. Fe gafwyd peth sylw i'r gwaith cadarn hwn ar ran swyddogion Llywodraeth Cynulliad Cymru, ond nid llawer. Yn rhy aml llithrodd gwaith o'r fath o dan y radar newyddiadurol.

Mae rhedwyr ar ddiwedd pob ras o bwys yn derbyn medal. Mae gennyf lond bag trwm o rheini yn sgil rhedeg. Cefais fy nghywiro'n garedig rhyw dro am ddweud 'cymryd lle' yn hytrach na'r hyn yr oeddwn yn ei feddwl sef 'digwydd.' Gall cywiro felly fod yn ddefnyddiol. Dywedwyd wrthyf taw wardrob mewn llofft sy'n 'cymryd lle.' Nid felly yn fy achos i. Y medalau a'r cwpanau sy'n cymryd lle yn y wardrob. Gormod ohonyn nhw efallai.

Yn dilyn fy ngwaith cynnar gyda ffoaduriaid gwelodd gyrff gwahanol yn dda i fynegi eu gwerthfawrogiad o'r gwaith a wnaed. Daeth OBE yn 2006 am fy ngwaith gydag elusennau ffoaduriaid. Credaf i rai ohonyn nhw fy enwebu. Llywiodd hynny sut rwyf yn gweld yr anrhydedd arbennig honno. Peth hyfryd oedd cael fy nerbyn i'r Orsedd yn Eisteddfod Caerdydd a'r Fro yn 2008. Yn y fan honno, rwyf yn Aled Madryn. Erbyn hyn, rwyf yn mwynhau'r fraint aruthrol o fod yn Ddistain yn yr Orsedd. Mae'r Disteiniaid yn griw da. Rhoddwyd ffon i mi gan feddwl bod modd cael trefn ar aelodau'r Orsedd. Braf hefyd oedd cael derbyn gwobr *Cydnabod Llwyddiant: Am Wasanaeth* i Gymru yn 2010. Gwobr Llywodraeth Cynulliad Cymru oedd honno. Gwelodd yr Eglwys yng Nghymru'n dda i fy ngwneud yn Ganon yn 2014. Bu eraill yn hynod o garedig wrthyf dros y blynyddoedd, a diolchaf am hynny.

Ceir urddas a hwyl o gwmpas yr Orsedd. Allwn i ddim peidio â thynnu coes yn achos Eisteddfod Genedlaethol Tŷ Ddewi yn 2002. Daeth aelod o grŵp hyd braich Anglicanaidd i gondemnio'r Rowan Williams, Archesgob Cymru ar y pryd, am dderbyn gwahoddiad i fod yn aelod o'r Orsedd. Er nad oedd hynny'n gwneud gwahaniaeth yn y byd, ond roedd un yn eithriadol o dal gyda'r coler gron fwyaf i mi ei gweld. Roedd y llall yn fyr. Fe ddaeth y ddau yno ar y diwrnod anghywir. Cafodd Rowan ei dderbyn ar y dydd Llun. Gwelodd y ddau yn dda i ledaenu deunydd yn ein condemnio am fod yn baganiaid. Cefais y fraint o gyfarfod â sawl pagan clên dros y blynyddoedd yn fy ymwneud â materion rhyng-ffydd. Ond, nid wyf yn bagan. Gan ddirnad elfen o gefndir enwadaeth unoliaethol yn eu llenyddiaeth cefais fwynhad drwy eu hatgoffa bod y Frenhines hefyd yn aelod o'r Orsedd. Cafwyd pryder ar eu rhan hefyd am feini cylch yr Orsedd. Paganaidd eto! Mentrais awgrymu bod nhw'n debyg i Garreg Scone, y *Stone of Destiny* a gafodd ei dwyn o'r Alban. Daeth atalnod llawn i'r tynnu coes gyda chondemniad ar ran yr un tal. "Rwyt ti'n hoffi Catholigion yn dwyt?" Roeddwn yn gwbl euog o hynny.

Ynghylch cydnabod pethau, gŵyr y teulu am un digwyddiad a oedd yn golygu llawer i mi ar y pryd. *'Mashallah'* arall! O deithio o'r gwesty i Balas Buckingham yn 2006 ar gyfer derbyn yr OBE, yn naturiol, gofynnodd y gyrrwr tacsi lle yr oeddem am fynd. O wybod lle, roedd hefyd am wybod pam. Dywedais ychydig o'm hanes ac fe aeth yn dawel. Dysgais dros y blynyddoedd i fod yn eithriadol ofalus ynghylch trafod materion mewnfudo gydag eraill. Yn arbennig mewn tacsi. Ceir ymateb llai na charedig weithiau.

Fe gyrhaeddon ni Balas Buckingham mewn da bryd ar gyfer yr arwisgo fel y mae yn cael ei alw a phrysurais i dalu'r sawl a'n cymerodd ni yno. Er mawr syndod i mi fe gododd o'i sedd a cherdded o'i ôl i agor drws y tacsi'r ochr lle yr oeddwn yn eistedd. Agorodd y drws. Prysurais fy ngorau i'w dalu. Fe wrthododd y gyrrwr tacsi dderbyn y tal gan egluro'n gadarn ond yn garedig "Na, dwyt ti ddim yn talu heddiw. Dwi'n ffoadur. Heddiw, dwi'n dy helpu di ar dy siwrne." Cofiaf y funud honno.

Dros y blynyddoedd, daeth ambell werthfawrogiad drwy gydweithio'n dda ag eraill. Cafodd DPIA weithio drwy Gymru gyfan o'r bron. Y staff, wrth gwrs, a lywiodd y gwaith. Yn 2017, mewn partneriaeth â mudiad *Dinas Noddfa* Abertawe cafwyd cydweithio arloesol ymysg ceiswyr lloches a ffoaduriaid a thros 100 o wirfoddolwyr yn y ddinas. Bu staff DPIA yn cefnogi ac yn sicrhau llwyddiant y cyfan. Cafodd y gwaith ei arwain o ddydd i ddydd gan bwyllgor llywio lleol. Cafwyd ymdrech rhyfeddol i recriwtio a hyfforddi gwirfoddolwyr o'r gymuned. Aeth y gwirfoddolwyr hyn ati i gyflwyno straeon ceiswyr lloches yn fwyaf arbennig a'u cael i weithio fel eiriolwyr effeithiol. Bu'r cynllun mor effeithiol a llwyddiannus derbyniodd *Wobr y Frenhines am Wasanaeth Gwirfoddol* ym Mehefin y flwyddyn honno. Disgrifir y wobr fel MBE ar gyfer grwpiau gwirfoddol. Roedd yn golygu llawer i'r rhai a groesawodd Sophie, Iarlles Wessex ar y pryd. Yn arbennig y ceiswyr lloches a'r ffoaduriaid eu hunain. Cefais ei chyfarfod am ychydig.

Rydym i gyd yn wahanol ac fe ddysgais lawer o flynyddoedd yn ôl na ddylwn redeg yn esgidiau bobl eraill. Mae gennyf barch o'r mwyaf i'r bobl ragorol hynny sy'n gwneud gwaith aruthrol heb unrhyw gydnabyddiaeth. Maen nhw'n arwyr. Parchaf eraill sydd am resymau egwyddorol yn dychwelyd ambell beth yn ôl ac yn cymryd safiad personol. Yn fy achos i, ceir argyhoeddiad ar fy rhan na ddylai Cristnogion wneud pethau er mwyn cael eu gweld, ond nid yw cael ein gweld yn gwneud pethau da o hyd yn beth drwg.

Weithiau, mae dangos ein bod yn gallu cael pethau i weithio ac i weithio'n dda yn bwysig yng nghyswllt ffydd. Mae'n arbennig o bwysig erbyn hyn yng nghyswllt gwleidyddiaeth ac adeiladu cenhedloedd. Rydym mewn cyswllt rhyngwladol bellach, lle y mae camwybodaeth yn rhemp. Ceir y gallu drwy gyfryngau cymdeithasol yn fwyaf arbennig i danseilio neu hyd yn oed i ddileu cenhedloedd a'u sefydliadau. Fel dywed y Beibl *'Felly boed i'ch goleuni chwithau lewyrchu gerbron eraill, er mwyn iddynt weld eich gweithredoedd da chwi a gogoneddu eich Tad, yr hwn sydd yn y nefoedd.'* (Mathew 5:16 BCND). Mae lle i hynny - gogoneddu'r Tad hynny yw!

Yn olaf ond yn sicr nid yn lleiaf, carwn gloi'r bennod hon ar redeg yn bersonol gyda'r cenhedloedd drwy ddwyn sylw at yr un darn o waith sy'n rhoi'r wefr fwyaf i mi yn fy ymwneud personol â maes mewnfudo a bod yn arloesol yn rhyngwladol. Fe wnes ei grybwyll yn gynharach. Prosiect dros gyfnod o ugain mlynedd neu fwy sydd yn dangos dynamig rhyfeddol democratiaeth Cymru a'i ddefnydd ysgafn o rym sydd wedi elwa bywydau cannoedd erbyn hyn.

Yn ôl yn 2001, sylweddolodd Leona Walsh, o sgwrsio â nifer o geiswyr lloches a ffoaduriaid a oedd yn defnyddio gwasanaethau DPIA, bod nifer ohonyn nhw yn feddygon ac yn weithwyr iechyd. Wedi sgwrsio â'n gilydd, penderfynais gysylltu â Jane Hutt, fel y Gweinidog Iechyd ar y pryd, gan ofyn a oedd modd cael cynllun Cymreig arbennig i'w hyfforddi a'u cael i weithio yn y Gwasanaeth Iechyd ar draws y DU. Ar y pryd, roedd y Cynulliad yn chwilio'r byd gan obeithio denu meddygon i Gymru.

O fewn dyddiau, cafwyd cyfarfod yn fy swyddfa yn y Deml Heddwch yng Nghaerdydd. Symudodd y gweinidog yn rhyfeddol o gyflym. Dygwyd at ei gilydd, yn y ffordd unigryw ddatganoledig rymus honno, y rhai a oedd yn gyfrifol am hyfforddi meddygon, eraill a oedd yn ymwneud â chyllid y byd hyfforddi a'r rhai ohonon ni a oedd yn gyfarwydd â'r sector. Datblygodd pethau yn rhyfeddol o gyflym. Yn ffurfiol, fe ddaeth y cynllun hyfforddi WARD (*Wales Asylum Seeking and Refugee Doctors and Dentists Group*) i fodolaeth yn 2002.

Wedi hynny, byddai'n rhaid diwygio rhywfaint ar y cynllun drwy sicrhau swyddi uwch rifol (*supernumerary*) i'r rhai a gafodd eu hyfforddi'n llwyddiannus. Gwnaed y newid allweddol hwn wedi i'r Dr Brian Gibbons gael ei benodi yn Weinidog Iechyd yn 2005. Fel meddyg, roedd yn gwybod beth oedd ei angen ar y rhai a oedd am symud o gael eu hyfforddi i gael eu cyflogi. Fel arall, byddai'r hyfforddi a gafwyd yn troi'n wastraff llwyr. Cofiaf sgwrsio ar y pryd yn y cyfarfod allweddol gyda'r gweinidog. Dywedodd un o'r swyddogion, yn hollol gywir, nad oedd cynllun o'r fath yn bodoli ar y pryd. Mentrais awgrymu bod yr hyn a oedd dan ystyriaeth yn gydnaws ag ymrwymiadau rhyngwladol y Cynulliad, ac yn fwy na hynny, fe fyddai'r cynllun yn gweithio. Fe weithiodd.

Rhaid i mi gyfaddef, fe wnes fwynhau gweithio gydag Edwina Hart fel Gweinidog yng nghyswllt hyfforddi meddygon a chynlluniau eraill. Cofiaf un cyfarfod arbennig gyda hi. Roedd ei harddull o gael pethau i drefn yn rhyfeddol o lyfn "Beth sydd ei angen, pam, a fydd y peth yn gweithio, beth ydi'r cryfderau a beth ydi'r gwendidau?" Diolch i'r drefn y diwrnod hwnnw roeddwn wedi darparu ar gyfer y cyfarfod ac roedd y ffordd honno o wneud pethau yn fy siwtio innau hefyd. Dim *cul-de-sac* yn unman. Cytunwyd ar y ffordd ymlaen yn rhyfeddol o rwydd. Wedyn, fe gawsom 'baned a theisenni. Y gwirionedd oedd yn y cyfnod hwnnw fe gawsom gydweithio braf ar draws y pleidiau a diolchaf o galon am yr unfrydedd a gafwyd o gwmpas gwleidyddion fel David Melding, Helen Mary Jones a'r diweddar Jenny Randerson. Diolch iddyn nhw i gyd.

Yng nghyswllt WARD, nid am yr unig dro yn fy ngyrfa o gwmpas gwleidyddiaeth Cymru, tybiais taw'r hyn a oedd ei angen arnom fwyaf oedd bod yn glyfar. Mater llai oedd yr arian, er bod angen rhywfaint o arian. Dros y blynyddoedd, daeth meddygon o lu o wledydd a chefndiroedd i fanteisio ar y cynllun. Erbyn hyn, fe wnaeth y cynllun Cymreig hwn hyfforddi o ddeutu 370 o weithwyr meddygol gyda dros 300 ohonyn nhw yn feddygon. Erbyn hyn, mae rhai mewn swyddi sylweddol yn ein Gwasanaeth Iechyd. Ceir dadlau weithiau ynghylch faint mae'n costio i hyfforddi meddygon. Un peth sy'n sicr. Mae'r cynllun WARD yn parhau i gynnig gwerth am arian.

Erbyn hyn, rwyf wedi dirwyn fy nghyfnod fel un o ymddiriedolwyr DPIA i ben ond profiad gwirioneddol emosiynol i mi yng nghanol Tachwedd 2024 oedd cael fy ngwahodd i ddathlu llwyddiant aruthrol y cynllun hyfforddi WARD. Daethom at ein gilydd mewn bwyty yng Nghaerdydd. Gwelwyd y noson honno, bod nifer o'r meddygon a'r deintyddion o Wcráin. Credaf y ceir 16 ohonyn nhw ar lyfrau'r cynllun ar hyn o bryd. Dyna'r don ddiweddaraf.

Roedden nhw i gyd yn eithriadol o ddiolchgar am y modd y gwelodd Cymru yn dda i'w cynorthwyo. Gallaf wenu bellach, ond wrth sefyll a sgwrsio gyda Leona, yn llythrennol, cefais deimlad cynnes braf yn fy nghefn, ond fe drodd y teimlad hwnnw yn boeth. Fe blygais fy llaw i deimlo beth oedd yn digwydd i'm cefn. Buan iawn wnes i sylweddol bod fy nghefn a'm llaw ar dân! Roedd y fflamau a gafodd eu cynnau gan gannwyll gyfagos braidd yn amlwg. Daeth cymorth cyflym i ddiffodd y tân ac i drin fy anaf. Wedi'r cwbl, roeddwn yng nghwmni nifer o feddygon. Beth bynnag, fe wnes wella'n rhyfeddol o fuan. Ysywaeth, byddaf yn gwneud pethau gwirion weithiau.

Roedd cael bod yng nghwmni cymaint o feddygon o'r Wcráin yn golygu llawer i mi'r noson honno. Braf fyddai cael gweld y wlad yn mwynhau heddwch anrhydeddus. O sefydlu hynny, gobeithiaf fynd yno i redeg ryw ddydd. Nid ydym yno eto.

Yn achos hyfforddi meddygon a gweithwyr meddygol eraill sy'n ffoaduriaid, efallai mai gor ddweud fyddai honni taw'r cynllun WARD oedd y gorau yn y byd yn ei gyfnod. Cafwyd nifer o gynlluniau eraill erbyn hyn. Yn sicr ddigon yn y dyddiau cynnar roedd prosiect Cymru yn arloesol. Mae'n parhau i sefyll ymysg un o'r cynlluniau hyfforddi mwyaf effeithiol a gafwyd yn unrhyw le.

Credaf yn y gwyrthiol ond nid wyf yn gweld yr angen i berswadio eraill bod y dwyfol ar waith. Bodlonaf i eraill ddehongli pethau fel y maen nhw yn gweld yn dda. Er hyn, ysgogaf eraill i gydnabod bod rhai profiadau nid yn unig yn hyfryd ond hefyd yn fendithiol ac yn cynnig rhywbeth da i rywun arall. Cofiaf ym Mawrth 2017, daeth nifer o feddygon y cynllun WARD Cymreig i gyfarfod â'i gilydd yn swyddfa DPIA yn Tre-biwt. Y diwrnod hwnnw, braf oedd cael croesawu arbenigwyr o'r Gwasanaeth Iechyd yn Lloegr. Grŵp a oedd hefyd yn hyfforddi meddygon sy'n ffoaduriaid. Roeddem am ddysgu gyda'n gilydd.

Oedais i eistedd ar risiau'r swyddfa gan ryfeddu ar hyfrydwch yr hyn yr oeddwn yn ei weld. Daeth y meddygon, yn ddynion ac yn wragedd, o sawl gwlad. Roedd hi'n glawio rhywfaint y diwrnod hwnnw ond roedd yr haul hefyd yn tywynnu. Sylwais i Leona weld yr un peth â fi. Heb unrhyw rybudd, disgynnodd lliwiau'r enfys yn daclus wrth ein traed. Roedd yn drawiadol ac yn gynnes. Yn naturiol fel Cristion, teimlais fod Duw yn cynnig ei addewid i'r rhai ohonon ni a oedd yno. Rhywbeth prydferth mewn bywydau a ddisgynnodd dan gysgodion oeraidd ein byd. Unigolion a redodd o'u gwledydd a'r gorthrwm a gafwyd ynddyn nhw. Pobl a benderfynodd redeg beth bynnag. Fe wnaeth llawer ohonyn nhw lwyddo i gyrraedd bannau serth iawn.

Ychydig y gwyddwn i bryd hynny y byddwn yn cael cyfle i drafod yr hyn a welwyd mewn modd cyhoeddus ychydig wythnosau yn ddiweddarach. Diwedd Mai y flwyddyn honno daeth cyfnod i ben gyda'r Dathliad a gafwyd yn y Senedd o fywyd y diweddar Rhodri Morgan, cyn Brif Weinidog Cymru. Gofynnwyd i mi gynnig gair ynghylch cyfraniad unigolyn a wnaeth cymaint i ddwyn cymunedau ffydd at ei gilydd. Gwyddwn ei fod yn ddyneiddiwr o argyhoeddiad ond credais y byddai'n falch o ddynodi rhywbeth a ddatblygodd dan ei ofal fel Prif Weinidog. Soniais am yr hyn a welwyd ar waelod yr enfys. Tynnais lun o'r man lle y glaniodd yr enfys. Rwyf yn parhau i'w drysori.

Pennod 10

Y Gwaethaf – Covid-19

Nid oes modd rhagweld sut y mae'r pethau yma yn troi allan. Yn annisgwyl braidd, roedd milltiroedd olaf Hanner Marathon Caerdydd 2024 yn rhai anghyfforddus. Ar ôl rhedeg yn dda am ddeng milltir dechreuais ddioddef o gramp wrth redeg o gwmpas Llyn Parc y Rhath. Nid oeddwn am roi i fyny mor agos at y llinell derfyn ond cefais fy ngorfodi i aros cwpwl o weithiau ac ymestyn fy nghyhyrau. Cofiaf garedigrwydd ambell un yn oedi i ofyn sut yr oeddwn i. Wedi croesi'r llinell derfyn roeddwn yn teimlo'n fwy penwan fyth. Pryderais fod fy mhwysau gwaed wedi plymio'n rhy isel ar ôl yr holl redeg. Cofiaf ymrafael yn fewnol rhwng gorwedd i lawr a chael ychydig o waed i fy mhen neu sefyll er mwyn gofalu y gallwn ddelio â'r cramp a oedd erbyn hynny yn y ddwy goes. Am y tro cyntaf i mi gofio, mi ddywedais byth eto'n dawel bach i mi fy hun. Honno fyddai fy hanner marathon olaf. Roeddwn hefyd yn oer ac yn crynu. Byr fu'r teimlad, ac rwyf eisoes wedi cofrestru ar gyfer ras 2025.

Weithiau byddaf yn meddwl am y risg, yn arbennig yn achos rasys *ultra*. Nid ar chwarae bach y mae rhywun yn rhedeg rasys hir. Weithiau ar achlysuron prin iawn bydd rhai yn talu'r pris eithaf am eu rhedeg. Y tristwch mawr yw fy mod erbyn hyn wedi rhedeg sawl ras lle y bu rhywun farw yn rhedeg yr un ras. Soniais am hyn yn gynharach. Mae'r peth yn eithriadol o drist. Er nad oeddwn yn gwybod hynny ar y pryd bu i redwr farw o drawiad ar y galon yn achos Hanner Marathon Caerdydd y diwrnod hwnnw. Byddai ambell un efallai yn ein hatgoffa y dylai chwedl Pheidippides yn rhedeg o Marathon i Athen ganrifoedd lawer yn ôl ddysgu gwers i redwyr rasys caled. Fe waeddodd ei fuddugoliaeth cyn disgyn yn farw medda' nhw. Cramp oedd y peth lleiaf i boeni amdano.

Yn ddiweddar cefais hel atgofion gyda chyn was sifil y bûm yn gweithio â hi drwy ddyddiau gwaethaf pandemig Covid-19. Y cythraul peth hwnnw a hawliodd fywydau cymaint yr oeddem yn eu hadnabod a'u caru. Gallai'r ddau ohonon ni gofio fel ddoe'r gwahoddiad gan un o swyddogion Cyngor

Dinas a Sir Caerdydd yn gynnar yn 2020 i fynychu cyfarfod i drafod sut y byddem yn ymdrin â'r heriau a allai godi yn sgil rhediad marwol Covid-19 yn ein plith. Trafod materion fel sut i gynnal angladdau ar draws ein credoau. Gwelodd Llywodraeth Cymru'n dda i anfon swyddog gyda chymunedau ffydd Cymru i'r un cyfarfod. Felly yr oeddem yn cydweithio ar y pryd. Cofiaf un peth yn fwy na dim. Hwnnw oedd y cyfarfod cyntaf i mi glywed y term oeraidd ac erchyll hwnnw *'excess deaths.'* Ychydig y gwyddwn i bryd hynny byddai'r term yn cynnwys pobl yr oeddwn yn eu hadnabod ac yn eu caru. Aeth llawer iawn ohonon ni i alaru yn y cyfnod hwnnw.

Dioddefodd rhai cymunedau yn fwy na'i gilydd. Yn fuan iawn, gwelsom sut y byddai tlodi yn effeithio ar y niferoedd fyddai yn marw yn ein cymunedau. Yn arbennig i'r rhai ohonon ni sy'n byw yn y Cymoedd. Byddai amser hefyd yn datgelu sut y byddai llawer o leiafrifoedd ethnig Cymru yn dioddef yn y modd mwyaf anghymesur.

Ymhen dyddiau cynnal y cyfarfod a gafwyd gyda swyddogion Caerdydd, byddai Justin Welby, Archesgob Caergaint, yn galw nifer o arweinyddion y ffydd Gristnogol at ei gilydd i drafod sut i ymateb ar y cyd. Cofiais i mi fwynhau sawl awr o gwmpas ei gwmni yn ystod Cynhadledd Cyngor Eglwysi'r byd yn Busan, De Corea yn 2013. Yn fwyaf arbennig mewn bws a gymerwyd rhyw brynhawn ar hyd a lled yr ardal di-fyddin (DMZ) rhwng Gogledd a De Corea. O'i weld ar y sgrin yn y cyfarfod i drafod Covid, cofiais y dyddiau gwell hynny pryd y cefais rwydd hynt i redeg pob bore ar hyd a lled Bae Haeundae yn Busan. Fedrai ddim deall pam ond fe ofynnodd grŵp o fyfyrwyr ifanc benywaidd y ddinas i mi wrth redeg ar hyd y traeth, a'i fi oedd Sean Connery? Fe wnaeth hynny i mi chwerthin. Ni chafwyd chwerthin yn y cyfarfod hwnnw ar ran yr eglwysi i drafod Covid-19 o dan gadeiryddiaeth Justin Welby. O hynny ymlaen fel eglwysi, byddem yn cyfarfod yn aml yn ystod y pandemig.

O safbwynt Cymru roeddwn yn hyderus y gallai Cytûn a Chyngor Rhyng-ffydd Cymru fod o gymorth strategol allweddol yn ystod yr argyfwng ar ei waethaf. Mynegais hynny wrth fy nghyd Gristnogion yn Eglwysi Ynghyd ym Mhrydain ac Iwerddon. Wedi hynny, cafwyd llu o gyfarfodydd ar-lein i ddysgu o'n gilydd ac i rannu profiadau. Gwnaeth swyddogion yr eglwysi a'r enwadau gydweithio gyda staff Cytûn i gyflawni gwaith cwbl ryfeddol.

Dros y misoedd canlynol byddai cymunedau ffydd Cymry yn cyd-drafod yn drwyadl gyda'i gilydd, Llywodraeth Cymru a llu o randdeiliaid allweddol eraill. Bu fy nghydweithwyr a swyddogion yr enwadau a chymunedau ffydd eraill yn cynnig cyngor yn gyson drwy'r cyfan. Gallaf ond talu teyrnged iddyn nhw i gyd am eu hymroddiad a'u gwaith trwyadl yn ystod y dyddiau tywyll hynny. Gan weithio'n dawel ond yn drwyadl yn y cefndir credaf i'r cyfeillion hyn arbed sawl bywyd yn ystod y pandemig ar ei waethaf. Cafwyd ymdrechion hefyd i ofalu am y galarus. Bu'r eglwysi ar hyd a lled Cymru hefyd yn eithriadol o greadigol wrth gynnig cyfleoedd i addoli a bugeilio. Cafwyd dysgu newydd drwy weithio ar lein. Tua diwedd y dyddiau heriol hynny fe aeth Cytûn i hel straeon sut yr aeth cymunedau ffydd i weithio gyda'i gilydd yn eu cymunedau. Ymdrechwyd i gadw pethau ar gof a chadw. Cynhyrchwyd adroddiad trwyadl i'r perwyl hwnnw.

O'm safbwynt personol disgynnodd Ebrill 2020 i batrwm gwaith a fyddai'n parhau'n gyson am gyfnod. Roeddwn yn rheolaidd mewn cysylltiad â Jane Hutt fel Gweinidog, fy mhrif ddolen wleidyddol yn Llywodraeth Cymru. Bûm hefyd yn cynnig cyngor o dro i dro ar faterion ffydd i Heddlu Gwent. Mae gennyf rôl ffurfiol fel aelod o'u Grŵp Ymgynghorol Annibynnol. Cefais yr argraff i'r gwaith hwnnw gael ei werthfawrogi yn arbennig wrth drafod gofynion mannau addoli ar draws ein cymunedau ffydd. Mae'r berthynas honno yn parhau hyd heddiw.

Yng nghanol Gorffennaf 2020, cafwyd sesiwn agored cwbl ryfeddol ar-lein rhwng holl gymunedau ffydd Cymru â Llywodraeth Cymru. Gofynnwyd i mi gyd-gadeirio cyfarfod gyda'r prif was sifil a oedd yn llywio trefniadau Covid gyda ni. I mi gofio, dygwyd dros 120 o bobl ar hyd a lled Cymru at ei gilydd i sgwrsio ynghylch yr hyn a oedd yn digwydd. Wrth wraidd rhwyddineb dwyieithog y cyfarfod hwnnw oedd profiad deunaw mlynedd o gydweithio gyda'n gilydd yn y Gymru ddatganoledig. Grym ysgafn ac amhrisiadwy prosesau gwleidyddol Cymru ar waith eto.

Y mae'n werth dwyn sylw at un datblygiad arall bûm ynghlwm ag o fel agwedd o gydweithio angenrheidiol yn y cyfnod hwnnw o ddechrau 2020 ymlaen tan ddiwedd y pandemig ar ei waethaf. Un corff a fyddai'n hawlio llawer o'm hamser oedd CMEAG-W, neu i roi ei enw'n llawn iddo, Grŵp Cynghori ar Faterion Moesol a Moesegol Covid-19 yng Nghymru. Dygwyd nifer o arbenigwyr allweddol at ei gilydd dan gadeiryddiaeth y Dr Heather Payne o Lywodraeth Cymru. Roeddwn yn gyfarwydd â Heather gan fod y ddau ohonon ni'n aelodau o'r Eglwys yng Nghymru. Y gorchwyl sylweddol a roddwyd i'r Grŵp oedd cynnig cymorth a chyngor moesegol i lunwyr polisi ynglŷn â materion oedd yn cael eu hachosi neu eu heffeithio gan Covid-19. Cyn hynny, cafwyd corff cyffelyb yn Lloegr. Roedd y corff Cymreig yn angenrheidiol gan fod ein fframwaith cyfreithiol yn wahanol mewn nifer o feysydd megis gofal cymdeithasol a materion yn ymwneud â phobl ifanc ymysg materion eraill. Roedd gan Gymru gyfreithiau unigryw fel Deddf Llesiant Cenedlaethau'r Dyfodol 2015 hefyd.

I gefndir erchyll rhediad Covid-19 yn ein plith, gofynnwyd i'r Grŵp gynnig cyngor ar faterion mawr y cyfnod megis blaenoriaethu triniaethau, penderfyniadau ynghylch adfywio, blaenoriaethu ar gyfer brechu a chyfyngu ar hawliau dinesig. Ein rôl oedd cynnig cyngor i'r rhai a oedd yn gofyn amdano. Fe wnaethom ymdrechu i fynd i'r afael â phwysigrwydd gwerthoedd yng nghyswllt polisïau cyhoeddus adeg pandemig a ddygodd fywydau miloedd i ben yn llawer rhy gynnar.

O'm safbwynt i ar y pryd, i gefndir penderfyniadau eithriadol anodd, daeth nifer o arbenigwyr hynod o effeithiol at ei gilydd o sawl cefndir. Pobl a fyddai'n mynd i'r afael ag oblygiadau penderfyniadau i unigolion a grwpiau bregus a oedd angen cyngor mewn sefyllfaoedd eithriadol anodd. Ymysg y cyfeillion rhagorol a oedd ar y Grŵp, cysur arbennig i mi oedd cael cydweithio gyda'r diweddar Aled Roberts fel Comisiynydd y Gymraeg a Rhian Davies o Anabledd Cymru. Cefais gydweithio â Rhian fel aelodau blaenorol o'r EHRC (Comisiwn Cydraddoldeb a Hawliau Dynol). Bûm hefyd yn cydweithio cyn hynny gydag Ilora Finlay o Dŷ'r Arglwyddi. Cafwyd eraill.

Dros fisoedd lawer cefais y fraint o wrando ar brosesau gofalus yr aelodau a oedd yn arbenigwyr o'r radd flaenaf o'r byd meddygol. Pobl a oedd yn gweithio oriau hir o ddydd i ddydd mewn ysbytai ac yn ein cymunedau. Trafodwyd anghenion plant, yr anabl, lleiafrifoedd ethnig, yr oedrannus, cymunedau ffydd ac eraill. Yn benodol i mi ac Aled Roberts, fel y byddai rhywun yn disgwyl, tanlinellwyd anghenion arbennig siaradwyr Cymraeg. Fe wnaed hynny droeon. Rhywbeth y gallaf ddweud o brofiad y byddai corff o eiddo'r DU efallai yn ei gael yn heriol i'w ddirnad yn llyfn.

Gwelwyd yn gynnar yn ystod pandemig bod y *Coronafirws* yn ymddangos fel pe byddai peri mwy o risg i gymunedau lleiafrifol BAME. Sefydlodd y Prif Weinidog, Mark Drakeford, Grŵp Cynghori Arbenigol i ystyried yr hyn a oedd yn dod i'r amlwg ynghylch y niferoedd a oedd yn marw mewn rhai cymunedau. Fe wnaed hynny o dan gyd-gadeiryddiaeth y Barnwr Ray Singh a Dr Heather Payne. Rhannwyd y gwaith yn ddwy gyda grŵp yr Athro Keshav

Singhal maes o law yn cyhoeddi asesiad risg a fyddai'n galluogi unigolion i ystyried y perygl iddyn nhw oherwydd lledaeniad y coronafirws.

Ynghyd ag eraill, gofynnwyd i mi fod yn aelod o'r is-grŵp a gafodd y dasg o ystyried yr agweddau economaidd - gymdeithasol i'r marwolaethau. Bu'n fraint cael gwasanaethu dan gadeiryddiaeth yr Athro Emmanuel Ogbonna a chynhyrchu'r hyn a fyddai'n cael ei adnabod fel Adroddiad: is-Grŵp Economaidd Cymdeithasol Covid-19 Pobl Ddu, Asiaidd a Lleiafrifol Ethnig. Tanlinellwyd yr un thema gyffredin a oedd yn rhedeg drwy'r ymchwil ynghylch anfanteision hanesyddol a chyfredol ynghylch hil. Tanlinellwyd rôl hiliaeth sefydliadol. Ar y pryd, roedd teimladau yn arbennig o amrwd nid yn unig oherwydd Coronafirws ond oherwydd llofruddiaeth George Floyd yn Minneapolis yn Mai 2020. Ymroddodd Llywodraeth Cymru i weithredu ar yr argymhellion a gafwyd yn adroddiad grŵp Emmanuel Ogbonna.

Ychydig y gwyddwn y byddai'n rhaid i ni ddychwelyd at sylwedd ein hadroddiad ddiwedd Mawrth 2021. Mewn ymdrech i ymateb i ymgyrchu'r mudiad *Black Lives Matter* fe wnaeth Llywodraeth y DU lansio comisiwn newydd i edrych ar faterion yn ymwneud â hil a gwahaniaethau ethnig. Cafodd ei gadeirio gan aelod o Dŷ'r Arglwyddi, Tony Sewell. Cofiaf ddarllen yr Adroddiad a gyhoeddwyd y Mawrth hwnnw. Gwyddwn yn syth y byddai'r casgliad creiddiol ynghylch hiliaeth sefydliadol yn rhedeg yn groes i'r hyn a gyhoeddwyd yn Adroddiad Emmanuel Ogbonna. Academydd o'r radd flaenaf a ddaeth erbyn hynny yn gyfaill. Yn allweddol, dywed Adroddiad Sewell nad oedd y gred ymysg rhai bod Prydain yn parhau yn sefydliadol hiliol yn cael ei 'gadarnhau gan y dystiolaeth.'

Gallaf gofio'n dda sgwrs ar y ffôn gyda fy nghyn cyd gomisiynydd gyda'r Comisiwn Cydraddoldeb Hiliol, Uzo Iwobi, er mwyn trafod casgliadau Adroddiad Sewell. Roeddwn tu allan i McDonald's yn Heol y Frenhines, Caerdydd ar y pryd. Mentrais ddwyn sylw at y ffaith, heblaw am bethau fel enwau cyrff cyhoeddus, i mi fethu canfod enw Cymru yn Adroddiad Sewell heb weld y gair bach dadlennol hwnnw o'i flaen *'and.'* *'England and Wales.'* Dysgais flynyddoedd yn ôl bod y methiant i ddwyn sylw digonnol at Gymru heb yr *'and'* hwnnw o'i flaen yn un o'r ffyrdd rhwyddaf i ganfod os ydyw awduron adroddiadau wedi mynd yn agos at gymryd Cymru o ddifrif. Mae'n ffordd rhwydd o werthuso pa mor drwyadl yw unrhyw adroddiad o eiddo Llywodraeth y DU.

Ynghylch adroddiadau o fath ceir rhai rhyfeddol o dda, ond eraill ddim cystal. Dysgodd profiad i mi fod yn ofalus, ac os oes raid, yn heriol ynghylch adroddiadau'r DU. Ceir un atgof hanesyddol arbennig sy'n llywio fy ymwybyddiaeth. Clywais amdano yn ystod fy mhlentyndod yn Nhrawsfynydd. Lle bo angen, byddaf yn barod i ddweud wrth eraill am hanes yr adroddiad gwael hwnnw a gyhoeddwyd yn 1847, yn trafod addysg yng Nghymru. Fe'i hadnabyddir gan lawer ohonon ni fel 'Brad y Llyfrau Gleision.' Cafodd Uzo Iwobi y fraint o glywed talfyriad o'r hanes tra roeddwn tu allan i McDonald's y diwrnod hwnnw.

Yn y fan a'r lle, gofynnwyd i mi ddarparu drafft o ymateb ar ran nifer o gyrff ac unigolion yng Nghymru. Bûm yn gweithio ar y drafft cyntaf yn hwyr yn y nos yn swyddfa Cytûn tu allan i Garchar Caerdydd. Gwelais y wal oer honno lle y cefais yr ymdeimlad y dylwn fentro i fyd cyfiawnder hiliol. Byrdwn y drafft oedd herio'r casgliad creiddiol ynghylch hiliaeth sefydliadol. Nid oedd casgliadau Sewell yn adlewyrchu realiti profiad cymunedau Du a lleiafrifol Cymru. Fe es ati hefyd i danlinellu anwybodaeth y Comisiwn ynghylch Cymru. Yn hyn o beth, cefais gefnogaeth lwyr gyfeillion yn y sector a ddygodd sylw at ddatblygiadau Cymreig unigryw fel datblygu polisi gwrth-hiliol. Ymhen dyddiau, anfonwyd ein hymateb, wedi ei ddiwygio rhywfaint, i'r rhai a oedd yn gweithio ar Gomisiwn Sewell.

Dysgais mewn amgylchiadau o'r fath taw ofer weithiau yw gweiddi yn uchel, er ambell dro, gallaf ddeall yr ysfa i wneud hynny. Mae'n llawer mwy effeithiol gwasgu ambell beth yn dyn mewn adroddiadau a'u gwasgu nhw'n effeithiol. Yn achos Adroddiad Sewell, cafwyd llu o gwynion gan rai a gafodd eu dyfynnu ynddo. Dyna'r peryg pan nad yw adroddiadau yn caniatáu cyfle digonol ar gyfer cywiro a diwygio. Yn drawiadol iawn, fe aeth cyrff o bwys fel y *British Medical Association* (BMA) hefyd i gondemnio'r adroddiad.

Ceir un datblygiad arall ynghylch ymateb i heriau erchyll Covid-19 sy'n mynnu sylw yma. Fe hawliodd lawer iawn o'm hamser ar y pryd ond mewn ffordd fuddiol. Yn Mai 2021, cofnododd y BBC bod cyfran uwch o boblogaeth Cymru wedi cael dos o frechlyn Covid nag unrhyw wlad arall gyda mwy na miliwn o bobl. Cafwyd nifer o resymau am hyn. O'm safbwynt i dechreuodd fy ymwneud â'r mater yn Ionawr 2021. Adeg honno cefais wahoddiad gan un o swyddogion Llywodraeth Cymru i ymuno â Grŵp Cydraddoldeb ac Ymgysylltu Brechlyn Covid. Ar y pryd, tybiodd rhai bod Cymru yn araf i ymgymryd â'r gwaith o frechu. Cafwyd pryder penodol ynghylch rhai cymunedau ffydd yn teimlo'n ddrwgdybus o'r ymgyrch brechu.

Unwaith eto, daeth cymunedau ffydd Cymru at ei gilydd i gydweithio'n llyfn. Yn rhyfeddol o gyflym yn Ionawr 2021, ffurfiwyd *Muslim Doctors Cymru* (MDC) gyda'r bwriad o herio camwybodaeth ynghylch brechu mewn nifer o gymunedau lleiafrifol. Roedd yn fraint eu gweld yn gweithio mewn nifer o ieithoedd - fel Wrdw, Punjabeg, Arabeg, Bangla, Somali ac iaith y Cwrdiaid. Erbyn mis Mawrth, gan gydweithio'n agos gyda Siân Rees o'r Gynghrair Efengylaidd, llwyddwyd i gynnal webinar ar gyfer cynulleidfaoedd Cristnogol a oedd â phryderon ynghylch brechu. Yr un pryd, llwyddodd MDC i agor drysau Mosg yng Nghasnewydd gyda'r bwriad o gynnig brechiadau i'r gymuned. Diolch i waith rhyfeddol meddygon fel Dr Bnar Talabani llwyddwyd i ddefnyddio addoldai fel hybiau cymunedol. Gan ddilyn eu hesiampl, aeth eglwysi Cymru i gynnig gwasanaeth cyffelyb yn y *Redeemed Christian Church of God, Garden of The Lord* yn Nhremorfa ym mis Awst. Cwblhawyd gwaith neilltuol hefyd drwy gymunedau Sipsiwn, Roma a Theithwyr. I mi gofio, bûm yn ymwneud â'r Grŵp Brechu am fisoedd wedi hynny.

Yng nghanol tristwch enbyd Covid-19 manteisiwyd ar y cyfle i ddwyn pobl o gefndiroedd gwahanol i weithio gyda'i gilydd. Bu'n bleser o'r radd flaenaf i mi i weld Cytûn a'r Gynghrair Efengylaidd yn gweithio gyda'i gilydd. Pleser pellach oedd cael gweithio gyda gweinidogion ac arweinwyr eglwysi Du a Pentecostal Cymru. Mae Edwin Egede ac Ademola Agunbiade yn bobl gwirioneddol hyfryd ac yn arbennig o alluog yn eu meysydd academaidd. Hyd heddiw byddaf yn mwynhau cefnogi tîm pêl droed dynion Cymru yng nghwmni Ademola. Cefais groeso cynnes iawn i'w eglwys. Bellach, cawn ein hunain yn cydredeg ym mhethau ffydd a phêl-droed.

Amser a ddengys beth a ddywed Ymchwiliad Covid-19 y DU wedi edrych ar y cyfan a ddigwyddodd yn ystod cyfnod erchyll y pandemig. Deallaf i gymunedau ffydd Cymru gyflwyno tystiolaeth mewn da bryd. Rwyf yn sicr i fy nghyn gydweithwyr rhagorol gyflwyno tystiolaeth gywir. Edrychaf yn ôl ar y cyfnod hwnnw gyda thristwch ac fe gofiaf y rhai a gollwyd. Yn arbennig y rhai a oeddwn yn eu hadnabod yn dda.

Pennod 11

Rhedeg dan Gysgod - Cenedl Noddfa

Yn ôl fy arfer, fe wnes ddeffro'n blygeiniol y bore braf hwnnw yn Oslo. Ceir gwahaniaeth wrth gwrs rhwng deffro a chodi. Roedd y bore Mawrth hwnnw, 17 Mai 2022, yn un rhyfeddol o braf. Tybiais taw da o beth fyddai i mi fanteisio ar y cyfle i redeg drwy rannau o'r ddinas. Fedrai ddim meddwl am ffordd well i ddod i adnabod rhywfaint ar unrhyw ddinas na thrwy redeg drwyddi. Roedd yr ysfa i godi a rhedeg yn gryfach na'r holl reddfau hynny sydd gan eraill i'w galluogi i fynd yn ôl i gysgu. Byddai milltir neu ddwy'r diwrnod hwnnw yn ddigon efallai. Wedi'r cwbl, efallai, rhywbeth rwyf yn dymuno ei wneud yw rhedeg. Nid yw hyd yma wedi troi yn ddibyniaeth.

Wrth adael y gwesty ar godiad haul, fedrwn i ddim gweld neb arall o griw'r Urdd a oedd yno gyda fi i ddathlu canmlwyddiant y mudiad. Beth bynnag, fe redais heibio *Canolfan Nobel* yng nghanol y ddinas. Yno, y diwrnod canlynol, byddem i gyd yn cyfarfod i ddathlu'r pen-blwydd hanesyddol ac i gyflwyno ein gwaith a'n gwerthoedd Cymraeg ger y cenhedloedd. Cefais y fraint aruthrol am gyfnod o gadeirio Panel Neges Ewyllys Da'r Urdd. Gallaf gofio'r Aelwyd yn Nhrawsfynydd yn ystod fy mhlentyndod. Rhyfedd o beth. Roeddwn yn gwbl anobeithiol wrth geisio canu, adrodd a dawnsio ond fe gydiodd gwerthoedd y mudiad ym mêr fy esgyrn. Maen nhw yno hyd heddiw.

Fe redais heibio, ac roedd y bae yn Oslo yn agored i wres yr haul a phrin oedd y cysgod. Gan geisio perswadio fy hun nad oedd yr holl redeg yma yn troi yn ddibyniaeth, fe drodd y filltir neu ddwy yn dair a phedair ac yn fwy. I fyny bryn cyfagos fe welais eglwys a choedwig tu ôl iddi. Dwi'n hoff o ddinasoedd felly. Y mae coed yn bethau da. I'r rhedwr, maen nhw'n cynnig cysgod. Cofiais am y nerth a gefais yn ystod rhannau heriol ambell farathon rhyngwladol drwy anelu at gysgod y coed ar hyd ymylon y ffyrdd. Daw rhedeg Marathon Berlin yn 2013 i'r cof ynghylch hynny. Mewn ras gyflym, chwiliais am gysgod. Dros chwe milltir ar hugain, neu fwy yn achos rasys *ultra*, mae'r noddfa sy'n cael ei gynnig gan y cysgodion yn medru bod yn allweddol. Bu bron i mi ganfod gwres a haul ambell farathon yn ormod.

Wrth arafu i redeg i fyny'r bryn sy'n arwain drwy'r coed at Ganolfan Astudiaethau'r Holocost a Chrefyddau Lleiafrifol ger Bae Huk, tybiais na fyddwn yn colli fy ffordd. Ceisiais gadw ambell fforc yn y llwybr mewn cof ond o fethu cofio hynny byddai gennyf y cysur arferol. Roedd y môr ar y chwith wrth redeg yno. Fe fyddai'r môr i'r dde ar y ffordd yn ôl.

Mae rhedeg pellteroedd yn gwneud lles i'r corff. Credaf ei fod yn gwneud lles i'r enaid ac i'r meddw hefyd. I mi mae'n cynnig profiad ysbrydol. Mae'n rhyfedd beth sy'n dod yn ôl i'r cof wrth redeg drwy lefydd. Gan redeg ychydig yn gyflymach i ganol y goedwig yn Norwy a mwynhau hynny gan godi'r hyder, cofiais am redeg drwy'r coedwigoedd hynny ym Mharc Cenedlaethol Jasper yng Nghanada yn 2016. Fe es i redeg yn blygeiniol cyn i bawb arall godi ar y trip a chael fy hun yng nghanol hyfrydwch bywyd gwyllt un o barciau cenedlaethol hyfrytaf Canada. Roedd y profiad yn wefreiddiol. Pleser aruthrol oedd cael rhedeg ar hyd rhai o'i bannau.

Er mawr fraw i mi ar y ffordd yn ôl yng Nghanada, sylwais fod casgliad o Elk wedi crwydro ar hyd y ffordd i'r dref. Roedd y teirw yn edrych yn fygythiol braidd. Sylwais yn syth eu bod nhw'n cael eu galw'n deirw am reswm. Ar y daith cawsom rybudd ynghylch parchu anifeiliaid gwyllt. Dysgais fel plentyn yn crwydro'n rhydd ar hyd caeau Sir Feirionnydd y dylwn osgoi teirw - pob tarw. Penderfynais taw'r peth mwyaf doeth i mi ei wneud byddai osgoi'r ffordd a dilyn ochr yr afon yn ôl i'r gwesty. Roedd yr afon ar y chwith ar y ffordd i fyny. Diolch i'r drefn, roedd ar y dde'r holl ffordd yn ôl i'r gwesty. Y diwrnod hwnnw yng Nghanada, rhaid imi gyfaddef taw teimlad hynod braf oedd canfod fy hun yn ôl yng nghwmni cyfeillion. Roeddwn yn ddiogel. Jyst eto!

Daeth atgof arall yn ôl i'r cof. Un arbennig iawn. Cefais y fraint yn ystod yr un daith honno yng Nghanada o ymweld â chofeb un o arwyr pennaf byd rhedwyr *ultra*, Terry Fox (1958-1981) yn *Beacon Hill Park* yn Victoria. Braint oedd cael cerdded y ban hwnnw lle y gosodwyd y gofeb iddo. I mi, roedd yn funud gysegredig. Ymdrechodd Fox i redeg ar hyd a lled Canada wedi iddo golli ei goes oherwydd cancr. Peth gwirioneddol boenus fe dybiwn yw rhedeg y fath bellter gyda choes artiffisial. Wedi cyrraedd Thunder Bay bu raid iddo roi i fyny ar yr her. Lledaenodd y cancr i'w ysgyfaint a bu farw ym Mehefin 1981 yn 22 oed. Ar ei garreg goffa ceir y geiriau trawiadol "Somewhere the hurting must stop...".

Er gwaethaf greddfau rhai ohonon ni i redeg beth bynnag, fe ŵyr pob rhedwr pellteroedd maith y daw'r dydd i ddwyn y rhedeg i ben. Rhywle a rhywbryd.

Hyd yma, fe dalodd fy theori am afonydd a moroedd ar ei chanfed. Bu fy angylion yn gweithio'n galed unwaith eto. Ceir un eithriad nid yn rhy bell o Oslo. Er mawr ddifyrrwch i'm cydweithwyr yn y byd eciwmenaidd Ewropeaidd, fe wnes rywbeth a ddygodd wen i wynebau fy nghyfeillion mewn cyfarfod yn Helsinki. Ein bwriad y diwrnod hwnnw oedd dal bws yn gynnar a theithio i Tallinn yn Estonia.

Codais yn gynnar ar fore hynod braf a thybio taw peth hyfryd fyddai rhedeg o gwmpas y llyn gyferbyn â'r Ganolfan Eglwysig lle yr oeddem yn aros. Fe redes yn rhwydd ac yn braf dan gysgod coed Helsinki. Roedd y llyn ar yr ochr dde, ac o weld bod amser yn gwibio heibio, sylweddolais na fyddai modd i mi redeg yr holl ffordd o gwmpas y llyn. Wedi troi yn ôl a chyrraedd mewn pryd – jyst - fe ofynnais i'm cydweithiwr o'r Ffindir beth oedd enw'r llyn. Eglurodd yn llawen taw enw cyfarwydd y llyn ym mharthau Helsinki oedd Môr y Baltic. Fe wnaeth fy nghysuro drwy fy sicrhau y byddwn wedi cyrraedd Tallinn yn y diwedd, ond nid mewn diwrnod. Da oedd dal y bws i Tallinn y diwrnod hwnnw. Ymhen ychydig oriau byddai'r grŵp yn cyrraedd y ddinas cyn teithio at y ffin gyda Rwsia. Roedd yn haws na rhedeg yno.

Yn ôl i redeg yn y goedwig yn Oslo. Dychwelais wedi crwydro yn fy mhen at y gamp o weithio allan lle yr oeddwn ar gyrion y ddinas y bore braf hwnnw. Yn hyfrydwch y goedwig teimlais yn hollol ddiogel. O redeg yn ôl gyda'r môr i'r dde, diddorol oedd gweld milwr o luoedd arfog Norwy yn ei wisg filwrol. Roedd yn edrych yn hynod urddasol. Am ennyd, cefais deimlad o fwynhau noddfa mewn gwlad ddieithr.

O fewn oriau, ar ôl cwblhau rhediad hyfryd ac annisgwyl o ddeg milltir y bore hwnnw, byddwn yn gweld pobl Norwy yn mwynhau eu diwrnod cenedlaethol. Rhywbeth cwbl ryfeddol oedd cael gweld y wlad yn llenwi strydoedd Oslo gyda phlant a theuluoedd hapus ar eu diwrnod cenedlaethol. Nid felly pob gwlad. Gwêl eraill yn dda lenwi eu strydoedd ag arfau grym milwrol. Erys lliwiau a phrydferthwch gŵyl genedlaethol Norwy yn fyw yn y cof.

Y diwrnod canlynol, cafwyd digwyddiad hynod o urddasol a ddygodd ddwy genedl at ei gilydd. O bulpud bach yng Nghanolfan Nobel fe ddywedodd Prif

Weinidog Cymru bethau o bwys ar gyfer achlysur o'r fath. Siaradodd Mark Drakeford am hanes can mlynedd gyntaf hanesyddol gwaith yr Urdd gan gynnwys y Neges Ewyllys Da i'r cenhedloedd. Soniodd hefyd yn arbennig iawn am Gymru fel Cenedl Noddfa. Mae ein hurddas fel cenedl yn perthyn i bethau gorau cenhedloedd y byd. Hynny roeddwn yn ei deimlo'r diwrnod hanesyddol hwnnw.

Fe gynhesodd fy nghalon i'w sylwadau. Flynyddoedd lawer yn ôl erbyn hyn, gallaf gofio meddwl am y syniad o gydnabod Cymru fel Cenedl Noddfa ac o hynny, gweld yn dda i wahodd y Parchedig Ddoctor Inderjit Bhogal o'r mudiad Dinasoedd Noddfa i annerch eglwysi Cytûn. Rhoddwyd sêl bendith ar ymgais i hyrwyddo'r syniad o gydnabod Cymru fel Cenedl Noddfa. Gyda'r syniad o sefydlu Cymru fel Cenedl Masnach Deg gyntaf y byd yn 2008 yn fyw yn y cefndir, teimlais ar y pryd taw da o beth fyddai ymestyn y syniad o gydnabod dinasoedd fel llefydd noddfa i drin cenedl yn yr un modd.

Cymerwyd cam sylweddol ymlaen drwy Fforwm Cymunedau Ffydd Llywodraeth Cymru. Ym Mawrth 2012, cyhoeddodd Carwyn Jones, Prif Weinidog Cymru, y byddai'n cefnogi'r syniad o sefydlu Cymru fel Cenedl Noddfa. Rhagwelais yn wreiddiol wrth gyflwyno'r syniad y byddem yn cynnal digwyddiad rhyw ddydd pryd y byddai asiantaethau sy'n arbenigo ym maes gofalu am geiswyr lloches a ffoaduriaid yn cydnabod ymroddiad unigryw Cymru. Erbyn hyn, byddaf yn gyson yn crybwyll wrth y rhai sy'n gweithio'n rhyfeddol o galed yn y maes taw nid ennill tystysgrif gan eraill sy'n cyfrif bellach, ond ein bod mewn perthynas â'n llywodraeth genedlaethol yng Nghymru yn hunan ddeffinio fel Cenedl Noddfa. Rhywbeth tebyg i'r hyn a ddywedodd Mark Drakeford yng Nghanolfan Nobel diwrnod dathlu canmlwyddiant yr Urdd. Gallai Prif Weinidog Cymru siarad yn hyderus yn Oslo gan wybod bod sylwedd i'w eiriau. Teimlais y peth yn ddofn ym mêr fy esgyrn y diwrnod hwnnw. Roedd rheswm wrth gefn hynny.

Ynghylch bod yn Genedl Noddfa fe aeth Cymru i arwain y byd. Na'i byth anghofio sgwrs gyda Siân Lewis, Prif Weithredwr yr Urdd, o fewn ychydig oriau i gwymp Kabul yn Awst 2021. Trafod y syniad wnaethon ni o leoli teuluoedd o Afghanistan yng Ngwersyll yr Urdd yng Nghaerdydd. Fe wnes gysylltu gyda chyfeillion Cymreig a oedd yn trafod sut y gallai Cymru ymateb i'r her o'u croesawu gan ofyn iddyn nhw gysylltu â'r Swyddfa Gartref. 'Na' oedd yr ateb a gafwyd gan y Swyddfa Gartref i ddechrau. O edrych yn ôl, gallaf ddeall rhywfaint parthed eu hamharodrwydd. Iddyn nhw, roedd y model yn wahanol i'r hyn a oedden nhw wedi arfer ag o mewn gwestai.

Gallaf gofio'r ymdeimlad hwnnw o alwad wrth gerdded o'r maes parcio ym Mae Caerdydd i Wersyll yr Urdd. Byddwn yn gwneud pob peth yn fy ngallu i berswadio'r Swyddfa Gartref i newid eu meddyliau. Cafwyd argyhoeddiad cynyddol ar ran yr Urdd taw hynny roedden nhw yn ei ddymuno hefyd. Byddai'n ennyn cefnogaeth nifer o eglwysi a chapeli Cymru yn ogystal. Ar ben hynny, roedd gennyf y profiad o arwain DPIA drwy'r broses o groesawu ffoaduriaid o Afghanistan i Gymru oddeutu pum mlynedd cyn hynny.

Yn wyneb amharodrwydd cychwynnol yr awdurdodau, casglwyd nifer o asiantaethau ynghyd gan gynnwys Llywodraeth Cymru a Chyngor Dinas a Sir Caerdydd. O gofio i'r teuluoedd a adawodd Afghanistan mewn cymaint o frys gydweithio'n agos fel dehonglwyr â lluoedd arfog Prydain, roedd cefnogaeth eu hasiantaethau nhw o bwys. Un o'r rhai a oedd yn hynod o weithgar o safbwynt yr elfen honno oedd Roger Lewis, gynt o Undeb Rygbi Cymru. Cefais y fraint o weithio gyda Roger tra'n gyfarwyddwr gyda Stadiwm y Mileniwm. Cefais fy mhenodi yn gyfarwyddwr yn Mehefin 2013.

Dysgais dros gyfnod o ugain mlynedd o ymwneud â gwleidyddiaeth taw ein gwaith ni i gyd ar y funud allweddol honno oedd rhoi cynlluniau mewn lle a fyddai'n galluogi'r Swyddfa Gartref i anfon y teuluoedd at yr Urdd. 'Perswadio' oedd pia hi ac nid 'gweiddi'. Am resymau diogelwch, roedd cadw'r cyfan yn dawel yn allweddol bwysig. Dysgodd Cymru unwaith yn rhagor i symud o brotest i broses. Nid y fi oedd yr unig un â sylweddolodd y byddai'r Urdd yn cynnig y ddarpariaeth orau yn y byd ar gyfer y teuluoedd hyn. Gallaf ddweud hynny gan fy mod a rhyw fath o ymwybyddiaeth o gynlluniau gwledydd eraill.

O wrando ar Mark Drakeford yng Nghanolfan Nobel ar yr achlysur rhyfeddol hwnnw yn trafod Cymru fel Cenedl Noddfa, daeth un atgof dirdynnol yn ôl. Cofiaf eistedd yn ddisgwylgar ger drws cefn Gwersyll yr Urdd yng Nghanolfan y Mileniwm am y teulu cyntaf wedi cwymp Kabul. O gyrraedd Caerdydd, fe sylwodd un o'r plant cyntaf a ddaeth yno ar driban yr Urdd. Fe wenodd gan osod ei bys arno a dwyn sylw ei thad. Am ennyd, fe wenodd fel plentyn yng nghanol helyntion byd. Rhoddwyd cefnogaeth ryfeddol iddyn nhw o sawl cyfeiriad.

Yn achlysurol, byddaf yn cyfarfod a rhai ohonyn nhw. Yn Chwefror 2023, diolch i'r Urdd, cafodd fy nheulu gyfle i gyfarfod â ffoaduriaid Afghanistan yng Ngwersyll Llangrannog. Byddaf yn dragwyddol ddiolchgar i'r Urdd am ganfod modd i'n dwyn ni at ein gilydd. Fe aeth llawer ohonon ni i chwarae pêl-droed gyda'n gilydd mewn Cymraeg, Dari a Saesneg. I mi, roedd y gamp o redeg ar hyd llwybrau'r arfordir yn y bore man yn heriol ond braf y dyddiau rhyfeddol hynny o adfer perthynas. O ymuno â'r teuluoedd cafodd fy wyrion, y chwech ohonyn nhw, gyfle i weld beth oedd Taid yn ei wneud gyda'i amser.

O'r hyn a ddigwyddodd yn Awst 2021, dysgodd yr Urdd, a Chymru fel Cenedl Noddfa, wersi a drodd yn eithriadol o bwysig wedi ymosodiad llawn Rwsia ar Wcráin yn Chwefror 2022. Trodd Cymru yn Uwch-noddwr gyda'r Swyddfa Gartref i groesawu ffoaduriaid o Wcráin. Er gwaethaf heriau gweinyddol aruthrol, fe wnaeth Cymru, ac yn arbennig ein hawdurdodau lleol, waith rhyfeddol. Braint i mi oedd cael cydweithio drwy'r cyfan gyda Chyngor Dinas a Sir Caerdydd ac yn fwyaf arbennig wedi hynny â Chyngor Sir Ceredigion parthed Llangrannog. Braint hefyd oedd cael cydweithio gyda chymunedau ffydd Gwynedd.

Ar ddiwedd gyrfa eglwysig, profiad eithriadol o braf i mi ddiwedd Chwefror, 2023 oedd mwynhau cwmni fy nghydweithwyr Ewropeaidd ym Mrwsel. Hwn oedd fy nghyfarfod olaf gyda nhw cyn ymddeol o Cytûn. Roedd ganddyn nhw i gyd brofiad, yn sgil gwaith eu heglwysi, o ymdrin â materion yn ymwneud â mewnfudo a chydweithio rhyng-ffydd. Erys rhai fel y Parchedig Luca Barratto o Ffederasiwn Eglwysi Protestannaidd yr Eidal yn arloeswyr dewr yn nhermau diogelu mewnfudwyr o gwmpas Môr y Canoldir. Cefais gyfle i ddangos clip o eiddo *Channel 4 News* yn trafod y croeso a gafodd ffoaduriaid Afghanistan gan yr Urdd. Cafodd y darn, yn datgelu sut yr aeth yr Urdd i groesawu o ddeutu 110 o ffoaduriaid yn y Gwersyll, ei gyflwyno yn hynod o effeithiol gan Andy Davies. Y diwrnod hwnnw ym Mrwsel, cafodd gwaith arloesol Cymru fel Cenedl Noddfa ei ddathlu. Roedd 68 o'r ffoaduriaid yng Ngwersyll yr Urdd yn blant.

Mewn llysoedd a chyfarfodydd eciwmenaidd mae Cymru yn cael ei thrin a'i chydnabod fel gwlad. Tybiaf wrth werthuso Cymru fel Cenedl Noddfa bod y pethau a wnaethon ni ar lawr daear yn y cyfnodau ofnadwy hynny yn hanes y byd yn bwysicach nag unrhyw dystysgrif neu sêl bendith gan eraill.

Cawn weld beth ddaw nesaf. Fe lwyddodd y syniad o fod yn Genedl Noddfa i gyflawni gwaith eithriadol o flaengar yn nhermau cynnwys ffoaduriaid. Gwnaed bywydau nifer fawr o bobl eithriadol o fregus yn well. Ond, ar ôl yr holl flynyddoedd o weithio yn y maes, nid ydwyf wedi dod ar draws unrhyw un a anfonwyd i Gymru gan y Swyddfa Gartref a glywodd am ein Cenedl Noddfa cyn dod yma. O fod yma, mae'r syniad yn golygu llawer iddyn nhw ac maen nhw'n ddiolchgar.

Pennod 12

Bannau – Rhedeg gydag enw

Yn sicr, nid fi yw'r unig redwr sydd wedi cael cymorth enfawr dros y blynyddoedd wrth i gefnogwyr yn y dorf weiddi ein henwau allan wrth i ni redeg heibio. Yn achos Hanner Marathon Caerdydd ceir bonws ychwanegol. Mae'r bathodyn bach Cymraeg oren hwnnw ger y rhif personol yn ysgogi rhai yn y dorf i'ch annog ymlaen yn Gymraeg. Yn y ras honno byddaf yn dechrau teimlo'r blinder wrth adael *Canolfan y Milienwm* a throedio ychydig yn arafach tuag at *Garchar Caerdydd*. Mae rhedeg o gwmpas Llyn Parc y Rhath yn gyson yn heriol tua'r diwedd ond ceir un clip serth a chreulon cyn Mynwent Cathays. Mae pob ysgogiad a geir yno yn cael ei werthfawrogi.

Mae ambell ras yn fwy arwyddocaol na'r gweddill. Am lu o resymau personol yn bennaf, roedd rhedeg Hanner Marathon Budapest yn Medi 2023 yn dynodi trobwynt arbennig i mi. O'i rhedeg hi'n llwyddiannus gallwn ddychwelyd yn fwy hyderus at gwblhau Hanner Marathon Caerdydd ddechrau Hydref y flwyddyn honno. Dyna oedd fy mwriad ar ôl cyfnod hir o beidio rhedeg.

Gellir gwneud pethau gwaeth mewn bywyd na rhedeg i fyny ac i lawr y Danube ar ddiwrnod braf. Dros y penwythnos, cefais gyfle i fwynhau cwmni'r Parchedig Vilmos Fischl, fy nghyn gydweithiwr eciwmenaidd yn Hwngari. Mae Vilmos yn gwmni da. Byddwn yn tynnu coes ein gilydd yn hapus wrth drafod gwleidyddiaeth ac yn mwynhau *schnapps* eirin arbennig o dda. Dyna gic! Cefais aros yng Nghanolfan Eciwmenaidd Budapest ychydig lathenni o fan cychwyn y ras. Dyna groeso braf.

Cefais lawer o hwyl noson cyn y ras gyda hogiau o Gasnewydd a oedd yno ar wyliau. Fe ddaeth hetiau bwced tîm pêl-droed Cymru yn hynod o ddefnyddiol yn nhermau adnabod ein gilydd. Ar hyd a lled y byd maen nhw'n bethau hynod o ddefnyddiol. Yn anffodus yr un prynhawn, cefais banic braidd wedi i rywun yrru sgwter dros fy nhroed wrth baratoi i groesi'r ffordd. Nid y droed a gafodd ei hanafu yn Marathon Llundain ond yr un arall. Y droed dde y tro yma. Cofiaf i mi sgrechian mewn poen. Roeddwn yn meddwl bod y cyfan drosodd yn nhermau rhedeg y bore canlynol. Toedd dim byd y gallwn ei wneud dros nos ond defnyddio digon o rew, lapio'r droed yn ddiogel a disgwyl. Unwaith eto, roedd yn fuddiol cael mab a merch yng nghyfraith sy'n athro ymarfer corff ac yn ffisiotherapydd yn barod eu cyngor o adref. Cafwyd cysur yn bennaf a chyngor.

Ar y diwrnod ei hun fe aeth y cyfan yn arbennig o dda yn Budapest. O fod ychydig yn fwy gofalus, roedd y ddwy droed yn gweithio'n iawn. Tu hwnt i redeg 21.09 cilomedr yn ddiogel, yr her arall i mi oedd gofalu nad oeddwn yn dioddef '*hypo*' clefyd siwgr yn y gwres. Roedd y trefnwyr yn gwybod am fy nhrafferthion. Mae'n rhaid datgelu pethau felly a chefais stôr o gyngor da gan redwyr eraill sy'n Ddiabetig. Fe wnaeth llyncu 'jelly babies' pob 5 cilomedr ddelio â'r her fach honno.

Un peth rwyf yn ceisio fy ngorau i'w gyflawni fel rhywun sy'n dioddef o glefyd siwgr yw cyrraedd fy nod o roi gwaed can gwaith i Wasanaeth Gwaed Cymru. Roeddwn bron yno. Ond, fe fyddai rhywun yn gorfod rhoi inswlin i mi oherwydd unrhyw argyfwng yn dod a'r dyhead arbennig hwnnw i ben. I mi ddeall, ni ellir cyfrannu gwaed wedi derbyn inswlin. Y cymorth mawr arall tua diwedd y ras yn fwyaf arbennig oedd clywed rhannau o'r dorf yn galw fy enw allan ac yn fy annog ymlaen tua'r diwedd. Roedd cefnogwyr Budapest yn medru dweud "Aled".

Y gwirionedd oedd, bu'r siwrne bersonol i ddechrau Hanner Marathon Budapest yn un hir iawn i mi. Ar ôl rhedeg Marathon Casnewydd yn Ebrill 2018 fe benderfynais roi ysbaid bach i'r corff iddo adfer ei hun rhywfaint. Mae'n dda gwneud hynny weithiau. Ond teimlais taw da o beth fyddai i mi redeg ar hyd glannau Danube tra ar gynhadledd eciwmenaidd Ewropeaidd yn Novi Sad yn Serbia ddiwedd Mai a Mehefin y flwyddyn honno. Lle ac amser da i ailddechrau roeddwn yn meddwl. Dyna'r cynllun. Roedd hi'n noson arbennig o braf y noson i mi gyrraedd Novi Sad yn 2018. Tu hwnt i sgwrsio ynghylch materion gwaith a helyntion byd yn y ddinas honno yn Serbia gyda Chyngor Eglwysi Ewrop (CEC) roeddwn eisiau gwneud rhywbeth arbennig wrth redeg ar lannau'r Danube.

Roedd un enw yn fyw iawn yn fy nghof. Ymhen ychydig wythnosau, yng Ngorffennaf yr haf hwnnw, byddai'r gymuned wleidyddol Gymreig yn casglu yn ardal Cwmcarn yng Ngwent i gefnogi taith gerdded y diweddar Steffan Lewis, Aelod o'r Senedd. Tybiais ar y pryd y byddai'n braf anfon neges i'w gefnogi o lannau'r Danube. Sylwi gwnes i wrth recordio'r neges ar fy ffôn symudol fy mod yn anarferol allan o wynt. Rhedais saith milltir y noson honno ond teimlais fy anadl yn mynd yn waeth. Fe ddylwn wedi ystyried bod Serbia ymysg y pum gwlad ar draws Ewrop lle mae llygredd aer yn uchel.

Tra roedd fy swyddfa yn y Deml Heddwch yng Nghaerdydd yn ystod fy mlynyddoedd cynnar gyda Cytûn, cefais oriau eithriadol o fuddiol a braf yng nghwmni Steffan. Tu ôl i'w ddesg yn y dderbynfa byddai yn fy holi am ddigwyddiadau fy nydd yn y Bae. Roeddwn innau yn mwynhau ei gwmni. Ymhen amser, cefais y fraint o weinyddu priodas Steffan a Shona yn Inverness yn 2009 ac o ddilyn ei yrfa yn y Senedd. Roeddwn yn eithriadol o falch ohono a'i deulu. Ofnais yn ystod y daith gerdded honno yng Ngorffennaf 2018 na fyddai'n gwella. Teimlais hynny gan frwydro braidd i anadlu.

Fe wnes i geisio rhedeg rhyw dipyn yn ystod Taith Gerdded Steffan, ond roedd y diffyg anadl yn amlwg yn mynd yn waeth. Diolch i'r drefn, roeddwn ymysg cerddwyr a braf oedd cael bod gyda Steffan, ei deulu a'i fyd. Roedd pethau amgen ar ein meddyliau'r diwrnod hwnnw. Erbyn hyn, lle bynnag y byddaf yn mynd iddo yn y byd, ac yn fwyaf arbennig llefydd â chysylltiadau gwleidyddol o bwys, fe fyddaf yn rhedeg, yn oedi ac yn cofio Steff. Cefais gysur neilltuol wrth gymryd ei angladd yn Eglwys Sant Luc, Abercarn yn Ionawr 2019. Roedd gweld cymaint o Gymry yn dod at ei gilydd ar draws y pleidiau o gysur. Ond, fe gawsom i gyd golled aruthrol y diwrnod hwnnw. I mi, roedd y geiriau i gyd yn anodd, yn eithriadol o anodd. I mi ac i bawb a oedd yno. Gallaf gofio edrych i gyfeiriad Leanne Wood cyn y Traddodiant traddodiadol yng ngwasanaeth angladdol Steffan yn gwbl analluog i ddweud dim. Wedi hynny, fe ddaeth y geiriau.

Fe gollais sawl un yn y cyfnod hwnnw pryd roedd y fogfa yn peri pryder i mi. Mae'r enwau yn niferus. Yn Rhagfyr 2018, fe gollwyd cwmni un o arloeswyr y byd eciwmenaidd Cymreig, y Tad John Owen o'r Eglwys Gatholig. Bu'n un o ymddiriedolwyr Cytûn am flynyddoedd lawer. Safai yn nhraddodiad hael nifer o Gatholigion Cymreig. Llawer ohonyn nhw yn gewri'r Cylch Catholig. Mae'r enwau i gyd yn aros yn fyw yn y cof. Os oedd rhywun yn haeddu rhedeg eu bywydau gyda'r bathodynnau bach oren Cymraeg hynny, roedd y rhain. Pob un ohonyn nhw. Collwyd y bardd offeiriad John FitzGerald o Aberystwyth cyn hynny yn 2007. Wedi hynny, byddem yn colli'r caredicaf Esgob Daniel Mullins yn Nhachwedd 2019. Roedd honno'n golled aruthrol i Gymru.

Byddaf yn parhau mewn cysylltiad â nifer o gyfeillion y Cylch Catholig. Bu'n bleser arbennig dros y blynyddoedd cael cydweithio gyda'r Esgob Edwin Regan. Tu hwnt i lu o rinweddau eraill fe gofiaf yn iawn taw ef oedd y cyntaf i ddefnyddio brwsh llawr i ddarparu pabell Cytûn yn Eisteddfod Genedlaethol Wrecsam yn 2011 ac ef oedd yr olaf i ddefnyddio'r un brwsh ddiwedd yr wythnos. Rwyf yn hoff iawn o esgobion felly. Mae eu henwau yn werth eu cofio.

Daeth nifer dda o'r byd eciwmenaidd Cymreig at ei gilydd yn Nhŷ Nasareth, Caerdydd ddechrau Ionawr 2019 ar gyfer angladd y Tad John Owen. Gallaf gofio'r teyrngedau hael iddo a gwasanaeth litwrgaidd hynod o fendithiol. Gallaf hefyd gofio eistedd yn y gynulleidfa yn cael trafferth anadlu. Gallaf gofio cerdded oddi yno ar hyd Ffordd Colum yn yr oerni prin yn medru anadlu. Ymddengys yn y cyfnod hwnnw bod fy heriau anadlu yn mynd o ddrwg i waeth.

Unwaith eto, roedd bod yng nghwmni cyfeillion braf o gymorth. Yn raddol, cafwyd newid ar fyd. Gyda chymorth mewnanadlwyr gallwn wneud pethau sylfaenol fel cerdded a phregethu. Fe gymerodd beth amser i mi gael diagnosis o'r hyn a oedd o'i le arna i. Cafwyd crybwyll gan rai ond nid cadarnhad bod gennyf fath o COPD neu *chronic obstructive pulmonary disease*. I mi ar y pryd tybiais nad oedd y cyflwr hwnnw yn beth da ar gyfer rhedeg. Deallais hefyd bod yr afiechyd ar ei amrywiol wedd yn gronig. Ni fyddai'n gwella. Fe fyddai'n mynd yn waeth. Ond diolch i'r drefn, nid hynny oedd yn fy mhoeni.

Edrychais yn ôl gan ddyfalu efallai nad oedd yr awyr yn lân iawn yn Novi Sad y diwrnod hwnnw yn 2018. Fe wnaeth sawl un grybwyll hefyd efallai fy mod wedi rhedeg gormod mewn dinasoedd. Yn fwyaf penodol, fe wnes ymarfer yn ormodol ar hyd y Llwybr Taf yn gyfochrog â'r A470. Wrth hyfforddi ar gyfer marathonau fy arfer oedd rhedeg o Aberpennar neu Aberdâr i lawr at Radur. Roedd y pellter o gwmpas ugain milltir. Yn ddelfrydol fel cam olaf cyn rhedeg marathon neu *ultra*. Ond, efallai nad oedd lleoliad y llwybr yn ddelfrydol.

Yn ystod y misoedd wedi bod yn Novi Sad fe drodd ymarfer rhedeg yn ormod i mi. Heblaw am ambell eithriad gôr obeithiol lle y cafwyd ymdrechion gwantan braidd i redeg, penderfynais y byddwn yn glynu wrth gerdded a cheisio cadw fy mhwysau i lawr. Roedd hynny yn heriol ac yn aflwyddiannus.

Daeth tro ar fyd ym Mawrth 2020. Cefais sgwrs hir a buddiol gydag arbenigwr yn fy ysbyty lleol yn Llantrisant. Cofiaf ddisgwyl yn yr ystafell aros i fy enw gael ei alw. O sgwrsio'n fanwl am fy nghyflwr gydag o cefais ddiagnosis o asma a dealltwriaeth efallai i'r cyflwr fod yn gysylltiedig â chwaraeon. *Exercise-induced asthma* efallai. Y rhedeg hwnnw yng ngwres Novi Sad efallai. O'r diwedd, daeth gobaith efallai y gallwn redeg eto. Yn ôl yr arfer mewn achosion o'r fath, cefais anadlyddion i'w cymryd yn ddyddiol ac eraill i'w cymryd fel y bo'r angen. Mae dioddefwyr o'r fogfa yn gyfarwydd â'r drefn. Byddai hwn yn fynydd serth i'w ddringo.

Dyma un o'r cyfnodau y byddai'n rhaid i mi benderfynu y byddwn unwaith eto yn rhedeg beth bynnag. Penderfynais doed a ddêl, byddwn yn dal ati. Ond, byddai angen amynedd mawr ar fy rhan, ond rwyf yn hynod o brin o amynedd.

Bythefnos wedi'r sgwrs â'r arbenigwr penderfynais fentro rhedeg 5 cilomedr. Sylweddolais yn syth y diwrnod hwnnw y byddai'n cymryd amser hir i mi wella. Fe gymerodd yr ymarfer awr a chwarter i mi. Ar ddiwrnod da cyn hynny, gallwn redeg y pellter mewn 27 munud. O ddeutu pythefnos wedi hynny fe wnes i ymdrechu i redeg 7 milltir. Fe gymerodd yn agos at 3 awr i mi gwblhau'r her honno. Pellter y byddwn yn gobeithio ei gwblhau mewn ychydig dros awr cyn y salwch. Daeth trobwynt allweddol arall i mi wrth fentro a mwynhau'r ras Nos Galan yn Aberpennar ddiwedd 2022. Cwblhawyd y 5 cilomedr hwnnw mewn ychydig dros 37 munud. Roedd y rhod yn dechrau troi.

Yn ystod yr un cyfnod, dechreuais ymroi i rôl newydd mewn bywyd cyhoeddus. Go brin, wedi i mi gael fy mhenodi yn aelod o Awdurdod Parc Cenedlaethol Bannau Brycheiniog ym mis Mawrth 2020, y byddem yn meddwl dod i sylw'r byd am feiddio hyrwyddo enw Cymraeg. Felly y bu. Fy mwriad gwreiddiol wrth geisio cael fy mhenodi oedd ymddeol o fy ngwaith gyda Cytûn a gwneud defnydd buddiol o fy ymddeoliad yn ystod y blynyddoedd cyntaf tra roeddwn yn teimlo'n iach. Nid oeddwn am beidio gwneud pethau'n llwyr. Cefais gyngor i beidio gwneud hynny. Yr hyn a anfonodd fy holl gynllunio ar chwâl oedd toriad Covid-19 allan yng Nghymru. Wedi sgwrsio'n gyda Chadeirydd Bwrdd Cytûn, Patrick Coyle, teimlais y byddai rhediad Covid-19 yn ein plith yn dwyn fy nghynlluniau ynghylch ymddeol i ben am y tro.

Rhaid i mi gyfaddef taw un o'r penderfyniadau gorau i mi ei wneud erioed oedd rhoi fy enw ymlaen ar gyfer yr Awdurdod ym Mannau Brycheiniog. Fe gymerodd blwyddyn neu ddwy i mi gartrefu yno, ac fe gafwyd nifer o heriau cyhoeddus. Cofnodwyd nifer ohonyn nhw mewn cyfres o adroddiadau gan Swyddfa Archwilio Cymru. Nid wyf am ddychwelyd at y trafferthion hynny. O dan yr wyneb, roedd llu o bethau buddiol yn digwydd. Braint fu cael cydweithio gyda'n Prif Weithredwr, Catherine Mealing-Jones a fy nghyd aelod, y Cynghorydd Gareth Ratcliffe o'r Gelli Gandryll. Ef oedd yn Gadeirydd adeg fy mhenodi yn 2020.

Yr un mor arwyddocaol, cafwyd sylweddoliad bod gan yr Awdurdod dimoedd cyfathrebu a datblygu polisi cwbl ragorol. Maes o law, byddai gwaith y cyfeillion arwrol hyn yn dwyn Cynllun Rheoli arloesol y Parc parthed cynaladwyaeth i sylw'r byd. Fe fyddem hefyd yn ennill sawl gwobr ym maes cyfathrebu cyhoeddus. Fe wnes i symud o fod yn aelod o'r Awdurdod i fod yn Is-Gadeirydd, ac wedi hynny, yn Gadeirydd.

I mi, daeth tro ar fyd allweddol mewn cyfarfod a gafodd ei gynnal yn ein Canolfan Ymwelwyr yn Libanus ger Aberhonddu. Yr Hydref hwnnw yn 2022 daeth tîm hynod o greadigol a gwirioneddol dalentog at ei gilydd i drafod ail frandio'r Awdurdod. Mewn rhai pethau fe wnaethom ddilyn Parc Cenedlaethol Eryri ond fe fyddai'n rhaid i ni fod yn eofn ynghylch yr hyn a oedd yn berthnasol i ni. Sylwedd yr hyn a oedd gennym mewn golwg oedd cyhoeddi Cynllun Rheoli a fyddai'n dweud pethau o bwys am yr amgylched, bioamrywiaeth a chymunedau. Dywedodd sawl un a oedd yn gweithio yn y maes bod y ddogfen yn arloesol.

O eistedd yn gyfochrog â'n tîm yr Hydref hwnnw a chydweithio'n agos ag unigolion o'r dylunwyr Creo, cafwyd ymdeimlad ein bod ar drothwy cyflawni rhywbeth arbennig. O safbwynt llywodraethant, roeddwn yn hyderus i'r tîm wneud yr hyn a oedd yn angenrheidiol yn nhermau ymgynghori ynghylch y Cynllun Rheoli. Yn ffodus, ynghylch ambell beth yn ymwneud â brandio, gallwn gofio pethau o'm cyfnod fel cyfarwyddwr gyda Stadiwm y Mileniwm adeg hyrwyddo'r brand Principality yn 2015. Daeth fy nghefndir o gydweithio gyda'r Senedd ac ymwneud â chyrff statudol cydraddoldeb yn ddefnyddiol ynghylch y pwyslais cyfreithiol ers 2011 ar beidio trin y Gymraeg yn llai ffafriol. Y gwirionedd yw, roedd y staff wedi gwneud eu gwaith cyn cyrraedd y pwynt hwnnw. Ategu oedd fy ngwaith i.

Cofiaf i Creo ein cymryd drwy syniadau ar gyfer y brandio arfaethedig. Cafodd ein dychymyg ei danio yn y modd mwyaf creadigol gyda syniadau syml ond eithriadol o rymus. I mi roedd y cyfan yn dawel wefreiddiol. Weithiau mewn bywyd mae ambell beth yn gweithio ac yn gweithio'n dda. Ond i'r dawnus a'r creadigol gael y llonydd i ddefnyddio eu dawn. Ac i'r rhai sydd â ffydd ynddyn nhw, i ofalu bod pethau yn digwydd. I redeg gyda'r syniadau beth bynnag yw'r anawsterau ac fe all y rheini fod yn sylweddol weithiau.

I ddechrau, rhoddwyd syniadau o'n blaenau ynghylch y math o ffont dylid ei ddefnyddio ar gyfer y llythrennau. Byddai eu hangen ar gyfer enw Bannau Brycheiniog llawer mwy eofn ar ei newydd wedd. Manylyn bach i rai ond rhywbeth gwbl allweddol i eraill sydd am apelio i'r llygad a'r emosiwn. Sawl llygad yn yr achos arbennig hwn. Dyna grefft y dylunwyr fe dybiwn. Yn ôl y geiriau a fyddai yn cael eu crefftio'n rymus gywrain gan Owen Sheers byddem yn cymryd hen enw ar gyfer ffordd newydd o fod. I mi roedd y llythrennau yn ymddangos yn urddasol Gymreig. Safai'r enw Bannau Brycheiniog yn y lluniau a ddangoswyd fel rhywbeth Beiblaidd o'r bron. Hynny yw, yn yr ystyr cynnes a chyfarwydd. Rhywbeth a oedd yn perthyn i gynefin Cymru. Yn fwyaf arbennig roedd pob B yn ymddangos yn gynhenid gyhyrog. I mi, yn ein cyfeirio at yr un peth sylweddol hwnnw yn ein hanes a gadwodd yr iaith Gymraeg yn fyw yn ein plith.

Mae delweddau yn cario atgofion ac oherwydd hynny mae'n rhaid eu parchu. Ond mae delweddau, fel pob peth arall, weithiau yn cyrraedd diwedd y ras. Aethom i chwilio am rywbeth amgenach yr Hydref hwnnw. Rhywbeth mwy cyfoes a pherthnasol. Rhywbeth a oedd wedi ei wreiddio'n ddyfnach yn nhir Cymru ac yn tanio'r dychymyg yn fwy na'r goelcerth a gafwyd cyn hynny. Felly, yn lle hyrwyddo'r llusern yn llosgi, rhywbeth hyd y gwyddom nad oedd â llawer o gynsail hanesyddol iddo beth bynnag, cafwyd ymestyn tuag at ddelweddu cwbl newydd.

Roedd un ddelwedd yn sefyll allan. I waelod y logo newydd hwnnw rhoddwyd coron. Byddai'r goron honno yn eiddo Brychan. Uwch y goron honno, rhoddwyd mynyddoedd ac afon. Gosodwyd siapiau a negeseuon newydd yn eu lle. I mi, roedd stori newydd yn codi i'r amlwg. Peth felly yw celfyddyd ar ei orau a sgwrsio braf ynghylch bwrlwm creadigol. Clymu pobl a'u straeon gyda'i gilydd drwy gyfrwng lluniau, delweddau a geiriau.

Roedd un elfen o'r llun eto i'w drafod. Gan fod y Parc wedi ennill cydnabyddiaeth ryngwladol am ansawdd clir sêr y nos, rhoddwyd un seren amlwg uwchben delweddau'r goron, y mynyddoedd a'r afon yn ein logo arfaethedig.

Fe gododd rhywbeth i'r cof. Adroddais fy hanes rhyw noson yn crwydro yn nhymor yr Ystwyll ym mherfeddion tywyllwch oer y nos yn Ionawr 2022. Fe es i grwydro o Gilfynydd i ardal gyfagos Aberfan a gweld un seren lachar a chlir uwchben y pentref. Fe gafodd effaith ddofn arnaf y noson honno. Fe achosodd i'r seren i mi addoli. Bu raid i mi stopio'r car a syllu mewn addoliad gan gofio stori ymweliad y Doethion â Herod cyn addoli'r baban Iesu. Planed mae'n debyg oedd yr hyn yr oeddwn yn ei weld, Gwener fe dybiwn.

O'r addoli, cododd ymdeimlad o gofio. Grym marwol pob Herod ym mhob oes. Cofio enw lle, cofio'r 116 o blant a gollodd eu bywydau yn Aberfan heb anghofio'r 28 oedolyn. Fel plentyn yn 1966 gallwn gofio'r trychineb. Yn fwyaf arbennig y cloc eiconig hwnnw yn stopio yn union am 9:13 y bore. Dywedais wrth y rhai a oedd yn Libanus ar gyfer ein sgwrsio, pe byddem yn derbyn yr un logo trawiadol hwnnw, fel seren Aberfan y byddwn yn ei hadnabod. Fe aeth yr ystafell yn dawel am ennyd. Y math o dawelwch sy'n datgelu cymeradwyaeth. Cafwyd ochenaid braf. Ochenaid fendithiol.

Ar gyfer y diwrnod hwnnw yn Libanus, yn y cyfarfod a oedd yn llawer mwy na chyfarfod arferol, fe aethom i feddwl am sut i weithio ar siâp y geiriau y byddem eu hangen i ddweud stori arbennig. Maes o law, byddai ein tîm cyfathrebu yn gofyn i Owen Sheers ddefnyddio ei ddoniau cywrain fel bardd i grefftio'r geiriau ar gyfer ein gofyn. I mi gofio, awgrymais taw peth rhagorol fyddai cael Michael Sheen i adrodd y geiriau ac i ddweud ein stori, os oedd yn fodlon. Er mawr ddiolch iddo, fe gydiodd yn yr hyn yr oedd gennym mewn golwg a dwyn ein syniadau gerbron y byd yn Ebrill 2023, gan ddefnyddio'r syniad o gynefin byddem yn cyhoeddi defnyddio hen enw ar gyfer ffordd newydd o fod.

Hyd heddiw, rwyf yn hynod o ddiolchgar i bawb a gefnogodd cyhoeddi'r Cynllun Rheoli a'r ail frandio. Cafwyd ymateb hynod o gadarn o Gymru i'r hyn a gyhoeddwyd yn y *Sun* ac ambell bapur arall ynghylch bod yn *Woke*. Mewn cyferbyniad, cyhoeddodd y *Guardian* erthygl o eiddo Rhiannon Lucy Cosslett ddiwedd Ebrill 2023 yn datgan y farn y byddai'r 'culture warriors' hynny efallai yn cyfarfod â'u Waterloo wrth ymateb mewn modd mor anffafriol i'r ail frandio. Yn yr un cyfnod, cyhoeddodd y *Daily Mail* fy mod fel Cadeirydd yr Awdurdod yn Ficer. Ar y pryd, mynnais gyda phawb nad oeddwn wedi bod yn un o rheini'r ganrif hon. Cawsom gefnogaeth Comisiynydd y Gymraeg, Efa Gruffudd Jones. Cofiaf yn fwyaf arbennig bod yn hynod o ddiolchgar wedi i Tudur Owen wneud darn addysgiadol a charedig ar yr ail frandio ym Mehefin 2023 ar gyfer S4C yn trafod enwau ein bannau. Roedd yn neilltuol.

Ymhen amser, ar lefel Prydeinig, fe fyddai tîm cyfathrebu'r Awdurdod yn ennill sawl gwobr am eu gwaith. Erbyn Gorffennaf 2024, credir i'r ail frandio gyrraedd o ddeutu 1.3 biliwn o argraffiadau ar draws y byd. Cafwyd amcangyfrif hefyd i'r cyfan fod gwerth dros £12.6 miliwn yn nhermau cyfathrebu. Yr hyn a elwir yn *hypefactors value*. O bwys sylweddol yn Ionawr 2024 fe sylwodd *Nation Cymru* bod y *New York Times* wedi rhestru Bannau Brycheiniog fel un o'r 52 lle yn y byd y dylid ei ymweld y flwyddyn honno.

Efallai i'r hyn a wnaethpwyd yn y parciau cenedlaethol osod patrwm. Ym Mawrth 2025 cyhoeddwyd y byddai pob etholaeth ar gyfer y Senedd yn defnyddio enwau Cymraeg yn unig. Cafwyd arweiniad pendant ar ran Shereen Williams a'r Comisiwn. Ceir grym i enwau.

Pennod 13

Bod yn effro wrth redeg – Bryniau newydd i'w dringo

Weithiau, mae rasys rhedeg yn gorffen yn agos at y mannau lle maen nhw'n cychwyn. Felly Hanner Marathon Budapest. Felly'r llyfr hwn hefyd. Dychwelaf at yr hyn sy'n digwydd yn ein byd.

Cefais y fraint dros y blynyddoedd o droedio'n gyflym drwy lefydd cymharol fychan eu maint ar hyd a lled y byd lle y digwyddodd bethau mawr. Rhwng hwyl a gwaith, o gael fy hun yn crwydro sawl cyfandir, fe ddysgodd y rhedeg hwnnw lawer i mi am helyntion byd. Weithiau, fe ddigwyddodd bethau gwirioneddol erchyll yn y mannau hynny y cefais redeg drwyddyn nhw. Rhedais drwy ddinasoedd fel Berlin, Budapest, Dulyn, Warsaw, Busan, Sarajevo a'r ynys Gozo ger Malta. Wrth redeg, byddwn yn gyson yn ymdrechu i oedi, i gofio a pharchu.

Gall dweud i mi redeg o Washington DC i Virginia, y diwrnod cyn yr Etholiad Arlywyddol y llynedd, swnio fel dipyn o her. Nid felly yr oedd pethau. Nid yw'r un bont honno dros y Potomac, Pont Coffa Arlington, yn fawr o her. Ond, mae'r digwyddiadau hanesyddol a ddigwyddodd yn y filltir sgwâr honno o bwys enfawr i'n byd. Gyda haul cynnes y bore yno i'm cyfarch, teimlais yn dawel hyderus o gwmpas fy mhethau'r bore cyn diwrnod yr etholiad.

O adael fy ngwesty ger y fynedfa i Chinatown, rhedais heibio'r enwog *Ford's Theatre* lle cafodd yr Arlywydd Lincoln ei saethu yn 1865. Oedais rywfaint i'w gofio ac i barchu'r cannoedd o filoedd o Americanwyr a gollodd eu bywydau yn ystod y Rhyfel Gartref hynod waedlyd ac allweddol honno. Llawer ohonyn nhw yn Gymry Cymraeg. Mae *Mall* Cenedlaethol Washington DC yn llawn cofebion sy'n mynnu parch. Rhywbeth felly yw'r grefft o greu cenedl a naddu democratiaeth.

Fy mwriad y bore hwnnw oedd cyrraedd y man wrth draed Cofeb Lincoln lle y meiddiodd Dr Martin Luther King Jr herio grymoedd byd drwy ddweud bod ganddo freuddwyd. O gyrraedd y garreg honno a sefyll arni, teimlais taw da o beth fyddai i mi ymuno â llu o filwyr cyfoes a oedd yn rhedeg dros y bont i gyfeiriad mynwent Arlington a chartref teulu'r enwog Robert E. Lee.

Roeddwn yn blentyn pan safodd King o flaen torf o ddeutu 250,000 i wefreiddio'r byd. Fe ddylanwadodd ar blentyn o Drawsfynydd a gafodd ei fagu i synau hawliau dynol a boddi cymuned gyfagos Tryweryn. Yn nhir camweddau'r pethau hynny, dysgais fy ngwleidyddiaeth a'm ffordd o weld y byd. Y bore hanesyddol hwnnw cyn yr etholiad yn Washington DC, cafwyd teimladau cymysg o bryder ac o hyder gobeithiol ynghylch y canlyniad.

Rhedais yn hyderus yn ôl i'r llyfrgell gymunedol a'r caffi ger y fynedfa i *Chinatown*. Yno, cefais fy ngwefreiddio gan arddangosfa eithriadol o rymus yn trafod hanes y *Green Book*. Llyfr gwyrdd ei glawr a ddarparwyd ar gyfer pobl Ddu yn cynnig cyngor ar sut i deithio'n ddiogel ar hyd yr enwog *Route 66*. Rhyfeddol oedd gweld cyfeillion Du'r cyfnod heriol hwn yn teithio'n betrusgar yn eu dillad gorau. Dywedais wrth y rhai a oedd yn ein tywys drwy'r arddangosfa i mi gael fy magu mewn pentref Cymreig a oedd yn gyfarwydd â'r hyn a elwir yn ddillad dydd Sul. Cododd fraw arnaf wrth feddwl i gyfnod y *Green Book* fodoli tan y *Civil Rights Act, 1964*. Eto, cyfnod fy mhlentyndod i.

Cefais sawl sgwrs eithriadol o ddifyr yn y llyfrgell a'r caffi'r diwrnod hwnnw. Roeddwn yno ar gyfer clywed sgyrsiau o'r fath. Yn fwyaf arbennig, cefais sgwrs hynod ddadlennol gyda dwy Ddemocrat a oedd yn amlwg yn gweithio'n agos o gwmpas gweinyddiaeth Biden.

Roedd un ohonyn nhw yn ddealladwy bryderus gan ei bod yn un o'r cyfreithwyr a fu'n gweithio ar achosion gwrthryfelwyr Ionawr 6ed yn Washington. Byddaf bellach yn ei chofio yn fy ngweddïau wedi i lawer o'r troseddwyr gael eu rhyddhau yn gynnar. Roedd hi'n rhan o'r tîm a fu'n erlyn llawer ohonyn nhw. Fe ofynnais i'r ail wraig a oedd yn Ddu sut yr oedd pethau'n edrych ar gyfer yr etholiad y diwrnod canlynol. Na'i byth anghofio ei hateb. 'Dwi'n credu bod gennym ni ddigon o bleidleisiau i ennill yfory os bydden nhw gyd yn cael eu cyfrif.' Gyda delweddau grymus hanes y *Green Book* yn sefyll o'n cwmpas, daeth holl bryderon pobl arbennig yn Washington i'r amlwg. Fe ddylwn wedi gofyn llawer mwy ohoni pam iddi ddweud hynny am gyfrif y pleidleisiau. Ond, roedd y ddwy yn brysur hyd flinder.

Nid y fi oedd yr unig un a oedd yn meddwl y byddai Kamala Harris yn ennill. Cafwyd teimlad bod yr ymgyrch, er yn fyr, yn hyderus ac yn effeithiol. Parodd i'w hymddangosiad ar yr enwog *Saturday Night Live* y nos Sadwrn cyn hynny i ambell galon progresif godi. Ond, wrth wrando ar sgyrsiau ar lawr daear roedd naratif arall yn codi i'r wyneb.

Cafwyd math o ddweud y byddai rhywun yn ei glywed o gwmpas unrhyw etholiad mewn gwlad ddemocrataidd gyfoes. "Maen nhw i gyd yr un fath" meddai ambell un. Yr un dweud trawiadol a ddaliodd fy sylw o gwmpas cymuned myfyrwyr Prifysgol Howard yn Washington oedd sawl gwraig Ddu ifanc yn dweud yr un peth negyddol am ffordd o fyw personol Harris a sut y tybiwyd iddi fynd ymlaen yn y byd. Oherwydd hynny, fydda nhw byth yn pleidleisio drosti. Roedd bron fel pe byddai rhywun wedi cynnig yr un sgript iddyn nhw i gyd ei ddarllen. Sylwais ar yr un math o ddweud ymysg gwragedd o dras Sbaenaidd. Roedd y dweud yn wahanol ond cafwyd awgrym cryf o'r un targedu hynod effeithiol.

Yr un diwrnod, 4 Tachwedd 2024, o ddinas Detroit, cafwyd adroddiad dadlennol gan Tom Perkins yn y Guardian yn trafod yr awgrym bod pwyllgor gweithredu gwleidyddol (PAC), a oedd yn gysylltiedig ag Elon Musk, wedi targedu cymunedau Iddewig a chymunedau Mwslimaidd Michigan. Mae'r pethau hyn o bwys i gymunedau ffydd. Drwy gyfrwng hysbysebion ar gyfryngau cymdeithasol, llythyron a negeseuon testun anfonwyd negeseuon cwbl gyferbyniol at gymunedau gwahanol. Dywedwyd wrth gymunedau Arabaidd Detroit bod Harris yn gefnogwr brwd o wladwriaeth Israel. Dygwyd sylw at y ffaith bod ei gŵr yn Iddew. Honnwyd taw nhw oedd '*power couple*' America a oedd o blaid Israel. Mewn cyferbyniad, gan dargedu cymunedau Iddewig yn Detroit a Pennsylvania, dywedwyd bod Harris yn bleidiol i achos y Palestiniaid. Credir hefyd i'r Gweriniaethwyr wneud mwy o ddefnydd o dechnoleg AI wrth dargedu etholwyr.

Cefais fy hun gyda Democratiaid gobeithiol ym Mhrifysgol Howard noson yr etholiad. Y Coleg allweddol bwysig hwnnw a drodd cyn gaethweision yn ysgolheigion. Ar ôl bod yn America ar gyfer bron pob etholiad ers 2008, yn arbennig llwyddiannau Obama, gallwn ddweud yn fuan y byddai Harris yn colli.

Ychydig oriau wedi'r canlyniad, fe dderbyniodd nifer o bobl Ddu'r Unol Daleithiau negeseuon testun yn dweud wrthyn nhw lle i fynd, gyda'r bwriad o'u dychwelyd nhw i'r De ar gyfer codi cotwm eto. Roedd y peth yn ddieflig, hynny yw, drwg tu hwn i ddrwg. Drwg bwriadol gyda nodweddion personoliaeth. Wedi hynny, byddai pobl hoyw yn derbyn e-byst yn dweud wrthyn nhw am gael eu hail-addysgu. Cafodd unigolion o dras Sbaenaidd driniaeth gyffelyb. Roedd y dechnoleg yn gwybod eu rhifau ffôn nhw, cyfeiriadau e-byst a'u nodweddion personol. Bellach, pwrpas y dechnoleg oedd llywio sut yr oedd unigolion yn teimlo.

Eisoes, fe ymwelodd y defnydd ffiaidd hwn o dechnoleg â Chymru. Y mae ar waith yn ein plith yn perswadio ac yn ffermio teimladau. Byddwn felly yn effro. Mae sgyrsiau'r Cymry yn newid!

Ceir bannau serth o'n blaenau a da o beth fyddai i ni ymroi o'r newydd i redeg beth bynnag. Wrth orffen y ras hon dychwelaf at y llinell gychwyn honno a gefais yn Eglwys Gadeiriol Llandaf flynyddoedd lawer yn ôl wrth agor y Cynulliad. Ofer yw i ni fod yn ofnus yn y byd y cawn ein hunain ynddo. O ran fy hun, meiddiaf eto i ddychmygu o'r newydd. Ceir heriau i'n cyfnod ond ceir cyfleoedd hefyd. Meiddiaf mewn yn ennyd prin trawsnewid, i redeg beth bynnag ac adeiladu o'r newydd. Gwelaf y Crist Esgynedig.

Epilog –

Gerddi Alexandra

Dechrau Mai 2025, ychydig ddyddiau wedi i'r dylanwadwr Americanaidd, Alex Jones, ledaenu sylw ar 'X' bod tân mewn cyn gapel ym Mhort Talbot yn ymosodiad ar Gristnogaeth, cefais fy hun yn mwynhau bore Gwener braf yng nghwmni Cristnogion a Mwslimiaid yn Mosg Dar Ul-Isra, Caerdydd. Cyd-ddigwyddiad oedd hynny. Yn yr un cyfnod, aeth cyfrif 'X' o eiddo rhywun arall i honni taw dau fachgen o dras Pacistanaidd ddechreuodd y tân. Gellir tanlinellu i Heddlu De Cymru ymateb yn gyflym i'r sylwadau a gafwyd gan egluro nad oedd yr honiadau yn gywir. Y gwirionedd yw hyn - ni chafwyd unrhyw fwriad ar ran Mwslimiaid Cymru i fygwth Cristnogion. Beth bynnag sy'n digwydd ar yr eithafion a'r ymylon prin rhwng cymunedau ffydd, cyd-ymwneud yw prif nodwedd y berthynas rhyngom yng Nghymru ar lefel rhyng-ffydd.

Codwyd bannau serth eraill i herio'n byd Cymreig. Bannau newydd. Gwnaed hynny o dramor gydag adnoddau rhyngwladol helaeth.

Yn ôl yr hyn a gytunwyd sawl wythnos cyn y sylwadau ar 'X', fe es i Dar Ul-Isra y bore hwnnw yng nghwmni cyfeillgar nifer o weinidogion o Undeb yr Annibynwyr Cymraeg. Cawsom ein croesawu gan Abdul-Azim Ahmed. Buom ni'n dau yn gyfeillion ers dros ugain mlynedd neu fwy. Y gwirionedd yw hyn, ar lawr daear Cymru, ymhell o sŵn cyfryngau cymdeithasol o wledydd eraill, mae'r berthynas rhwng cymunedau ffydd y genedl yn parhau i ddyfnhau ac yn cael ei chyfoethogi'n gyson. Cafwyd cyd-drafod â chymdeithas braf rhyngom ni a dygwyd sylw at bethau sy'n dda i'w trafod. Yn fwyaf arbennig i mi, aethom ati am gyfnod byr i ystyried beth mae yn ei olygu i ni fod yn gyd-Gymry yn y dyddiau heriol hyn. Cyn gadael, gwnaethom ddymuno'n dda i'n gilydd. Cafwyd ymdeimlad o fendith yn ein plith.

Cafwyd bendithion pellach y dydd Gwener hwnnw. Wedi cinio, dychwelais i'r Mosg ar gyfer gweddïau'r *'Jummah'*. Roedd yn dda cael bod yno gan fod cyfaill agos arall i mi, Asim Hafeez, yn pregethu'r prynhawn hwnnw. Buom yn cydweithio gyda'n gilydd ym maes mewnfudo am flynyddoedd lawer.

Hefyd, mae gan y ddau ohonom ni ddiddordeb mewn chwaraeon Cymru. Wedi'r cyfarfod, bu Asim Hafeez yn hynod o garedig wrthyf yn wyneb rhai o'r heriau meddygol a gefais yn ddiweddar. Roedd yn bryderus ynghylch fy ngolwg yn fwyaf arbennig. Dywedodd wrthyf am gymryd gofal. Pethau felly sy'n digwydd rhwng cyfeillion.

Yn drawiadol iawn, a hefyd yn brydferth amserol, hoeliwyd sylw yn ei fyfyrdod neu'r *'khutbah'* yn y Mosg ar yr enghreifftiau lu a geir mewn hanes ar sut yr aeth Mwslimiaid i gynnig noddfa a diogelwch i Gristnogion. Gwnaed hynny o amser Muhammad ei hun. Fe wnaeth Cristnogion yr un modd yn yr un cyfnodau. Siaradodd yn eofn ac yn hynod o huawdl ar sut y dylai cymuned Fwslimaidd Cymru barchu a chynnal Cristnogion. Gosodwyd pwyslais yn ystod y dyddiau anodd hyn ar gydfodoli.

Er tristwch, gwyddom am yr adegau hynny pryd yr aeth cymunedau sy'n honni eu bod nhw'n bobl ffydd i beri niwed i'w gilydd ac i eraill. Nodwyd rhai enghreifftiau o bwys diweddar yn y gyfrol hon. Weithiau, i enllibio ac i ladd hyd yn oed. Ysywaeth, aeth pobl heb unrhyw ffydd i ymddwyn yr un modd. Maen nhw'n parhau i wneud hynny. Maen nhw hefyd yn hynod alluog weithiau wrth gamddefnyddio crefydd at ddibenion eu hunain. I ysgogi casineb drwy anwiredd er mwyn hawlio grym i wneud yr hyn a fynnont.

Cafwyd bendithion pellach y prynhawn hwnnw. Ceir dyddiau felly weithiau. Diwedd prynhawn braf, ar fy ffordd yn ôl i orsaf drenau Caerdydd Canolog, penderfynais roi un droed o flaen y llall unwaith eto a cherdded drwy Erddi Alexandra ym Mharc Cathays - mae'n le braf.

Fy mwriad gwreiddiol oedd ymweld â'r gofeb honno i'r rhai a gollodd eu bywydau ym mrwydro Ynysoedd y Falklands. Byddaf yn gwneud hynny weithiau gan drysori'r fraint a gefais yng ngŵydd cenedl i gysegru'r maen a osodwyd yno i gofio'r Cymry a gollwyd. O fynd yno, fy arferiad yw gosod blaen fy mysedd dros rai o'r enwau a geir ar y garreg oer. Soniais am ddysgu sut i wneud hyn yn gynharach yn y llyfr hwn. Cofiais y cyn filwyr y cefais y fraint o gydweithio â nhw. Parchaf eu colled a'u tristwch pryd bynnag y gallaf.

Dysgodd Dewi Sant ei ddilynwyr i wneud y pethau bychain. Ceisiaf wneud hynny weithiau. Gan droedio drwy'r parc sylwais ar ddau deulu'r naill ben i'r llall o'r gerddi. Dau deulu yn amlwg Fwslimaidd eu cred yn mwynhau picnic - yn oedolion ac yn blant.

Penderfynais gyfarch y teulu cyntaf gan ddefnyddio'r ychydig eiriau o Arabeg sydd gennyf. Ar ddydd cysegredig defnyddiais y cyfarchiad yr oeddwn yn ei dybio'n addas sef *'Jummah Mubarak'.* Dymunais fendith y Gwener iddyn nhw. Cefais groeso cynnes. Neilltuol o gynnes. Wedi sgwrsio am ychydig, mynnodd y fam fy mod yn derbyn rhodd. Cynigiodd blatiad hael o ddêts i mi. Teimlai'r funud braidd fel digwyddiad bach Beiblaidd. Ceir rhywbeth arwyddocaol a phrydferth mewn cynnig rhodd. Fe wnes fwynhau un o'r dêts.

I mi weithiau, mae gwyrthiau yn medru dod ataf fel efeilliaid. Dônt fesul dau. O droedio at yr ail deulu ym mhen arall y gerddi, cofiais am ystyr yr enw Jenan - gerddi. Awgrym o baradwys hefyd a thangnefedd weithiau. Cafwyd croeso'r un mor gynnes gyda'r ail deulu wedi defnyddio'r un cyfarchion Arabaidd. Daeth y teulu hwnnw o Dwrci yn wreiddiol. Aethom ati i sgwrsio â'n gilydd yng ngwres cynnes y dydd. Cynigwyd lle i mi aros gyda nhw hefyd i fwynhau'r picnic. Ymhen ychydig, er fy mod yn mwynhau'r sgwrsio, eglurais y dylwn fynd ati i ddal fy nhrên a dychwelyd i Gilfynydd. Y funud honno, cododd un o'r plant a chynnig pecyn bychan o greision i mi. Roedd yn rhywbeth arbennig i'w wneud. Byrlymodd y weithred yn ddofn o'i diwylliant. Diolch iddi. Defnyddiais y gair *'shukran'* sy'n golygu diolch. Cafwyd munud Beiblaidd arall efallai. Ond gyda chreision y tro hwn.

Yn hynod o glên a chwrtais gofynnodd y ferch i mi wrando arni. Gwnaeth ymddwyn fel pe byddai am ddweud rhywbeth o bwys. O bwys iddi hi. Oedais i wrando arni yn dweud 'diolch yn fawr' mewn Cymraeg clir. I gefndir helyntion ein byd a'r y dydd Gwener arbennig a bendithiol hwnnw, derbyniais rodd fil gwell na'r dêts na'r creision. Er fy mod yn gwerthfawrogi'r rheini. Fe gododd yr un 'diolch yn fawr' hwnnw fy nghalon yn fawr.

Fe gerddais oddi yno yn gyflymach ac yn dipyn mwy sionc ym mendithion y dydd. Yn bennaf oll, cwmni da bobl dda. Cyfeillion newydd. Credais mewn ffydd y gellir goroesi'r drwg sydd ar waith yn ein plith.

Yn annisgwyl braidd, roedd un fendith bach arall ar ei ffordd i mi. Rhodd arbennig sydd yn golygu llawer iawn i mi. Sylwais ar neges testun gan *Wasanaeth Gwaed Cymru* yn fy ngwahodd i roi gwaed ymhen ychydig ddyddiau. Hwnnw fyddai fy nghanfed tro. Roeddwn wedi anghofio am y peth y bûm yn anelu ato ers misoedd gan ofni na fyddwn yn cyrraedd y nod oherwydd natur fy salwch. Ni lwyddodd fy nghlefyd siwgr od i fy rhwystro rhag rhoi gwaed am y canfed tro hwnnw. I mi, dyna fynydd arall a drodd yn ffordd. Yn sydyn, teimlais y gair *'Mashallah'* yn berwi yn fy nghalon unwaith eto. O ddyfnder fy ffydd, diolchais i Dduw am ei haelioni. Diolchais am y pethau da a gefais mewn diwrnod ac mewn bywyd. Hynny mewn cenedl arbennig iawn mewn amser arbennig.

Rwyf yn deall un peth ar ddiwedd y gyfrol hon. Yn rhywle a rhywbryd, fe ddaw fy holl redeg i ben. Daw y poen a ddaw weithiau yn sgil hynny i ben hefyd. Ond, nid yma ac nid heddiw. Fel Cymry, credaf yn angerddol bod gwell ar ein cyfer. Ond, fe fydd raid i ni herio'r hyn sy'n bwrw ei gysgod oer arnom o fannau pell. Ceir mwy o fynyddoedd i'w troi yn ffyrdd. Ac maen nhw'n serth. Ar hyd y ffyrdd serth hynny, rhedaf beth bynnag.